Muepu Muamba (Hrsg.)

Moyo!
Der Morgen bricht an

Wenn Menschen sich in Teilen des Kongo treffen, sagen sie *Moyo* zur Begrüßung, direkt übersetzt heißt das Wort »Herz« und bedeutet den Wunsch: *»Dein Herz soll leben!«* Unter diesem Titel versammeln sich in diesem Buch zahlreiche kongolesische Autorinnen und Autoren. Ihre Texte streifen die Bereiche Politik und Gesellschaft, Literatur, Kunst und Kultur. In ihrer Vielschichtigkeit und Vielseitigkeit – das Spektrum reicht von Essays und Sachtexten über Lyrik und Erzählungen zur bissigen Satire – spiegeln sie kongolesische Geschichte und kongolesischen Alltag sowie die Identitätserfahrungen von Intellektuellen im Kongo und in der Diaspora.

Der Kongo wird im Ausland meist als unregierbares Bürgerkriegsland wahrgenommen. Die hier veröffentlichten Publizisten setzen sich kritisch mit ihren Machthabern und äußeren Einmischungen, die die Politik im Kongo bis heute beeinflussen, auseinander. Sie zeichnen am Horizont die Umrisse einer Zukunft in Freiheit und Würde – denn die Kongolesen haben nie aufgehört, sich ihr Land zu erträumen. Auch davon erzählt *Moyo*.

Das Buch lädt ein, den anderen, »unbekannten« Kongo kennenzulernen und sich von der Vitalität und Kreativität kongolesischer Künstler und Denker inspirieren zu lassen.

Der Verlag dankt dem Künstler Toma Muteba Luntumbue *für das eigens für dieses Buch geschaffene Umschlagbild.*

Der Herausgeber:

Muepu Muamba ist Schriftsteller und Journalist. Er stammt aus der Demokratischen Republik Kongo. Heute lebt und arbeitet er im deutschen Exil. Muepu Muamba ist Vorsitzender von Dialog International e. V. Zuletzt erschien in deutscher Sprache: *Sisyphos im Lärm der Stille: Eine Anthologie*.

Zu den Übersetzungen:
Für die Übersetzungen aus dem Französischen danken wir insbesondere Margrit Klingler-Clavijo, Frankfurt am Main und Jutta Himmelreich, Bonn, die den größten Teil der Übersetzungsarbeit übernommen haben. Unser Dank geht auch an Maria Kohlert-Németh, Christiane Rudolph, Fedja Müller und Esther Baron.

Muepu Muamba (Hrsg.)

Moyo!
Der Morgen bricht an

Stimmen aus dem Kongo

Mit Beiträgen von

Patrice Lumumba, Gérald-Félix Tchicaya-Utam'Si,
Muepu Muamba, Mukala Kadima-Nzuji,
Matala Mukadi Tshiakatumba, Elikia M'Bokolo,
Antoine Tshitungu Kongolo, Charles Djungu-Simba,
Jules Elongo Lomomba, Py-Nene Mayuma,
José Tshisunguwa Tshisungu, Marie-Louise Bibish Mumbu,
Bapuwa Mwamba, Georges Ngal Mbwil a Mpaang,
Balufu Bakupa-Kanyinda, In Koli Jean Bofane,
André Lye Mudaba Yoka, Cikuru Batumike,
Clémentine Madiya Faïk-Nzuji,Toma Muteba Luntumbue,
Iseewanga Indongo-Imbanda, Pius Ngandu Nkashama,
Boniface Mabanza Bambu, Fiston Nasser Mwanza Mujia,
Désiré Bolya Baenga, Elisabeth Françoise Mweya Tol'Ande,
Vumbi Yoka Mudimbe, Kä Mana,
Marc-Antoine Vumilia Muhindo

Brandes & Apsel

Auf Wunsch informieren wir Sie regelmäßig über Neuerscheinungen in dem Bereich Psychoanalyse/Psychotherapie – Globalisierung/Politisches Sachbuch/Afrika – Interkulturelles Sachbuch – Sachbücher/Wissenschaft – Literatur.
Bitte senden Sie uns dafür eine E-Mail an info@brandes-apsel.de mit Ihrem entsprechenden Interessenschwerpunkt.
Gerne können Sie uns auch Ihre Postadresse übermitteln, wenn Sie die Zusendung des Gesamtverzeichnisses wünschen.
Außerdem finden Sie unser Gesamtverzeichnis mit aktuellen Informationen im Internet unter: www.brandes-apsel-verlag.de
und unsere E-Books und E-Journals unter: www.brandes-apsel.de

Übersetzung und Drucklegung dieses Buches wurden freundlicherweise vom Evangelischen Entwicklungsdienst (EED) unterstützt.

1. Auflage 2013
© Brandes & Apsel Verlag GmbH, Frankfurt am Main
Alle Rechte vorbehalten, insbesondere das Recht der Vervielfältigung und Verbreitung sowie der Übersetzung, Mikroverfilmung, Einspeicherung und Verarbeitung in elektronischen oder optischen Systemen, der öffentlichen Wiedergabe durch Hörfunk-, Fernsehsendungen und Multimedia sowie der Bereithaltung in einer Online-Datenbank oder im Internet zur Nutzung durch Dritte.
Redaktion: Maria Kohlert-Németh, Frankfurt a. M.
Lektorat: Cornelia Wilß, Frankfurt a. M.
DTP: Franziska Gumprecht, Brandes & Apsel Verlag Frankfurt a. M.
Umschlag: Franziska Gumprecht, Brandes & Apsel Verlag Frankfurt a. M. unter Verwendung eines Werkes von Toma Muteba Luntumbue, Brüssel
Druck: STEGA TISAK d.o.o., printed in Croatia.
Gedruckt auf einem nach den Richtlinien des Forest Stewardship Council (FSC) zertifizierten Papier.

Bibliografische Information der Deutschen Nationalbibliothek:
Die Deutsche Nationalbibliothek verzeichnet diese Publikation in der Deutschen Nationalbibliografie; detaillierte bibliografische Daten sind im Internet über www.dnb.de abrufbar.

ISBN 978-3-86099-631-7

Inhalt

Danksagung	9
Die Conga der Meuterer *Gérald-Félix Tchicaya-Utam'Si*	10
Vorwort – Ein Land der Paradoxe *Muepu Muamba*	14
Letzter Brief Patrice Lumumbas an seine Frau Pauline	19
Morgen *Mukala Kadima-Nzuji*	21
Der Dichter und der Passatwind *Matala Mukadi Thsiakatumba*	22
Kongolesische Fahne, sprich doch! *Elikia M'Bokolo*	23
Sie nannten ihn Lumumba *Antoine Tshitungu Kongolo*	24
Ah, Nachbar! *Charles Djungu-Simba*	29
Gebt mir meine Würde zurück! *Charles Djungu-Simba*	31
Zielscheibe K. *Jules Elongo Lomomba*	39
Goma mit Feuer und Schwert *Py-Nene Mayuma*	51
Berechtigte Wut *José Tshisungu wa Tshisungu*	57
Ich sehe mit Angst, wie sich die Herrschaft einer einzigen Geschichte durchsetzt! *Marie-Louise Bibish Mumbu*	67

Warum ist der Übergang im Kongo blockiert?	
Bapuwa Mwamba	72
Der Zustand der Demokratie	
Georges Ngal Mbwil a Mpaang	83
Mobutus Stock	
Balufu Bakupa-Kanyinda	92
Kongolesische Mathematik	
In Koli Jean Bofane	93
Mein Chef, der Minister.	
Vertrauliche Mitteilung eines Chauffeurs	
André Lye Mudaba Yoka	100
Der Professor, Cousin des Ministers	
André Lye Mudaba Yoka	103
Der Schuster unter dem Baum	
Cikuru Batumike	106
Philanthrop einer anderen Art	
Cikuru Batumike	114
Anya	
Clémentine Madiya Faïk-Nzuji	122
Der geraubte königliche Säbel	
Antoine Tshitungu Kongolo	133
Colton oder Coltan	
Muepu Muamba	135
Der Aufstand	
Muepu Muamba	136
Die wunderbare Macht und Ohnmacht der Dichtung	
Antoine Tshitungu Kongolo	138
»Diese Literatur ist unverkäuflich« – Die kongolesische Literatur auf dem französischsprachigen Buchmarkt	
Charles Djungu-Simba	146

Der Kongo und seine Kulturen
oder Dissonanzen und Heckenschützen
Toma Muteba Luntumbue — 159

Fantasie, Bild und Vorstellungswelt.
Zur Problematik einer kongolesischen Kinematographie
Balufu Bakupa-Kanyinda — 166

Das kongolesische Theater – noch immer am Scheideweg
André Lye Mudaba Yoka — 184

Ganz Afrika tanzt nach den Rhythmen kongolesischer Musik
Iseewanga Indongo-Imbanda — 190

Das Leben der Shégués ist hart
Über die Straßenkinder in Kinshasa
Cikuru Batumike — 204

Der Feuerstern
Pius Ngandu Nkashama — 208

Licht und Schatten – Kirchen und Politik in der
Demokratischen Republik Kongo seit der »Unabhängigkeit«
Boniface Mabanza Bambu — 211

Fünftes Gebet
Fiston Nasser Mwanza Mujia — 220

Die Schändung der Vagina.
Vergewaltigung als Massenvernichtungswaffe
Désiré Bolya Baenga — 221

Offener Brief der zairischen Frauen: Wir wollen Frieden! — 225

Antwort auf den Brief der zairischen Frauen:
Wir wollen Frieden!
Muepu Muamba — 228

Qual
Elisabeth Françoise Mweya Tol'Ande — 234

Das Manifest von Nsele — 235

Gebt mir neue Worte
Vumbi Yoka Mudimbe — 238

Offener Brief an den Bürger Mobutu Sese Seko,
Gründungspräsident der Volksbewegung der Revolution,
Präsident der Republik Zaïre 242

Dichter, dein Schweigen ist ein Verbrechen
Matala Mukadi Tshiakatumba 251

Die Demokratische Republik Kongo
Bilanz und Zukunftsperspektiven.
Ein Gespräch mit Elikia M'Bokolo 253

In den Mäandern der rhythmischen Hölle
Matala Mukadi Tshiakatumba 257

Die Kriege im Kivu – Ihre politische Bedeutung für
die kongolesische Gesellschaft und den Aufbau des Staates
Kä Mana 259

Manzambi – für Aimé Césaire
Matala Mukadi Tshiakatumba 271

Pflicht zur Einmischung
Muepu Muamba 273

Wie die Propheten
Marc-Antoine Vumilia Muhindo 275

Glossar 277

Autorinnen und Autoren 286

Quellenverzeichnis 294

Danksagung

Nachdem ich *Moyo* jetzt in den Händen halte, möchte ich mich herzlich bei allen kongolesischen Autoren und Autorinnen bedanken, die meiner Einladung gefolgt sind und dieses Abenteuer mit mir geteilt haben. Viele haben eigens für dieses Buch einen Originalbeitrag geschrieben. Das Thema war nicht vorgegeben: jeder sollte den Kongo auf seine Weise erzählen, darüber sprechen, was ihm am meisten am Herzen lag.

Ich danke auch den Verlagen, die es mir erlaubt haben, ausgewählte, bereits publizierte Texte in dieser Publikation aufzunehmen.

Meine Danksagung geht auch an die Kolleginnen und Kollegen vom Brandes & Apsel Verlag für ihr Verständnis und ihre Geduld, ein solches komplexes Projekt zu realisieren, das naturgemäß mehr Zeit in Anspruch nahm, als vorgesehen war.

Auch Margrit Klingler-Clavijo, Jutta Himmelreich, Maria Kohlert-Németh, Christiane Rudolph und Fedja Müller, die keine einfache Arbeit des Brückenschlagens zwischen der französischen und der deutschen Sprache unternommen haben, gebührt mein großer Dank und meine Anerkennung.

Ganz besonders möchte ich vor allem meiner Freundin Cornelia Wilß danken, die mich von Anfang an, seit ich erstmals von meinem lang gehegten Plan für diese Publikation gesprochen habe, enthusiastisch ermutigt, das Projekt in allen seinen schwierigen Phasen einfühlsam und engagiert begleitet und das Buch fachkundig lektoriert hat.

Schließlich will ich meiner Frau, Maria Kohlert-Németh, meinen Dank aussprechen, die mich die ganze Zeit über bei der Entstehung dieses Buches unterstützte, die Wogen meiner gelegentlichen Zweifel oder gar Verzweiflung glättete und meine Launen mit mir teilte. Es war schön, mich mit ihr jederzeit über das Wachsen dieses ungewöhnlichen Projektes austauschen zu können. Sie hat viel organisatorische und redaktionelle Arbeit auf sich genommen.

Ich bin mir sicher, dass ohne die Unterstützung von Cornelia Wilß und Maria Kohlert-Németh dieses Buch nicht hätte gelingen können.

Muepu Muamba, Frankfurt am Main

Die Conga der Meuterer

Gérald-Félix Tchicaya-Utam'Si

Lumumba
Wie Rumba, Conga
Lumumba
Wie Rumba, Congo!

In Kin, der Gewaltsamen
Schwingen sich die Hüften in Ekstase
Auch wenn sie durchnässt sind bis zur Taille
Mit der Conga Rumba
Congo!

In Kin
Entspringt das Blut aus der Gewalt
Und legt sich wie eine Halskette über den Fluss
Congo!
Wie Conga
Congo!

Der Fluss hat diese Brücke
Für die Hände
Der Fluss hat diese Brücke
Für die Herzen
Und er, er ist allein.

Er fliegt
Von Kin nach Kin!
Von Kin nach Kin!
Bis zum Blut
Er hat den Schlaf der Sterbenden
In seinen Ohren
Er trägt die Schlaflosigkeit des Landes

In seinem Bauch
Mit Gras bewachsen

Von Kin nach Kin!
Von Kin nach Kin!
Lumumba
Wie Rumba Congo!
Lumumba
Wie Rumba Conga.

Was wollen die Meuterer
In Kin, der Gewaltsamen,
Frauen vergewaltigen?
Nein!
Ist das da ihre ganze Gewalt?
Tanzen sie denn nicht?

Lumumba, Rumba!
Conga!
Wie Rumba, Congo!
Werden sich bei diesem Rhythmus
Die Himmel auftun
oder wird es ein Sturm, der
Die Körper zerfetzt?

Ein Mumienschatten lässt die Zeit vergehen
Und kehrt mit Kühnheit zurück
Blut in der Faust
Von Kin nach Kin
Von Kin nach Kin
Wie Conga Congo!
Dort, wo die Kreuze brechen
Ist etwa die Union Minière
Der Choreograph der Meuterer?
Entwurzelt man den Menschen
Dessen Wurzeln seine Wunden
Sind in seinem Leib?

Die Bazooka eröffnet das Feuer
Und das ist alles
Nun aber kommen die, die schöpfen:
Frauen, um die Wogen des Flusses zu verewigen
Beim Wurf des Mörser-Stampfens schlagen sie
Mit den Händen rhythmisch ihren Brustkorb:
Lumumba
Wie Rumba, Conga –
Von Kin nach Kin!
Von Kin nach Kin
Sie sollen sterben, sie sollen sterben
Und nicht einmal ein Grab haben!

Unter ihrem Hatzgesetz
Bellt die Presse, Hund des großen Kapitals
Über den Congo
Die Presse, Hund des großen Kapitals
Kläfft
Über ihre Beute:
Congo!
Wie Rumba, Conga!
Congo!
Der Fluss, wo das Blut der Gewalt
Wie eine Halskette über dem Fluss liegt
In Kin
Steigt er an.
Sie werfen, sie schmeißen ihren Dreck
Auf den Rücken des Mannes
Den die Meuterer suchen um ihn
Zu ihrem Anführer zu machen:
Lumumba
Wie Rumba Conga.

Diese neue Quelle
Wie eine Kette über dem Fluss
Wird die sechs Provinzen* verbinden
Wenn nicht, wird die Versklavung des Congo weiter leben

Und dieses einsamen Mannes, den man ertränkt
Lumumba
Wie Rumba Conga
LUMUMBA
Wie Rumba, Congo!

Und dass die Conga
Nie wieder zu einem Wurfgeschoss
Aus dem Inneren der Union Minière werde.

Anmerkung des Herausgebers:

Das Gedicht bezieht sich auf die sechziger Jahre zu Beginn der Unabhängigkeit der Demokratischen Republik Kongo, als die Soldaten der kongolesischen Armee meuterten und eine bürgerkriegsähnliche Situation geschürt wurde. Die Union Minière, größter Bergbaukonzern im Land, versuchte mit Unterstützung der europäischen Kolonialmächte, allen voran Belgien, die besonders »nützlichen« Provinzen, darunter Katanga und Kasai, zu separieren. Im Zuge dieser Versuche kam es zu Gewalttätigkeiten – auch von der neuen Regierung, die fälschlicherweise dem Premierminister Patrice Lumumba angelastet wurden. Dahinter steckten der Armeechef Joseph-Désiré Mobutu und seine Hintermänner. Die Machenschaften führten zur Ermordung Patrice Lumumbas, Symbolfigur für den Widerstand der Kongolesen, am 3. Oktober 1961.

> *»Die Dummheit ist gewiss kein Mangel an Intelligenz,
> sondern mit Sicherheit ein Mangel an Treue zu sich selbst.
> Und die Dummheit der ›Besten‹ ist die schlimmste von allen,
> denn sie beansprucht, allgemein gültig zu sein.«*

Vorwort

Ein Land der Paradoxe

»*Moyoweba!*« – so grüßt man jemanden in meiner Heimat und wünscht ihm »Bonjour!«. Das bedeutet: »Dein Herz soll leben!« *Moyo* heißt in mehreren afrikanischen Ländern *Herz*: der Sitz der Lebenskraft, des Gefühls aber auch des Verstandes und der Weisheit. *Moyo* ist ein wanderndes Wort – wie ich selbst, wie viele Kongolesen und Afrikaner in diesen Zeiten. *Moyo* gelangte durch afrikanische Sklaven auch an die anderen Ufer des Ozeans und pflanzte sich fort im Land der Indianer Amerikas, bis in die Sprache der Musik hinein, den Blues von New Orleans. So erhielt das Wort *Moyo* im Laufe der Zeit neue Bedeutungen und Verwendungen, die alle mit Vitalität, Fruchtbarkeit, Sexualität und magischer Kraft zu tun haben.

Wenn ich diesem Buch den Titel *Moyo* gebe, grüße ich somit meine Freunde von Herzen, die ich während meinen Wanderungen in den Jahren des Exils hier in Deutschland gefunden habe. Denn der Mensch ist seinem Wesen nach keine Wüste, sondern ein Baum, der wandert, sich aufmacht, mit seinen Worten als Wurzeln, um anderswo heimisch zu werden, mit anderen etwas Neues zu schaffen. Ein afrikanisches Sprichwort sagt: Worte sind der Duft des Herzens.

Mein Wunsch mit diesem Buch ist, dass der Kongo sich hier selbst erzählt – unmittelbar, vielstimmig, unverstellt und ungebändigt: stürmisch wie unsere großen Flüsse.

Die Sprache, der größte Reichtum des Menschen, ist ein zweischneidiges Schwert. Sie kann einen Weg zu Anderen schlagen, sie kann aber durch Verdrehung und Manipulation große Gefahren bergen und Zerstörung bringen. Das Böse und die Inhaltsleere der Diskurse sind alte, hinterhältige, universelle Phänomene. Oft sind sie die bevorzugten Hilfsmittel der Macht. Ein solches Beispiel ist, was den Kongo betrifft, das *Manifest von Nsele*, der Gründungstext der *Volksbewegung der Revolution* (20. Mai 1967, *Mouvement Populaire de la Revolution*), der Staatspartei Mobutus; ein Auszug aus der Präambel findet sich in diesem Buch.

Wann hat das Volk von Kongo-Kinshasa begonnen, die Erfahrung des Bösen und des leeren Geredes zu machen, sie seinem gelebten Alltag einzuverleiben und sie als Normalität zu empfinden? Das vollständig zu beantworten, würde den Rahmen dieses Buchs sprengen, doch diese Frage schimmert in nahezu allen Texten durch. Auf dem Gebiet der Schönrederei war die junge kongolesische Elite ein gelehrsamer Schüler, indem sie die Denkart der Kolonisatoren imitierte. Die junge Elite, die an die Macht kam, hat schnell vom Handeln der internationalen Staatengemeinschaft gelernt und die Lektion begriffen.

Dieses Buch ist keine zusätzliche Analyse des Kongo, wie sie weltweit täglich erscheinen. Viele Leute möchten Afrika erklären. Sie geben sogar vor, die Afrikaner über sich selber aufzuklären. Es ist noch gar nicht so lange her, da bekräftigten Gewisse unter diesen »Aufklärern« der Völker allen Ernstes, dass die Diktatoren in Zentralafrika ihre Völker nach den Regeln der Stammesgesetze massakrierten. Während sich doch in Wirklichkeit hinter diesen Gewalttaten so manche Geldmacher und ihre »Bankster« verbergen.

In diesem Buch soll ein anderes Bild vom Kongo entworfen werden. Hier handelt es sich um einen Traum, über die Träume eines Volkes!

Ein verletztes, ein erniedrigtes Volk! Am Anfang seiner neueren Geschichte und nach der Unabhängigkeit 1960 wurde diesem Volk die Achillesferse zertrennt, die Wirbelsäule gebrochen – durch Macht und Verrat.

Ein von Tränen und Schmerz bedecktes Land. Ein Volk, das man bis in die Seelen hinein mit Gewalt und mit Gräbern übersäte. Aber trotz dieses schrecklichen Verrats träumt und kämpft das Volk von Kongo-Kinshasa weiter, um ein Land aufzubauen, in welchem die menschliche Würde, die Mutter der Gerechtigkeit, geachtet wird.

Auf den folgenden Seiten geht es darum, einige bekannte oder unbekannte Kongolesen erzählen zu lassen, zu hören, was sie über ihr Land zu sagen haben. Worte, überreich wuchernd wie die Wipfel unserer Wälder, welche die Mütter unserer Regenfälle sind.

Verstreut in allen Winkeln dieses Planeten durch den bösen Wind, den man hat über ihr Land hat wehen lassen, lernten die Kongolesen die wahren Realitäten der Welt. Und diese Realitäten sind zunächst einmal die Gewalt, die Korruption und die Straflosigkeit. Was übrigens alles dasselbe besagt. Von der Korruption zu sprechen, heißt, auch von der Grausamkeit zu sprechen, von der Ungerechtigkeit und von der unerträglichen Missachtung der Menschen. Die Kongolesen haben verstanden, dass niemand kommen wird, um ihr Land an ihrer Stelle aufzubauen; niemand wird ihnen wirklich helfen, vor allem heute, wo die Eliten lachend die Rechte und die Würde der Völker mit Füßen treten, ohne Widerspruch zu riskieren. Sie haben verstanden, dass viele Worte, gebrauchte und missbrauchte, oft nur anfänglich aufrichtig sind. Kämpfen und Träumen ist die einzige Art und Weise, ihre Identität zu finden.

Die Erbauer von Königreichen und Imperien und ihre Horden »mussten« zunächst töten, massakrieren, den Geist bändigen, die Frauen vergewaltigen, die ungezählten Völker terrorisieren, bevor sie Triumphbögen, Basiliken, Moscheen, Tempel, Synagogen und all die grandiosen Denkmäler als Danksagung an ihre Götter errichteten; bevor sie den Schreiber erfanden, damit er ihre Geschichten und Mythologien in Marmor gravierte.

Die Kolonisatoren mussten zunächst aus gemeiner Habgier töten, massakrieren, vergewaltigen und die dort Ansässigen in Reservate sperren, die Afrikaner unterjochen und versklaven, bevor sie sich zu großen Beschützern des Glücks und der Freiheit des Menschen erhoben. Von der Achtung der Menschenwürde rede ich dabei gar nicht.

Es gibt eben Staaten, die Ambitionen haben, die ganze Welt zu ihrer Domäne zu machen und sie zu ihrem Besitz zu erklären. Sie nehmen sich das Recht zu nutzen, zu genießen, über bewegliche oder unbewegliche Lebewesen zu verfügen und sie zu missbrauchen, über Menschen, Tiere und Pflanzen zu bestimmen. Sie sind ihr Nießbrauch. Diese Staaten können nicht verstehen, dass auch andere Länder ihre eigenen Ambitionen haben, so auch der Kongo.

Die internationale »Piratokratie« mordete im Namen der Menschenrechte die Freiheit. Sie hat die Rechte der kongolesischen Frauen und Männer mit Füßen getreten, sie hat die Würde der Kongolesen ermordet und hat die Straflosigkeit im Kongo durchgesetzt. Im Namen der

Demokratie tötete sie die im Entstehen begriffene noch junge Republik. Aber gibt es überhaupt Demokratie oder Freiheit für die unsichtbaren Kongolesen, die nicht als Menschen mit Würde wahrgenommen werden? Auf diese Weise hat sich die Inhaltsleere der Wörter, was ich zu Beginn schon ansprach, in diesem Land verfestigt. Die Erfahrung des Bösen, die Leere der Wörter – die Kongolesen erleben sie bis zum Überdruss. Der Kongo war und ist immer noch in den Fängen zynischer, tribaler, rassistischer, gleichheitswidriger und imperialistischer Verwerfungen verfangen, die von den sogenannten internationalen »Denkfabriken« ausgehen, die gerne von Demokratie und Menschenrechten predigen.

Seht doch, ein globalisiertes Land, offen für alle kleinen und großen Piraten, für Diebe jeden Schlages. Alle Welt ist dabei, sich frei im Kongo zu bedienen. Auch die Länder der Region, wie Uganda und Ruanda, haben das verstanden. Sie gehen kein Risiko ein, wenn sie sich auf diesem umfangreichen »Jahrmarkt der Diebe« gleichfalls bedienen. Die gemeine Habgier lässt sich nur mühsam hinter der schönen Rhetorik verbergen.

Moise Tshiombe, der bei den Kongolesen so in Verruf steht, hatte das schon zu seiner Zeit erkannt! Von einem Journalisten beim Amtsantritt als Ministerpräsident befragt, ob er »sich aus den Klauen der weltweit organisierten extremen Rechten, die ihn wie eine Zwangsjacke einschnürte, habe befreien können«, gab er die sibyllinische Antwort: »Ich bin gewissen Weißen, die uns zu helfen vorgeben, auf die Schliche gekommen. Moise Tshiombe wusste, wovon er sprach – er, der ein privilegierter Zeitgenosse aller großen Gangster dieser Welt gewesen ist. Ihr Komplize beim Schröpfen des Kongos in den sechziger Jahren. Er sprach sicherlich von seinen »ehrenwerten Geschäftspartnern«, um diesen von Maurice Robert, dem prachtvollen Ganoven im Dienst der französischen »Demokratie«, in seinem Buch »Ministre de l'Afrique« benutzten Ausdruck zu verwenden. Die Kongolesen haben das verstanden.

So werden Sie in diesem Buch die Spuren des Kampfes dieses Volkes finden, Spuren seiner Träume. Ein afrikanisches Sprichwort sagt: »Wer nicht den Mut hat zu träumen, hat nicht die Kraft zu kämpfen«. Und die Kongolesen haben nie aufgehört, sich ihr Land zu erträumen, zu erkämpfen.

Die Träume und das Ringen des Kongo um seine Würde reichen bis ins 18. Jahrhundert zurück, als Béatrice von Kongo, Kimpa Vita im

Kongo genannt, zusammen mit ihrem Sohn von der portugiesischen katholischen Kirche lebend verbrannt worden war. Sie reichen zurück bis zu dem Intellektuellen Paul Panda Farnana, bis zu den kongolesischen Soldaten, die in den zwanziger Jahren des letzten Jahrhunderts rebellierten, und bis zu so vielen anderen Frauen und Männern, die im Laufe unserer jüngsten Geschichte getötet wurden. Dieser Traum, dieser Kampf geht heute weiter, im Osten des Kongo, in Kivu, wo 1997 mehrere Millionen Opfer zu beklagen sind und das Sterben anhält.

Moyo ist ein Buch mit vielen Stimmen geworden! Stimmen, die aus der Tiefe der Qual schreien, um überhaupt erst den Versuch zu machen, sich das von einigen seiner Kinder »unterwanderte« Wort als Wort eines Volkes wieder anzueignen. Kein abschließendes Wort, in keiner Weise! Aber doch ein Wort, um ein Volk selbst sprechen zu lassen, über das man so viel geschrieben hat. In dieser Fülle von Literatur, von den sogenannten »Spezialisten« produziert, stehen Wahrheit und Unwahrheit oft nebeneinander.

Wir sind ein zerfetztes Volk, aber auch ein Volk des Widerstands, gefleckt wie der Kaktus. Und der Schoß unserer Frauen wird trotz der schamlosen Brutalität der Verkäufer des Todes das Leben tragen. Niemals wird man ein Volk mit einer derartigen Kampfeslust besiegen, das mit einem so lockeren, bissigen Lachen begabt ist, ererbt aus mehreren Jahrtausenden Geschichte.

Zentralafrika wird sich aus dieser tragischen Situation nur befreien können, wenn es beschließt, alle Toten der Region zu betrauern. Sie sind unzählige. Aber zurzeit surft diese Region auf den Lügen und den von allen Seiten kommenden Manipulationen, angeführt von den Hintermännern der Multis. Die Bevölkerung von Zentralafrika muss zu den wahren Werten zurückfinden, die das Leben befruchten. Sie müssen ihre eigene Stimme finden, die der Großzügigkeit und die der Vergebung. Der Spieleinsatz ist total. Es geht um uns, unser Leben, um unsere Würde in der Welt. Es handelt sich darum, uns menschlich zu erfinden, menschenwürdig zu leben, in Symbiose mit unserer Umwelt, in einer Ökologie des Menschlichen, dem »Drogenhandel« der Seele zu entkommen. Schließlich geht es darum, aller Widerstände zum Trotz unsere kollektive Persönlichkeit zu schmieden.

Muepu Muamba, Frankfurt am Main, März 2013

Letzter Brief Patrice Lumumbas an seine Frau Pauline

Meine geliebte Gefährtin!

Ich schreibe Dir diese Worte, ohne zu wissen, ob sie Dich erreichen, wann sie Dich erreichen, und ob ich noch lebe, wenn Du sie liest.

In den Jahren meines Kampfes für die Unabhängigkeit meines Landes habe ich nie gezweifelt, dass unsere heilige Sache, der meine Gefährten und ich unser ganzes Leben geweiht haben, eines Tages triumphieren wird. Wir forderten für dieses Land das Recht auf ein anständiges Leben, auf eine unbefleckte Würde, auf eine Unabhängigkeit ohne Einschränkungen – unsere Feinde waren nicht bereit, uns dieses zu gewähren: der belgische Kolonialismus und seine westlichen Verbündeten, die in gewissen hohen Funktionären der Vereinten Nationen – jener Organisation, in die wir unser Vertrauen gesetzt hatten, als wir sie um Hilfe baten – direkte und indirekte, freiwillige und unfreiwillige Unterstützer fanden.

Unsere Feinde haben einige unserer Landsleute sittlich verdorben, andere gekauft, sie haben alles getan, um die Wahrheit zu verdrehen und unsere Unabhängigkeit zu besudeln. Was bleibt mir noch zu sagen?

Ob die Kolonialisten mich töten oder mir das Leben schenken, mich freisetzen oder im Gefängnis lassen – meine Person ist nicht so wichtig. Was zählt, ist der Kongo, ist unser armes Volk, aus dessen Unabhängigkeit ein Käfig wurde, in dem uns die anderen von außen betrachten – einige mit jenem elenden Mitleid, das nichts kostet, einige mit Freude und Vergnügen.

Aber meinen Glauben vermag all dies nicht zu erschüttern. Ich weiß und fühle tiefinnerlich, dass früher oder später mein Volk sich seiner inneren und äußeren Feinde entledigen und sich wie ein Mann erheben wird, um den schändlichen und erniedrigenden Kolonialismus sein großes Nein entgegenzuschleudern. Es wird seine Würde zurückgewinnen und unter einer reinen Sonne leben.

Wir sind nicht allein. Afrika, Asien und die freien und befreiten Völker aller Welt werden den Millionen Kongolesen zur Seite stehen, die weiterkämpfen bis zu dem Tage, da es die Kolonisatoren und ihre Söldner in unserem Lande nicht mehr geben wird.

Sagt meinen Kindern, die ich zurücklassen musste, und die ich vielleicht nicht wiedersehe: Die Zukunft des Kongo wird schön sein. Der Kongo erwartet von ihnen – wie von allen Kongolesen –, dass sie die heilige Pflicht erfüllen, zur Erlangung unserer Unabhängigkeit, unserer Souveränität das Ihre beizutragen.

Denn ohne Gerechtigkeit gibt es keine Würde, und ohne Unabhängigkeit gibt es keine freien Menschen.

Qual, Folter und Pein haben mich nicht zu brechen vermocht. Ich werde nicht um Gnade betteln. Lieber sterbe ich erhobenen Hauptes und mit dem unerschütterlichen Glauben und dem festen Vertrauen, dass mein Land auf dem rechten Weg ist, als in Knechtschaft zu leben und den heiligen Grundsätzen untreu zu werden.

Die Geschichte wird eines Tages ihr Urteil sprechen; aber es wird nicht die Geschichte sein, die man in Washington, Paris, Brüssel und bei den Vereinten Nationen zu kennen meint, sondern jene, die man in den Ländern lehren wird, die sich vom Kolonialismus und seinen Marionetten befreit haben. Afrika wird seine eigene Geschichte schreiben, und es wir nördlich und südlich der Sahara eine Geschichte voller Ruhm, Ehre und Würde sein.

Weine nicht, liebste Gefährtin. Ich weiß, dass mein Land, das jetzt so sehr leidet, seine Unabhängigkeit und seine Freiheit verteidigen wird.

Es lebe der Kongo! Es lebe Afrika!

Patrice

Morgen

Mukala Kadima-Nzuji

Mit der Sonne im Herzen erhebe ich mich
und der Morgen bricht an mit meinem Wimpernschlag.
Falsche Gestalten mit steinernen Gesichtern
umringen mich, tanzen und
klappern mit ihren Kastagnetten.

Ich weiß,
es werden andere kommen,
die mit diesen nichts gemein haben,
wenn das Fest zur Neige geht;
sie werden die Lügen der Menschen
zunichte machen.

Ich weiß,
dann werde ich durch die engen Gassen der Welt laufen
allein, mit leeren Händen, doch mit klarem Kopf
nichts weiter besitzend als meinen Pass:
eine Sprache wie Glas und Atom

Und mein Herz wird höher schlagen,
wird schlagen wie eine ganze Jazz-Band,
verloren im Aufruhr der grauen Vorstädte.

Ich weiß,
dann endlich werde ich ausruhen in der Nacht
in den Augen, in den strömenden Tränen
und der tiefen Trauer derer,
die kommen werden,
und sie werden mit diesen da nichts gemein haben.

Der Dichter und der Passatwind

Matala Mukadi Thsiakatumba

O Wind Segelschiff ohne Mast
zu Fahrten in die Ferne aufgebrochen.
Fach meinen Schmerz nicht an
Sag wo kommen diese finsteren Geier her
die Hungersnot und Trauer voraussagen
den Stelzvogel erschrecken
Im Himmel stummer Ozeane?

O verfluchter Dichter
Segler ohne Mannschaft
Sämann trockener Felder
Im nächsten Jahrhundert werden
deine Samen keimen
Aus der Hemisphäre
die das Gold dirigiert und die Kanone kommandiert
kommen diese Raubvögel der Apokalypse

Kongolesische Fahne, sprich doch!

Elikia M'Bokolo

Da war zuerst dieses Blau, allgegenwärtig, einnehmend, eindringlich, das uns seit den tödlichen Jahren des unbeschreiblichen Leopold II. anhaftet. Dieses eigenartige Erbe!
Das Dunkelblau der mörderischen Nächte hat, endlich, einem hellen Blau Platz gemacht. Niemand in diesem Kongo, der zu einem Land endloser Gebete wurde, sieht darin das Versprechen ewiger Himmel. Wetten wir nur darauf, wenn der Frieden zurückgekehrt sein wird, auf den heiteren Himmel nach den Gewittern.
Doch warum ist das Gelb so schmal, auf zwei dünne Streifen reduziert, obendrein auch noch schräg, wie Krummsäbel, während unser Land vor Gold strotzt, das echte Gold unserer Böden, das mythische Gold, das seit jeher, bis auf den heutigen Tag, alle Raubritter angelockt hat, die die gemeine Welt verzeichnet?
Und dieses Rot, das ebenfalls schräg ist? Ich sehe darin das Blut all der Märtyrer, die Patrice Lumumba an jenem denkwürdigen 30. Juni 1960[1] gefeiert hat, deren Reihen größer werden und die gewiss einen besser platzierten Sockel verdient hätten...
Dieser Stern, schließlich, was hat der dort zu suchen? Was sagt er? Will er einen Weg weisen, oder, wie ich meine, einfach nur all die, die im Kongo verzweifeln, daran erinnern, dass für jene, die kämpfen, das Feuer der Hoffnung nie erlischt?

---

[1] Rede von Patrice Lumumba, 30. 6. 1960, Unabhängigkeitstag.

Sie nannten ihn Lumumba

Antoine Tshitungu Kongolo

Von der Anhöhe aus betrachtet, auf der die geteerte Straße nach Lubumbashi führt, ist der Kimpalanda-See ein Aushub, ein Auffangbecken für die Abwässer der nahen Fabrik. Mit seinen rissigen Ufern, von einer unheilbaren Krankheit zerklüftet, sieht er aus wie eine offene Wunde. Rings um den See ist die Landschaft kahl, ohne jede Vegetation. Eine leblose Weite, gespickt mit Steinen, Erdschollen, vereinzelten Gegenständen, zerborstenen Felsbrocken. Kein Vogel wagt sich hierher. Die Einöde verbreitet eine eigenartige Stimmung. Jenseits des Sees, an einem Hang, überragt ein Schlot das Dach einer gewaltigen Fabrik, in der Schwefelsäure zum Abbau von Kupfer produziert wird.

Knapp einen Kilometer von dieser gesundheitsschädlichen Umgebung entfernt steht das Gefängnis, ganz sicher, um Fluchtwillige abzuschrecken. Hinter den dicken Mauern der Strafanstalt ein Militärlager: Kimpalanda!

Niemand schert sich darum, wie die Einrichtung offiziell heißt. Und über das Schicksal der kaum zu beneidenden Häftlinge lässt sich nur sagen: Lebendig begraben sind sie, in diesen Verliesen für Kriminelle und Querköpfe aller Art.

Wer den Namen Kimpalanda hört, der stellt sich unwillkürlich vor, wie verzweifelt die Insassen sein müssen, gefangen in ihren Ängsten, dem Stumpfsinn der Haft ausgeliefert, tagein tagaus, ohne jeden Sonnenstrahl, und man denkt an die völlige Isolation, die endlosen Selbstgespräche, die die Häftlinge wohl in den Wahnsinn treiben. Kimpalanda!

Dieser Ort unendlichen Leids. Bei allem Grauen, das seine Mauern gesehen haben, ist es ein Wunder, dass sie noch stehen.

Ich sage das nicht ohne Grund, denn mein Vater hatte Glück. Er hat Kimpalanda überlebt. So gesehen wurde er wie durch ein Wunder geheilt. Doch nach seiner Freilassung war er nicht mehr der Alte, er hatte in der Haft seine Frohnatur eingebüßt, war schweigsam geworden, mürrisch, verbissen.

Er kam mit Hilfe der Vereinten Nationen frei, 1962, wurde dann nach Leopoldville versetzt. Während seiner Haft in Kimpalanda war unsere Familie, notgedrungen, nach Bukavu umgezogen, in die Hauptstadt der Provinz, aus der mein Vater stammt.

Unser Wiedersehen fand in Leo (Leopoldville) statt, überschattet vom Tod meiner drei Schwestern und meiner zwei Brüder, die ihr Leben ausgehaucht hatten wie Kerzenflammen. Wenig später empfahl sich auch mein Vater, der uns so sehr gefehlt hatte, und hinterließ in mir das bittere Gefühl, verflucht zu sein.

Was wäre aus meiner Familie geworden, ohne die große Ähnlichkeit zwischen Papa und Patrice Lumumba?

Auch dreißig Jahre nach dem Tod meines Vaters, einem gebrochenen Mann seit seinem Aufenthalt in Kimpalanda, bleibt diese Frage aktuell. Sie quält mich unentwegt. Heute, mit zeitlichem Abstand betrachtet, kann ich mir ausmalen, wie Papas Leben vor seiner Verhaftung war. Ich sehe ihn vor mir, auf seinen langen Beinen umher stolzieren, stets ein gewinnendes Lächeln auf den Lippen und Komplimenten ganz und gar nicht abgeneigt. War er nicht jedermanns Liebling? Man sprach ihn gerne an, an jeder Straßenecke, man gab ihm Geld, Münzen oder Scheine. Die Leute nannten ihn Lumumba. Und sie behandelten ihn so, als sei er es wirklich.

In Bars spendierte man ihm Bier gleich kistenweise; man umsorgte und feierte ihn. Und rief obendrein: »Es lebe die Unabhängigkeit!«

Hier sei's gesagt: Ich sehe Papa überhaupt nicht ähnlich. Ich habe seine langen Stelz-Beine nicht geerbt, meine Bewegungen sind nicht geschmeidig wie die einer Raubkatze, ich bin nicht rank und schlank wie Papa, und meine Hände sind nicht lang, meine Finger nicht schmal wie seine. Weder seine leicht gewölbte Basalt-Stirn habe ich geerbt noch seine geschwungenen Brauen und auch die wachen Augen nicht, aus denen Blicke wie Blitze hervorschossen. Weder habe ich seine gerade Nase, die direkt und selbstbewusst auf seine schmalen Lippen hinweist noch seine feinen Gesichtszüge, seine makellos gerundeten Wangen. Wie gesagt, sein gutes Aussehen hat mein Vater mir nicht vererbt. Auch seine perfekten, für Cha-Cha-Cha, Twist, Rumba, Meringue und so viele andere Tänze wie geschaffenen Beine nicht. Das nehme ich ihm übel!

In den Monaten vor der Unabhängigkeit des Kongo war die Nation euphorisch. Für meinen Vater, übrigens ein glühender Verehrer des künftigen Premierministers, war seine starke Ähnlichkeit mit Lumumba ein wahrer Segen.

Dann kam der 30. Juni 1960. Doch das rauschende Fest endete in Katerstimmung, nachdem das Volk so lange getanzt hatte, bis ihm die Beine wehtaten.

In Katanga geriet Lumumbas Name öffentlich in Misskredit, und für meinen Vater wendete sich das Blatt. Sein Chef, ein Flame, befahl ihm, sich anders zu kleiden, das Haar nicht mehr zu scheiteln, den Spitzbart zu rasieren. In einem Wort: Er sollte jede Ähnlichkeit mit diesem Teufel tilgen, der davon träumte, so hieß es damals, Katanga wieder zu kolonisieren!

Mein Vater ignorierte diese Anweisung großzügig. Meine Mutter beschwor ihn: »Ich will nicht, dass du im Gefängnis verfaulst. Denkst du denn gar nicht an deine Kinder?«

Er warf ihr einen vernichtenden Blick zu und zog von dannen, mit seinen Freunden, die, wie er, Verehrer des ermordeten Premierministers waren. Kurz nach dessen gewaltsamem Tod wurden in der gesamten Provinz, die sich bereits wie ein unabhängiger Staat verhielt, sämtliche Organisationen verboten, die sich auf Patrice Lumumba beriefen.

In dem mit einer Plane abgedeckten Lkw, der in hohem Tempo in Richtung Camp Major Massart unterwegs war, befahl man meinem Vater sich hinzulegen. Man hatte ihn sorgsam von den anderen Verhafteten getrennt. Auf dem Lkw war er der einzige Gefangene: ein trauriges Privileg.

Man führte ihn umgehend dem Chef vor.

»Monsieur Kapongo, Sie unterschreiben mir dieses Dokument.«

»Henri, ich kann dieses Protokoll nicht unterschreiben, weil Sie mich noch gar nicht befragt haben. Ich gehöre nicht dem Militär, vergessen Sie das nicht!«

»Wenn Sie mich weiter Henri nennen, wird Ihnen das noch leidtun. Für Sie bin ich Herr Oberst.«

In seinem Zorn über die Unverfrorenheit meines Vaters legte er noch nach:

»Ein Renitenter sind Sie also. Die Renitenten gehören in mein Ressort. Sie sind hier im souveränen Staat Katanga. Auf dessen Boden werden wir Leute von Ihrem Schlag nicht länger dulden, Leute, die sich nicht an die Gesetze halten! Politische Versammlungen sind strikt untersagt, das wussten Sie doch, oder?«

»Wenn ich an Ihre Kinder denke, an Ihre Frau, Monsieur Kapongo, dann habe ich allen Grund, mich über Sie zu beklagen. Also gebe ich Ihnen eine Chance: Unterschreiben Sie mir dieses Dokument, dann haben Sie alles in ein paar Tagen überstanden. Ihre Frau und Ihre Kinder werden es Ihnen danken, glauben Sie mir! Andernfalls ...«

Aufrecht und ungerührt gab mein Vater zur Antwort: »Ich unterschreibe nicht.«

Woraufhin der Oberst sein gnadenloses Urteil fällte: »Sie wandern direkt nach Kimpalanda!«

Als dieser Name fiel, wurde es plötzlich still im Büro des Obersts, in dem sich außer ihm und meinem Vater fünf Mordskerle aufhielten, die Gewehre im Anschlag, für alle Fälle. Man hätte eine Fliege durch den Raum schwirren hören können. Die Stille schien kein Ende zu nehmen.

Ich habe die Verhaftung meines Vaters noch so genau vor Augen, als sei sie gestern geschehen. Drei Jeeps, gefolgt von zwei Lkws, kamen angepresst und verursachten ein unbeschreibliches Durcheinander. Unser Fußballmatch auf der zum Spielfeld umfunktionierten Straße wurde jäh unterbrochen, wir konnten gerade noch davonstieben wie junge Hasen. Ein Paniksturm fegte durch die ganze Straße. Mütter schrien sich die Lungen aus dem Leib, um ihre Kinder zu finden. Kinder und Erwachsene liefen kreuz und quer in alle Richtungen. Hundegebell, die Rufe besorgter Eltern, stampfende Soldatenstiefel auf blankem Boden, dröhnende Motoren, der Lärm schwoll an zu einer Flut, die wie ein unseliger Vorbote durch unser Viertel rollte, einem schrecklichen Ereignis voraus.

Ich hatte meinen Ball untern Arm, die Beine in die Hand genommen, geriet aber schnell aus der Puste und blieb deshalb unweit der Indépendence Bar stehen, direkt gegenüber der Wohnung eines Spielkameraden. Vor der Bar waren wir unserer Lieblingsbeschäftigung nachgegangen, in unser Fußballspiel vertieft, und als plötzlich die Wagen angebraust kamen, mit bewaffneten Männern beladen, hatte die ausgelassene Stimmung ein Ende.

Ans Weiterspielen war nicht zu denken, obwohl ich doch eben einen fulminanten Schuss im gegnerischen Tor platziert hatte, noch dazu mit Links ...

In Windeseile hatten die Soldaten die Bar umstellt. Die Gäste drinnen saßen in der Falle. Wie Ratten, die in ihren Löchern kauern und ihre Nasenspitzen keinen Millimeter hervorwagen. Die Soldaten traten die Tür ein, zertrümmerten die Fensterscheiben mit ihren Gewehrkolben. Sie drangen in den Raum vor, in dem *Indépendence Cha-Cha* von Joseph Kabasele und sein *African Jazz* lief. Der Geräuschbrei, den die knacksenden Lautsprecher von sich gaben, versiegte, wich einer schweren Stille.

Das Druckwerk vollzog sich vor unseren Augen.

Schon von Weitem sah man, wie die Soldaten sich ihren Weg durch die panische Menschenmenge bahnten, mit Gewehrkolben und Schlagstöcken, durch gezielte Hiebe in den Rücken der Opfer. Sobald die am Boden lagen, bekamen sie Schläge in die Rippen, und man hämmerte auf ihre Köpfe ein. Schlug sie auch ins Gesicht, riss Wunden, aus denen Fleischfetzen und Blut spritzten. Stöhnen, Schmerzensschreie, Hilferufe, Flüche stiegen aus dem Wirrwarr empor.

Wer durch ein Fenster zu entkommen suchte, wurde zurückgehalten, zu Boden geworfen, erlitt Rippenbrüche durch Stiefeltritte, schrie hellauf vor Schmerz und verfiel kurz darauf in dumpfes Stöhnen.

Schließlich folgte die letzte Etappe der Operation: All diese Menschen wurden ausnahmslos in die verdeckten Lkws und die drei Jeeps verfrachtet. Die Soldaten gingen dabei mit all der Brutalität zu Werke, die ihnen schon vor Ewigkeiten ihren unheilvollen Ruf eingebracht hatte. In diesem Augenblick sah ich meinen Vater.

Zwei Muskelprotze hoben ihn hoch und warfen ihn auf einen der Wagen. Es ging alles sehr schnell, doch ich konnte gerade noch die Platzwunde in seinem Gesicht erkennen, aus der Blut quoll; sein weißes Arrow-Hemd war blutbefleckt, die Krawatte saß nicht mehr, seine Tweed-Weste war verschwunden, seine Hosenträger hingen trostlos an ihm herab, er trug nur noch einen Schuh.

Dieses letzte Bild meines Vaters, das Bild eines gebrochenen Mannes, seiner Würde beraubt, auf diesen verdammten Lkw geworfen wie ein Sack, habe ich seit jenem verfluchten Tag in Erinnerung.

Ah, Nachbar!

Für J. Saverio, ruandischer Schriftsteller

Charles Djungu-Simba

Die Ratten deiner Strohhütte
hast du gerade in meiner Villa gefangen
Dein Dach das unaufhörlich tropft
Gibst du vor bei mir zu dichten
Wenn du deine Kinder schlägst
Schreist du schnell nach dem Mörder
Wenn du meinen Besitz stiehlst
Klagst du Stanley und Livingstone an
Welche Lektion willst du mir erteilen
Mir hat Gott alles gegeben
Elf Frauen in den Provinzen
Die oft aufeinander eifersüchtig sind
Sechshundert Kinder
die sich manchmal streiten
Doch nie Blut
Doch nie Feuer
Ich der großherzige Riese
Als du obdachlos umher irrtest
Habe ich dir Unterkunft und Essen gewährt
Meine Frauen haben deine Kinder gestillt
Groß geworden haben sie sie vergewaltigt
Ich habe dir meine Arme weit geöffnet
Und ignoriert, dass deine Macheten sind
Welche Lektion willst du mir erteilen
Nzambe-Mungu hat mir alles gegeben
Und jeden Tag jede Nacht
Kriegsgericht Blutströme
Dein niederträchtiges Spiel kennt man jetzt
Von Popokabaka bis zur UNO
Wenn du Honig um den Mund schmierst

Deine Hände schmieren Blut
Auf meinen großen Baobab aus Boma
Ich habe dir einen Zweig angeboten
absichtlich hast du ihn mir abgesägt
Auf meinem weiten Hof in Goma
habe ich dir eine Matte ausgelegt
arrogant hast du sie mir besudelt
Fliegen und Hyänen folgen dir überall hin
Die Gorillas aus Kahuzi-Biega flüchten vor dir
Die Okapis aus Epulu fürchten dich
Und die Elefanten aus Bodio verfluchen dich
Welche Lektion willst du mir erteilen
N'Kombé-Imana hat mir alles gegeben
Doch alles hat sein Ende
Die Kröte hat es auf ihre Kosten gelernt
Sie, die nur mit ihrem Bauch sah
Und du glaubst tatsächlich, mich schlucken zu können
Oder mich für immer zu deinem Knecht zu machen?
Ich war stark genug, deine Schläge auszuhalten
Ich hätte genügend Kraft, dir den Hals umzudrehen
Dann wirst du tatsächlich schreien
und wirst vergeblich weinen
Du, der du immer recht hast
Unrecht zuzufügen
Ah, Nachbar!

Gebt mir meine Würde zurück!

Charles Djungu-Simba

Warum hat es das Schicksal auf mich abgesehen? Wäre ich somit der erste Mensch, der einen Fehltritt begangen, der auf Illusionen gesetzt hat? Ich erkenne, dass ich vom Weg abgekommen bin, nur: Habe ich für meinen Fehltritt nicht schon genug bezahlt? Werde nicht auch ich eines Tages ein Anrecht auf Frieden haben, nur auf Frieden? Warum haben sie mich hier eingesperrt, angekettet wie einen Tunichtgut? Warum, frage ich Euch, hört keiner auf das, was ich sage?

Ich war Schulmeister in Burinyi. Generationen von Schülern haben von meinem Wissen profitiert – vier Jahre Unterricht auf einer weiterführenden Schule, das ist doch schon was – manch einer von ihnen gehört heute zu den Honoratioren unserer Provinz, unseres Landes. Dreiundzwanzig Jahre gute und treue Pflichterfüllung im Dienst des kongolesischen Staates, die mir nur mit Schikanen entgolten wurden! Dreiundzwanzig Jahre, die mir nichts eingebracht haben. Nichts, sage ich Ihnen, nicht mal einen Namen! Wer erinnert sich heute noch an Cyprien Shamavu, den ehemaligen Schulmeister von Burinyi und bis vor kurzem noch Nachtwächter im Dienst der Mission der Vereinten Nationen im Kongo, in Bukavu?

Es steht Ihnen frei, nachdem Sie meine Geschichte gehört haben, zu denken, dass ich zu bedauern oder zu tadeln bin oder eingesperrt gehöre. Ich verlange nur eins: dass man mir meine Menschenwürde wiedergibt, weil mir die Armut für immer verbietet, frei zu sein, vorzugeben, frei zu sein. Würde ist kein großes Wort, es ist nur die Illusion, keinem etwas zu schulden, mein Skelett überall frei herumtragen zu dürfen, ohne den Schatten der Scham an meinen Fersen, da mir alles, was ich hatte, weggenommen, entrissen wurde.

An einem verflixten Morgen, an diesem Morgen kurz vor Tagesanbruch in unserem noch völlig schlaftrunkenen Ort, der von einer Horde Banditen und Totschlägern überfallen wurde. Es fällt uns schwer, sie in ihrer Zirkussoldaten-Aufmachung zu identifizieren, doch die Gewehre, die sie tragen, sind echt, und der aus ihrem Mund schäumende Hass reicht, um uns zu traumatisieren. Sie sprechen kein Kinyarwanda, sondern unsere Sprache, und scheinen die Gegend gut zu kennen. Seit sie von der nationalen und internationalen Presse der übelsten Erpressungen gegenüber der Zivilbevölkerung bezichtigt werden, greifen die Hutu-Milizen aus Ruanda oft auf lokale Ersatzkräfte zurück, damit die für sie die Drecksarbeit erledigen, jugendliche Verbrecher, die unter Drogen stehen, die Dörfer plündern und die Kriegsbeute anschleppen, Menschen und Material.

Sie vertreiben uns aus unseren Häuschen und Hütten, zwingen die Männer, das ganze Vieh des Dorfes und das Federvieh aus den Hühnerhöfen zu fangen. Dann teilen sie uns in zwei Gruppen auf, ehe sie uns im Gänsemarsch in zwei offensichtlich entgegengesetzte Richtungen schleppen. Wir sind noch keine zwei Minuten im Busch unterwegs, als wir hinter uns eine Riesenflamme sehen. Es sind unsere Häuschen und Hütten, die in Flammen stehen. Nach einem ermüdenden Halbtagsmarsch, ohne Essen und Trinken, erreichen wir den Fuß eines Berges. Unser »Kommandant« erlaubt uns, uns auszuruhen, in Erwartung der anderen Gruppe, in der sich, so nehme ich an, Eulalie Seketa, meine Frau und meine beiden Jungen, Mambo und Pitchou, befinden. Um die Hinterhalte der Regierungssoldaten zu umgehen, treiben diese Banditen ihre Streitkräfte auf diese Art auseinander. Am Spätnachmittag stoßen die übrigen Gefangenen zu uns, die noch müder sind als wir.

Ich kann meinen ältesten Sohn Mambo fragen:
»Wo ist Eure Mutter?«
»Sie ist ... beim Chef«, stammelt er und hält mit Müh und Not seine Tränen zurück.

Etwa zehn Minuten später sieht man sie plötzlich einer hinter dem anderen wegrennen. An der Spitze des Zuges laufen zwei schwer bewaffnete Männer, denen Seketa folgt, die seltsamerweise überhaupt kein Gepäck dabei hat, und ein großer Kerl, nackter Oberkörper, auf dem Kopf ein rotes Beret und an der Taille einen Revolver. Auf einen Schlag haben sich all unsere Wächter erhoben, um ihm die Ehre zu erweisen. Die Neuankömmlinge halten sich abseits, unter einem wilden Mangobaum. Ich bemühe mich vergebens, Seketas verstörten Blick zu fixieren. Man könnte meinen, sie sei hier, ohne wirklich anwesend zu sein. Der Bandenchef geht dann auf uns zu und ergreift das Wort. Mir fällt auf, dass er leicht hinkt.

»Wir sind im Krieg, meine Damen und Herren, tun Sie nicht so, als ob sie das nicht wüssten! Sie haben sich bislang kooperativ gezeigt, weshalb ich auch beschlossen habe, sie nicht weiter zu belästigen. Wer ins Dorf zurückkehren will, kann dies ab jetzt tun. Ich werde jedoch noch ein Dutzend Männer hier behalten müssen, damit sie uns helfen, die *Bilokos*[2] in unser Hauptquartier zu transportieren. Sie werden allesamt freigelassen werden, sobald Sie mir bewiesen haben, dass Sie nicht versuchen, mit Kabilas Soldaten und der Monuc zusammenzuarbeiten, um uns wieder zu finden.«

Zehn der tapfersten Männer werden als Geißeln ausgewählt, sowie vier Frauen, darunter Seketa, meine Frau. Mein Gedächtnis lässt mich selten im Stich: Ich vermeine, in diesem Banditen Nelson einen Bengel wiederzuerkennen, der vor ungefähr zehn Jahren bei mir im Unterricht war. Er kam aus einem Nachbarort, fünfzehn Kilometer von Burinyi entfernt. Ohnmächtig stoße ich mit meinen beiden Kindern zu den übrigen Dorfbewohnern. Wir marschieren die ganze Nacht hindurch, ehe wir das wieder finden, was von unserem Burinyi übrig blieb. Es ist zum Verzweifeln.

Nach einem Monat werden Eulalie Seketa und die übrigen Dorfbewohner frei gelassen. Ich beschließe, Burinyi zu verlassen und uns in Bukavu niederzulassen, wo wir keine Verwandten haben. In einem Jahr unermesslich harter Plackerei werden wir viermal umziehen, falls man die behelfsmäßigen Unterkünfte aus Karton, Ästen und getrockneten Bananenbaumblättern überhaupt so nennen kann, die wir am Rand von Bukavu hatten errichten müssen, egal wie.

Ich gehe jeden Morgen in die Stadt, bin auf der Suche nach einer Beschäftigung, für die es Geld gibt. Ich übernehme alle möglichen Gelegenheitsarbeiten, die mir erlauben, ein paar Francs zu verdienen, Hungerlöhne, gerade genug, um den Hunger der Meinen zu überlisten. Seketa ist tagsüber auf dem großen Markt und bringt hin und wieder ein paar Reste mit nach Hause. Weil kein Geld da ist, können die Kinder nichts lernen. Sie treiben sich auf der Straße herum und warten auf bessere Tage.

Vor zwei Tagen glaubte ich zu träumen, als ich meinen Namen auf den Listen des Einstellungsbüros der Monuc erblickte. Man schlug mir

---

[2] Sachen.

vor, als Nachtwächter bei zwei Mitarbeitern im Auslandseinsatz zu arbeiten, die bei der Monuc angestellt waren. Monatsgehalt: Zwanzig US-Dollar! Ein veritables Vermögen! Der kongolesische Staat, so er sich denn überhaupt an meinen Bauch und den der Meinen erinnerte, bedachte mich nur mit zehn Dollar.

Eine Stadt wie Bukavu hat den Vorzug, dass sich niemand für einen interessiert, vor allem, wenn man wie ich ein Niemand ist. Ich bin sehr darauf bedacht, kein Risiko einzugehen. Um unerwünschte Begegnungen zu vermeiden, haste ich, so gut ich eben kann, Mauern entlang, die häufig imaginär sind. Und ich arbeite eben nachts, es ist mir doch egal, es steht ja nicht »Nachtwächter« auf meiner Stirn geschrieben.

Der Ire Brian Ferguson, Mitte fünfzig, athletische Statur, arbeitet seit vier Monaten in Bukavu als Verbindungsoffizier für die Mission der Vereinten Nationen im Kongo. Er teilt sich mit seinem belgischen Kollegen Claude Massepain, einem sich wie ein Mönch gebärdenden Rothaarigen, eine protzige Villa am Ufer des Kivu-Sees in Muhumba, einem Wohnviertel in der Hauptstadt der Provinz Süd-Kivu, zehn Minuten Fußweg bis zum Hauptquartier der Monuc.

Die Tage vergehen gleichförmig. Ich war bereits seit mehr als zwei Monaten den Herrn Ferguson und Massepain zu Diensten, als sich der Ire eines Morgens, ehe ich nach Hause ging, an mich wandte:

»Ich suchen dufte Biene, sauber, gesund und viel schön. Herr Cyprien, du kannst für mich machen das? Du kriegen ein Geschenk von mir.«

Ich hätte misstrauisch werden sollen. Es hieß, mein Vorgänger hätte seine Stelle verloren, weil er akzeptiert habe, mit dem anderen Weißen zu schlafen, und der sich zudem angemaßt hatte, ihn zu verpfeifen, weil dieser seinen Zahlungen nicht nachgekommen war. Der Belgier schaffte es jedoch, den Spieß umzudrehen, indem er ihn beschuldigte, kleine Diebstähle begangen zu haben.

Nach der ersten Frau, die ich Herrn Ferguson zugeführt habe, musste ich nicht lange suchen. Sie trieb sich schon seit einiger Zeit in der Gegend herum. Am nächsten Tag bedankte sie sich, ehe sie ging, mit einem Fünfzig-Dollarschein bei mir; mehr als das Doppelte meines Monatsgehaltes. Und da Herrn Ferguson ständig Frauen haben wollte, führte ich ihm weiterhin jeden Abend weibliches Frischfleisch zu. Er war rundum zufrieden, sagte er mir jedenfalls, und ich verdiente eine Menge Geld.

Meine Lage verbesserte sich allmählich. Wir mieteten uns eine Bruchbude in der Gemeinde Kadutu in der Nähe des Fußballstadions.

Herrn Fergusons sexueller Appetit war unersättlich. Davon abgesehen musste er ein Riesenvermögen haben. Was mich betrifft, so lief die Sache wie geschmiert. Ich hielt mich haargenau an die Anweisungen meines Arbeitsgebers: keine Minderjährigen, klasse Weiber, sauber, gesund, ein wohl gerundeter Po. Meines Erachtens hatten die Mädchen-Frauen, die Nachricht verbreitet: Sie warteten täglich gegen siebzehn Uhr an der Ecke des Nguba-Marktes, wenn ich in die Straße einbog, die zum Amani-Zentrum und am Hauptquartier der Monuc vorbeiführt. Ich selbst traf die Auswahl, bemühte mich, nie die gleichen zu nehmen, es sei denn der Chef wünschte es ausdrücklich. Ich brachte die Auserwählte des Tages sogleich dazu, sich in der *Boyerie*, im Dienstbotenraum, zu duschen und stellte sie so gegen neunzehn Uhr dem Chef vor. Er schien sie zu inspizieren, mit Blick und Händen auf Herz und Nieren zu prüfen, ihr in seinem gebrochenen Französisch ein paar Fragen zu stellen und bat sie dann, ihm in seine Wohnung zu folgen. Ich brauchte dann morgens nur noch auf meinen grünen Geldschein mit dem Konterfei von Ulysses Grant zu warten.

Ich sagte mir daraufhin: Da ich mit Seketa keine intime Beziehung mehr pflegte, warum nicht auch sie von diesem Geldsegen der Vereinten Nationen profitieren lassen? Es war nicht nur der Lockreiz des Geldes, der mich so handeln ließ, vielmehr war ich der ehrlichen Überzeugung, der Mutter meiner Kinder eine Chance zu geben. Nun ja, es war vorgefallen, was vorgefallen war, deshalb war ich ihr noch lange nicht böse. Sie selbst wusste, dass die Sitten bei uns in dieser Hinsicht eindeutig waren. (…)

Seketa wies meinen Vorschlag entschieden zurück.

»Und meine Würde, Cyprien, was machst du mit der?«, fragte sie mich.

»Von welcher Würde redest du da? Rede ich über das Unrecht, das du uns, mir und den Kindern angetan hast? Warum haben wir Burinyi verlassen?«

»Wenn wir schon dabei sind, warum beschuldigst du mich nicht, am Angriff auf unser Dorf beteiligt gewesen zu sein? Und warum hast du den Wald verlassen und mich in Gefangenschaft dieser Banditen zurückgelassen? Hach? Ich bin immer noch deine Frau, die Mutter deiner

Kinder, und ich erlaube dir nicht, mich wie eine Nutte zu behandeln. Was verdreht dir den Kopf, Cyprien?«

Ich ließ das nicht mit mir machen. Ich belästigte sie weiterhin, drohte, mich von ihr zu trennen, falls sie bei ihrer Weigerung blieb. Ich musste sogar, als ich keine Argumente mehr hatte, zur perfidesten List greifen:

»Wenn Du es schon ertragen hast, mit Banditen und Übeltätern über Monate hinweg zu schlafen, weshalb verwehrst du dich einem weißen Europäer, der für seine sexuelle Unersättlichkeit obendrein noch viel Geld hinblättert?«

Tags darauf war sie einverstanden und ließ sich widerwillig zum Schlachthof führen. Die, die mich an der Straßenecke gegenüber dem kleinen Markt von Nguba erwarteten, warteten vergeblich. Ich beschloss, einen anderen Weg zu nehmen. Hinter dem Kollegium der Jesuitenpater entlang. Die Folgen, ah, die Folgen! Allein schon, wenn ich daran denke, läuft mir der kalte Schweiß runter.

Wie groß war meine Überraschung, als ich hörte, wie mein Chef mir zurief:

»Bring mir bloß keine andere Frau mehr! Die da ist wunderbar: wo hast du die aufgegabelt? Ich will nur noch die! Tag für Tag!«

Seketa zog schließlich bei Brian Ferguson ein und kehrte nur noch an bestimmten Wochenenden zu uns zurück. Je mehr Tage und Nächte vergingen, desto stärker veränderte sie sich durch das, was sie erlebte. Sie wurde eine Dame von respektablem Auftreten. Ich wollte es mir nicht eingestehen, hegte jedoch insgeheim die Hoffnung, sie würde sich letztlich auf die guten Gefühle besinnen und zu mir zurückkehren. Der Weiße würde früher oder später heimkehren. Ich hatte schon öfters erwogen, meine Arbeit hinzuwerfen, doch die Angst vor dem, was kommen würde, hielt mich davon ab. Ich hatte das Elend bis zur Neige ausgekostet, alle Ecken und Winkel der Entbehrung aufgesucht, für nichts auf der Welt würde ich Risiken eingehen. Ich glaubte daher, der Himmel fiele mir auf den Kopf, als ich aus dem Mund meines Chefs erfuhr, dass er an seinen neuen Arbeitsort in Liberia gehen würde, und dass er Eulalie Seketa mitnehmen wollte.

Ich versuchte, den Iren davon abzubringen, ließ ihn im Glauben, Seketa habe sich vorübergehend von ihrem Mann getrennt oder sei die Ehefrau eines Offiziers, der nach Katanga versetzt worden war, doch es nutzte nichts. Zu guter Letzt wandte ich mich an die Mutter meiner Kinder. Und stieß ich auf einen Schildkrötenpanzer.

»Ich darf Dich daran erinnern: Wo ich heute stehe, stehe ich wegen dir und deiner Geldgier. Und da es uns unsere werten Bräuche verwehren, intim zu sein, ertrag es, dass ich mein Leben mit Herrn Brian neu ausrichte. Er liebt mich, ich liebe ihn! Du kannst dir sicher sein: Ich werde dich nie vergessen, und meine Kinder werden sich immer auf mich verlassen können.«

Beinahe wäre ich umgefallen! Eulalia redete auf die natürlichste Art der Welt, als wäre ich für sie stets nur ein Kumpel gewesen, von dem man sich an der Wegkreuzung trennen müsste.

»Du bist demnach nicht länger meine Frau, wenn ich das richtig verstehe? Du weißt, die Sitten.«

»Hör ein für allemal damit auf, die Sitten zu verklären. Ich mache nur eine Situation publik, die du selbst herbeigeführt, gewollt hast. Davon abgesehen kennt doch die ganze Verwandtschaft unsere Geschichte!«

Am folgenden Wochenende kam Seketa nicht zu uns. Sie hatte unsere beiden Kinder zu sich bestellt, die wir vorübergehend in einem Internat in Birawa untergebracht hatten, ungefähr dreißig Kilometer von Bukavu entfernt. Als ich mich am Montagabend an meinem Arbeitsplatz vorstellte, erfuhr ich, dass mein Chef und die Frau, die ich geheiratet, für die ich eine Mitgift bezahlt hatte, die die Mutter meiner Kinder war, oder etwa nicht, gemeinsam frühmorgens über Kigali nach Monrovia geflogen waren. Ich war starr, verdutzt, als wäre ich plötzlich stumm, taub und fast blind geworden. Man hielt mir einen dicken, kakifarbenen Umschlag vor die Nase, auf dem mein Name stand und einen Koffer mit Kleidung. Ich verließ das Grundstück, groggy, ohne etwas mitzunehmen. Ich arbeitete weder an diesem Tag, noch am nächsten, noch am darauf folgenden. Ich weiß nicht, was aus mir werden würde. Was man aus mir machte, bevor ich hier gelandet war.

Cyprien Shamavu verließ die Hölle. Nach seinem Missgeschick bei der Monuc sah man ihn, bei Regen wie bei Sonnenschein, die Straßen und Verkehrsadern von Bukavu auf und ab gehen, struppiges Haar, vernachlässigtes Äußeres, die Passanten als Zeugen anrufend:

»Gebt mir meine Würde zurück! Gebt mir meine Würde zurück! Gebt mir meine Würde zurück!«, schrie er unablässig.

Was seine Würde anbelangte, so beraubte man ihn alsbald seiner Bewegungen; seine Worte störten, man legte ihn an Händen und Füßen in Ketten, wies ihn in ein psychiatrisches Zentrum ein. Unterdessen hatte sich seine Geschichte wie ein Lauffeuer in der Stadt verbreitet. Jeder fügte noch etwas hinzu, die Erzählung wurde zu einer Allegorie auf die Kongolesen, eingelullt von ihrem eigenen Staat, von den Nachbarstaaten geplündert, von der internationalen Gemeinde verarscht, von überholten Sitten geplagt, schmacherfüllt, von ohnmächtigen Eliten im Stich gelassen.

Aus der Geschichte des Volksschullehrers aus Burinyi, der bei der Monuc Nachtwächter wurde, machten die Kinder auf den Straßen von Bagira, Kadutu und Ibanda, den drei Gemeinden von Bukavu, den Hit

Wongo si kazi
Tembea ukaone
Serkali hama moyo
Ukimtumkia kazia roho
Ma futa na maji
Hawajenge pamoja
Muzungu hana rafiki
Mwilli mweupe
Ndani sawa sisi sote
Ukipendia uzamu
Usahau kitanda

Refrain: Leo Shamavu. Kesho nani?
Mumurudishie Uzima wake!

Deutsch:
Lügen ist kein Beruf / Zieh durch die Welt und deine Augen werden es gewahr / der Staat hat keine Gefühle / Sei geduldig, wenn du ihm dienst / Öl und Wasser werden nie gut miteinander auskommen / Der Weiße hat keinen Freund / Mag seine Haut auch ganz weiß sein / Sein Herz ist wie unsers / Ein guter Nachtwächter / Verzichtet auf die Wonnen des Bettes

Refrain: Heute beklagen wir Shamavu / Wer morgen wohl an der Reihe sein wird? / Gebt ihm seine Würde zurück!

Zielscheibe K

Jules Elongo Lomomba

Geräuschlos öffnete sich die Tür einen spaltbreit. Sie steht im Halbschatten seit dem Beginn der Versammlung. Ebenfalls geräuschlos überquerte der Soldat die Schwelle, salutierte kerzengerade, der Oberkörper blieb im Schatten. Kein Wort drang aus seinem Mund. Stille verbreitete sich im Konferenzraum. Der Generalstab der patriotischen Armee Ruandas – APR – drehte sich in die selbe Richtung, wie ein Mann. Der Soldat runzelte nur unmerklich die Stirn, was niemandem auffiel. Die Blicke, die auf ihn gerichtet waren, rührten an ein altes Unbehagen. Wegen bestimmter Ereignisse, die er zu Beginn seiner Jugend und bei seinem Eintritt in die Armee erlebt hatte, verkrampfte er sich sofort beim kleinsten Verdacht einer gegen ihn gerichteten Aggression. Falls er das Gefühl nicht losbekäme, würde er hochschnellen und ohne Vorwarnung zuschlagen. Selbstverständlich hatte er lernen müssen, seine Gefühle zu zügeln, sie ein bisschen zu kanalisieren und in den Dienst der Sache zu stellen. Eine gewisse militärische Disziplin gehörte schon dazu. Ihm blieb nur dieses unmerkliche Stirnrunzeln, wenn sich seine Dämonen in ihm regten.

Tatsächlich lässt sich jedoch seine gute Leistung immer auf sein völliges Einvernehmen mit seinem »Vater« zurückführen: die gleiche Wahrnehmung der Sache, was bei ihnen zu einer strikt persönlichen Angelegenheit geworden war; die gleichen Methoden vor Ort, ebenso flink wie skrupellos. Was waren sie doch für ein geheimes und gefürchtetes Duo! Es war kein Zufall, dass ihn sein »Vater«, der Oberbefehlshaber der APR, für diese Mission ausgewählt hat. Selbst wenn er diesmal nicht allein arbeiten würde...

Der Commander in Chief hat sich eine starke Armee gewünscht. Das hat er schon früh beobachtet, seit seinem Engagement für die Sache in den Reihen der APR. Und hat daraufhin viele Dinge verstanden: dass er limitierte Spezialeinheiten bräuchte, die bei Bedarf als Angriffswaffe bei umfangreichen Aktionen hinter den feindlichen Linien dienten. Mehr noch, er benötigte die totale Kontrolle über die ganze Aufstellung: das Network Commando. Da er sie ganz allein ausgesucht hatte, war er tatsächlich der Einzige, der die wahre Identität eines jeden einzelnen Mannes kannte, der zum Netzwerk gehörte.

Untereinander wussten die Elemente des Network Commandos nur das absolute Minimum dessen, was für die gute Koordination der Missionen erforderlich war. Anfangs waren sie allesamt fanatisiert. Kriegserprobte Soldaten, ebenfalls. Außerdem hatten sie alle unterschiedliche Ausbildungen durchlaufen. Manche waren härter als Soldaten bei den Spezialeinheiten der US-Armee, die diejenigen ausstattete und finanzierte, die man damals »Tutsi Rebellen« nannte und die hauptsächlich in Uganda stationiert waren.

Der Mann, dessen Gesicht vom Schatten verdeckt wurde, gehörte zu einer erfahrenen Einheit, einem der Babies seines »Vaters.« Wie alle anderen Einheiten existierte seine offiziell überhaupt nicht. Zweifellos mehr als alle anderen Einheiten gab ihm seine bislang nur Grund zur Zufriedenheit. Infiltrieren, spionieren, entführen, foltern, töten: Keine dieser Missionen hat mit einer Niederlage geendet. Seine neue Mission. Wichtig, wie die Vorangegangenen. Heikel wird sie sein, heikler als alle anderen. Besprochen wurde sie nur unter größter Geheimhaltung…

Der Stab bereitete eine umfangreiche Militäraktion vor. Da die Macht in Ruanda erobert worden war, wurde es eine ebenso vielfältige wie komplexe Operation, die für das Überleben des Regimes wesentlich war: ein Krieg außerhalb der Grenzen. Der Anlass war gleich gefunden: die Widerstandsnester der gestürzten Macht ausheben, die äußerst aktiv in den Flüchtlingslagern waren, die sich entlang der Grenze auf zairischer Seite erstreckten, bisweilen in Schussweite von potentiellen Zielen in Ruanda. Die Propaganda wirkte Wunder. Auf das Shoah-Syndrom setzend, wurde die Sache als programmierte Auslöschung der Tutsi-Ethnie dargestellt. Danach hieß es, Zaires Obrigkeit wäre unfähig, die Killer, die bei den Flüchtlingen untergetaucht waren, zu entwaffnen. Doch auch, dass wie beim Genozid von 1994, wo die Tutsis einen hohen Preis zahlten, die Ausflüchte der internationalen Gemeinschaft den potentiellen Mördern in die Hände spielten, die ihrerseits keine Zeit verloren und die Invasion von Ruanda vorbereiteten. Zumal es bereits sporadische Überfälle der negativen Kräfte gab, die danach strebten, die 1994 begonnene Arbeit zu Ende zu führen.

Die Diplomatie erreichte ihre wesentlichen Ziele: Uganda im Norden und Burundi im Süden wären militärisch gesehen mit von der Partie. Die USA, die sich von Generalfeldmarschall Mobutu aus Zaire getrennt hatten, verbürgten sich bei den Vereinten Nationen für die ganze Operation und gewährte ihren Verbündeten außerdem militärische Unterstützung. Belgien, die Achse der aggressiven Diplomatie des Regimes von Kigali, würde in der Europäischen Gemeinschaft die Führung übernehmen, um dort die Interessen der ruandischen Politik zu verteidigen. Großbritannien, das viel diskreter, jedoch nicht minder effizient ist, wenn es sich für eine Sache engagiert, würde als Schnittstelle fungieren zwischen den verschiedenen westlichen Mächten, die an dem Konflikt beteiligt sind.

Die militärische Strategie schien denkbar einfach: Zaire hatte keine funktionierende Armee mehr, um sich selbst zu verteidigen! Korruption, ob in Naturalien oder klingender Münze, alles kam an bei den Offizieren der Streitkräfte Zaires, der Force Armeé Zairoise (FAZ).

Unterdessen würden dank der Erfahrung und der Kontakte der regionalen Verbündeten die politischen Instrumente der Operation – allesamt bloße Fassade – zur Anwendung kommen. Sie würden im geeigneten Moment eine Allianz bilden, ohne weiteren ideologischen Tiefgang, die kein anderes Ziel hat, als die Befreiung von der Diktatur Mobutus. Der Commander in Chief der APR hat persönlich darauf geachtet, dass sie bunt gemischt ist. Damit wollte er seine Hand auf den Ressorts haben, die ihm ihren inneren Zusammenhalt garantieren werden. Daher rührte auch die Präferenz für seine eigenen Leute: Ruandische Herkunft, ethnische Zugehörigkeit Tutsi, anglophoner Background, wie er. Darunter ein Kontingent von Kämpfern, die allesamt Tutsi waren, offiziell ruandische Flüchtlinge in Zaire, die in Zaire eingebürgert wurden. Nachdem man sie eingezogen und ausgebildet hatte und sie von seinen Leuten indoktriniert worden waren, nannten sich diese Spezialeinheiten des gerade entstehenden Bündnisses aus taktischen Gründen »Banyamulenge«, das heißt: Zairer, die im uralten Gebiet des Mulenge, eines Gebirges in der Provinz Süd-Kivu historisch verwurzelt waren. Sie griffen offiziell zu den Waffen, um ihr Anrecht auf die zairische Staatsangehörigkeit zu verteidigen und den Diktator Mobutu zu entmachten.

Danach müsste man nur noch die letzten Einzelheiten durchgehen:

Vor allem für den »Vater«, der die Stabskonferenz leitete, war die wahre Mission, als Täuschungsmanöver getarnt, dem salutierenden Soldaten – seinem Schützling – das Einsatzgebiet zu verkünden: Der Süd-Kivu. Phase I seiner verdeckten Mission, um sich erkenntlich zu zeigen: Die Übernahme und die Kontrolle des Flughafens von Kavumu, der Bukavu versorgte, die Hauptstadt dieser zairischen Provinz. Der Rest betraf nur »Vater« und »Sohn.« Jedenfalls erhielt der Zweite, der Sohn, von sonst keinem einen Befehl, und er war nur dem Ersten, seinem Vater, gegenüber verantwortlich. Tatsächlich hatte ihr Krieg im Süd-Kivu kaum etwas zu tun mit den offiziellen Beweggründen des Abenteuers, das man vorbereitete.

»Das ist der Mann«, stellte ihn der General kurz vor, der am Ende des Tisches seinen Dienst versah. Das müsste reichen, so seine Einschätzung. Nie sollte jemand auch nur versuchen, einen Namen mit dem Gesicht des Beamten zu verbinden, noch dieser mit seinem eigenen Namen. Irgendein Instrument der Spezialeinheiten der APR, das sollte er in den Augen aller bleiben. Nur der Chairman durfte es wissen; nur er wusste es.

In der Kommandozelle, einem Organ, das sich auf den inneren Kreis des Generalstabstabs beschränkte und der Ort für eine richtige strategische Diskussion an der Spitze des APR war, konnten nur Wenige ihre Meinung frei äußern. Hier wusste jeder, worum es ging, bei Konferenzen wie der, die gerade stattfand.

Obwohl gemeinsam vor- und zubereitet, ist die Macht doch ein Gericht, das man allein verzehrt. Die Erfahrung des Exils und hernach des Widerstands im Untergrund hat ihnen gezeigt, dass die notwendige Polyphonie der Beratungen im Monolog der Schlusssynthese stattfindet, genau genommen der verbindlichen Schlussfolgerung; kein Punkt wird mit mehr als einer Stimme vorgetragen. Entscheiden, lautet das feine Wort der Geschichte. Ein größeres Verb, das in einer Eroberungsarmee wie der ARP immer in der ersten Person Einzahl konjugiert wird. In einer Militärregierung, selbst einer verdeckten, wie dem Regime von Kigali ist es so. Und bis in den inneren Kreis eines Stabs, der bald ausrücken wird, so konsensbereit und kohärent er sich auch gibt. Im vorliegenden Fall war eine Ausnahme völlig unangebracht. Wenn sich die Anderen nicht sogleich seiner Meinung anschlossen, begnügten sie sich damit, an seinen Hypothesen herumzunörgeln und hofften, dass sich der »Vater« des wartenden jungen Mannes äußerte.

Nun aber lebte der junge Mann, der gerade vorgestellt worden war, tatsächlich in den Abgründen seiner gestörten Persönlichkeit, völlig in sich versunken, wenn er sich nicht im Feuer des Gefechts entfaltete. Oder wenn er mit seinem »Vater« den Kopf zusammensteckte, zweifelsohne mit den gleichen Problemen beschäftigt, da selten ein Lächeln sein Gesicht erhellte. Allein mit seinen Dämonen, die meiste Zeit über.

Nach außen hin war sein übermäßig trainierter Körper ein perfekt geschmiertes Räderwerk. Das Mentale, könnte man sagen, stand eher im Dienst der Aktion als umgekehrt. Es genügte ein wie auch immer lautender Befehl. Wenn er von seinem Mentor kam. Effizient ist das Adjektiv, das den Mann am besten charakterisierte und seine Eigenschaften auf den Punkt brachte.

Keiner der hohen Tiere des Generalstabs ahnte, was für einen fürchterlichen Zerstörer sie gerade vor sich hatten. In ihren Augen war er nur ein Junge, einer von vielen, wahrscheinlich groß geworden zwischen dem Exil und dem Krieg zur Wiedereroberung seines Herkunftslandes. Die Bestinformierten wussten es, vielleicht noch ein Mitarbeiter des Directorate of Military Intelligence. Sah man ihn vor sich, kam er ihnen nur banal vor: Von hohem Wuchs, hager in seiner vorschriftsmäßigen Uniform, offensichtlich wortkarg.

Wie hätte man hinter seinem Silberblick und hinter einem Anflug von Schnurrbart seine hervorstehenden und unebenen Zähne erahnen können? Was könnten sie über seine Muskeln wissen, die so hart wie die Nervenstränge eines Ochsen waren? Wie könnten sie wissen, was seine frühere Beschäftigung war? Gehörte er zu den Eingezogenen oder zu den Zivilisten? Wer würde ihn schon für einen kaltblütigen Killer halten, der unberührt blieb vor und nach den vielen blutigen Kampfhandlungen, an denen er in knapp drei Jahren Einsatz teilgenommen hatte? Welches geheime Ereignis wird einen Stein an die Stelle seines Herzens gesetzt haben?

Womöglich keiner von denen, die ihn schweigend beobachteten, hatte davon die geringste Vorstellung… außer eben Chairman, sein »Vater.« Auf dessen unmerkliches Zeichen hin verschwand der Soldat, so wie er gekommen war. Das strategische Treffen des Generalstabs wurde von Amts wegen aufgehoben.

Und wehe denen, die das Pech haben werden, den Weg von dem zu kreuzen, dem seine Waffengefährten den Spitznamen *Kilitcho*, der Hexer verpasst haben!

****

Der Kommandant Kilitcho und seine Einheit rückten schnell vor. Die Landung von einer kleinen Insel aus, hat ungefähr vierzig Kilometer nördlich von Bukavu stattgefunden. Die Lokalbehörde nicht aufhorchen lassen. Erst recht nicht die Wanze im Ohr der äußerst aktiven Nichtregierungsorganisationen in den Flüchtlingslagern, die die Straße säumten, die von Goma nach Uvira hinunter führte. Der tatsächliche Einsatz begann. Zu Fuß. Durch den Dschungel. Das kaum ausgebaute Straßennetz und das weiträumige Gebiet werden kostbare Verbündete sein. So wie die vorgerückte Stunde der Nacht. Es war auch nicht das Relief der Landschaft, das dem wellenförmigen ihrer Heimat Ruanda ähnelte, was sie hier entwurzeln würde.

Müssten sie sich außerdem darüber wundern, dass die Grenze Zaires leichter zu überqueren war, als 1994 die nach Ruanda beim entscheidenden Angriff auf Kigali? Die schöne Arbeit der militärischen Aufklärung erklärte nicht alles, was sie befürchtet hatten...

Leicht, ihr Marschgepäck. Genug, um für etwa zehn Tage unabhängig zu sein. Mehr als diese kriegerischen, hart erprobten Männer brauchten, die nur im Feuer des Gefechts zu ihrer Rolle in der Armee fanden. Wie jetzt.

Und leicht, ihre Ausrüstung. Eine Übertragungseinheit. Zwei gut ausgerüstete Raketenwerfer. Jeweils eine Sturm- und eine Faustwaffe. Und selbstverständlich der vom Kommando nicht zu trennende Dolch, als letztes Mittel. Munition und Granaten. Damit konnte man jemandem wehtun, sehr weh, wenn man noch ihr Überlebenstraining auf feindlichem Gebiet hinzu rechnete, ihre Kenntnis des Gebiets, dank der militärischen Aufklärung, durch die die Flüchtlinge infiltriert worden waren.

Auf der ersten Stufe ähnelte die Mission »Null Risiko« eher einer Mission ohne Risiko. Bislang keine unheilvolle Begegnung. Nur die Geräusche der tropischen Nacht. Kaum, höchstens ein oder zweimal, musste man sich auf ein Zeichen des Kommandanten ducken. Das

Ohr gespitzt und den Finger am Abzug. Das Wildschwein hat schließlich gegrunzt und sich in der Schwüle des finsteren Waldes davongemacht.

Kavumu würde man fristgerecht erreichen. Vor den ersten Lichtschimmern des Tages, wie vorgesehen. Der gleichnamige Flughafen, auf halbem Weg zwischen Kavumu und Bukavu, wäre dann weniger als zwei Stunden entfernt. Dort wird es ernst werden.

Den ruandischen Flüchtlingen den Rückzug abschneiden, die sich anschickten, nicht wieder die Grenze ihrer Herkunftsländer zu überqueren. Der westlichen Welt jede Ausflucht nehmen, eine Eingreiftruppe aufzustellen unter dem immergleichen Vorwand, humanitäre Korridore zu errichten. Die lokalen Streitkräfte aus Zaire, denen kein Flughafen zur Verfügung stand, würde man von ihrer Nachhut abkoppeln und damit von jedweder Nahrungsmittelversorgung und Truppenverstärkung.

Über Letztere konnten es sich die Männer von Kommandant Kilitcho nicht verkneifen, kurz nach der Landung zu murmeln:

»Memmen, diese FAZ.«

»Junge Mädchen willst du wohl sagen.«

»Sind sie wenigstens schön?«

Und laut loslachen. Bis Kommandant Kilitcho, der nicht zum Scherzen aufgelegt war, allen befahl, ruhig zu sein.

Er wusste, wie trügerisch der Schein im Kampf sein kann. Kein Detail vernachlässigen, keinen Augenblick mit der Aufmerksamkeit nachlassen, das müssen die Goldenen Regeln bleiben. Da dieser Kampfeinsatz auf fremdem Gebiet stattfand, waren diese Gedanken bei ihm umso stärker. Nein, er hatte nichts gemeinsam mit den Razzien der Gegner in Ruanda, um die Männer der Einheit zu unterhalten.

Dort war die Wiedereroberung zu Ende; die Sache hatte eher politische als militärische Züge angenommen, und Langweile erwartete die Truppe, noch mehr die Spezialeinheiten, die sich mit der Untätigkeit nicht anfreunden konnten. Hier sollte man fortan das Unbekannte für Allgegenwärtig halten, vor allem, wenn es unsichtbar ist. Folglich unvorhersehbar per Definition.

Dennoch fragte sich der Befehlshaber Kilitscho ständig, was aus den zairischen Streitkräften geworden war, die dereinst in der Region so gefürchtet waren. Was ist aus der berühmten Sonderdivision des Präsidenten, des Generalfeldmarschalls Mobutu geworden, die 1990 der patriotischen Armee Ruandas ihre schwerste Schlappe zufügte?

Kommandant Kilitcho erinnerte sich...

Er war zwölf Jahre alt. Er war der jüngste Sohn einer friedlichen Familie, die vom Ackerbau lebte, wie viele andere auch. Der Junge träumte von der Zukunft, der weiterführenden Schule in Ruhengeri, im nächsten Jahr. Unterdessen war seine Heimatstadt Gitare alles Andere als ruhig, eingezwängt wie sie war; außerhalb der Grenzen konnten es die Tutsi-Rebellen kaum erwarten, ihr Heimatland zu umzingeln. Im Innern des Landes eine Regierungsarmee, die unerbittlich gegenüber der Grenzbevölkerung war, da man sie der Kollaboration mit den Rebellen verdächtigte. Franzosen mischten sich ein zugunsten der derzeitigen Regierung.

Krieg oder nicht Krieg, das wusste man nicht so genau. Das Gerücht kursierte: »Sie kommen. Sie gehören eher zur Regierung.« Endlich werden sie sich gegenüberstehen.

Nichts da, es geht eher um eine Strafaktion. »Rette sich wer kann...«

Und so ging es seit weiß Gott wie vielen Jahren. Man redete ständig darüber; man erzitterte, wenn man erfuhr, dass der Beginn der Feindseligkeiten bevorstand. Die ungewisse Zukunft stand für die einzige Gewissheit, in der vagen Hoffnung, der Krieg würde noch einmal aufgeschoben werden. Bis zu dem verhängnisvollen Oktobermonat im verflixten Jahr 1990.

Ein Überfall der APR, dem Gerücht zufolge sollte er entscheidend sein. Seine Trompeten verkündeten das Ende des derzeitigen Regimes. Es gaukelte Frieden und Wohlstand vor, der dem wund geschlagenen ruandischen Volk bevorstünde. Die aus Gitare kollaborierten wie viele andere im Norden des Landes, unweit der Grenze zu Uganda mit den selbsternannten Befreiern. Man sollte das Ganze beenden! Das war ihr legitimer Wunsch.

Die Tücken der Geschichte wurden dabei nicht berücksichtigt. Die ruandische Regierung wandte sich an einen Riesen der Region: Generalfeldmarschall Mobutu. Landung der Spezialeinheit des Präsidenten, die berüchtigte DSP (Division Spéciale Présidentielle). Die Machthaber von Kigali misstrauten ihrer eigenen Armee. Überdies garantierten die ausländischen Söldner des zairischen Kontingents im vorliegenden Fall den unangefochtenen Triumph für ihn. Die Garantie für den entscheidenden Sieg war der starke Gewinnanreiz, von dem dieses Gesindel gewöhnlich schwärmt; eine starke Abschreckung der ugandischen Verbündeten der Rebellen bei einem drohenden regionalen Flächenbrand. Insgesamt würde ein heftiges Zuschlagen den Angreifern erlauben, es sich zweimal zu überlegen, ob sie je wieder Lust hätten, von neuem anzufangen. Und dass die, die die regionale Ordnung am Ende wähnten aufgrund des Mehrparteiensystems, dass all die, die die heilige Allianz zwischen den afrikanischen Regimes der Großen Seen und den mächtigsten der zerstörerischen Mächte der westlichen Welt für aufgelöst hielten, es für gesagt halten!

Tatsächlich gewann die Macht von Kigali Zeit, um in einer Machtposition zu verhandeln.

Da vor Ort die DSP von Generalfeldmarschall Mobutu nicht nur einen triumphalen Sieg über die APR davontrug, sondern nachhaltig die Köpfe in der betroffenen Zone prägte. So wurde die Familie des künftigen Kommandanten Kilitcho zuerst geplündert und dann dezimiert.

Es gab nur einen einzigen Überlebenden: ihn.

Heute, dachte der junge Mann von achtzehn Jahren, der der Jugendliche von 1990 war, böte ihm die Geschichte die Chance für seine Rache. War er nicht jetzt Führer der Sondereinheit der neuen ruandischen Macht, im Einsatz in Süd-Kivu, im Osten des Zaires des Generalfeldmarschalls Mobutu in höchster Not! Im angeordneten Dienst; allerdings brodelten in seinem tiefsten Inneren verborgen Überlegungen anderer Art. Seine offizielle Mission erfüllen, mit der Effizienz, die man von ihm kannte, müsste ihm erlauben, das Syndrom vom Oktober 1990 weg zu waschen, das ihn in einen stechenden Schmerz eingekapselt hatte, der jede Faser seines Wesens durchzog.

Unwiderstehlich bedrängten ihn andere Erinnerungen...

Schon als Kind hatte er Ausgrenzung erfahren. Er hätte geschworen, dass das Leben ihn verschmähte. Er erlebte seine körperlichen Verunstaltungen wie einen Schicksalsschlag. In der Grundschule nannten ihn seine Mitschüler zum ersten Mal Kilitcho wegen seines Schielens, das einen verwirrte, von dem man Gänsehaut bekam. Kilitcho, der mit dem bösen Blick! Diese unheilvolle Bezeichnung, wodurch er zum Prügelknaben der Dorfschule wurde, holte ihn Jahre später bei der Armee wieder ein. Als ob sich die ganze Welt darauf verständigt hätte, ihm das Leben zur Hölle zu machen, egal, wo er sich befände oder hinginge. Doch dieses Mal gab es etwas, wovon er profitieren konnte. Seine Chance kam 1990, inmitten der Niederlage der APR.

Im Verlauf seines überstürzten Rückzugs, durch die vom Krieg hinterlassenen Ruinen stampfend, hielt ein junger Nachrichtenoffizier der Streitkräfte vor einem ausgestreckten Jungen, in der Katastrophe liegengelassen, inmitten der Bruchstücke seines früheren Lebens. Er hob den Waisenjungen auf, brachte ihn auf die andere Seite der ugandischen Grenze, kümmerte sich um ihn wie ein echter Vater, verlor den Mut nicht angesichts seines verstockten Schweigens und seiner Heulanfälle. Was er in ihm gelesen hatte, über sein Unglück hinausgehend, die anders blutende Wunde seiner Verzweiflung! Zwei Wochen danach, fand er die Worte, um die Fragen zu beantworten, die den Waisenjungen Tag und Nacht quälten:

»Das Exil ist niemandes Heimat. Wir alle haben hier zerplatzte Träume. Nun aber gibt es einen Traum, der größte von allen, der uns noch auf den Beinen hält: unser Volk zu befreien. Für ihn müssen die Menschen sterben; für ihn lässt sich Leid nicht vermeiden.

Er sagt uns, dieser Traum, uns den Überlebenden dieses Leids, das Opfer unserer Lieben in Kraft zu verwandeln, zur Vollendung der großen Bestimmung, der Sache.

Der Tod der Meinen ist für mich der Grund zu leben, die Rache meine einzige Wahrheit. Und Du?«

Seit diesem Tag verkniff sich der junge Mann seine Tränen. Es gelang ihm, seinen Schmerz in seinem tiefsten Innern zu verwahren. Hinter seinem stillen Äußeren regten sich wütende, blutrünstige Stimmen. Die Sache zwängte sich ihm auf wie ein Beweis, wie die letzte Antwort auf den Sinn seines in viele Stücke zerbrochenen Lebens. So wurde die Rache seine Wahrheit, auch für ihn. Alles ging hernach sehr schnell für ihn. Der Eintritt in die APR auf persönliche Empfehlung von dem, den er Papa nannte. Basistraining in den Wäldern Ugandas. Ein dreimonatiges Intensiv-Training bei den Spezialeinheiten made in USA.

Sein Potential schien unbegrenzt zu sein, seine Begeisterung grenzenlos. Seine Schwärmerei für das Waffenhandwerk kam nur noch seiner Wut gleich, sich mit den Feinden der Sache anzulegen, seinen Feinden. Seine Arbeitseinsätze? Nichts war leichter zu verstehen als das: Töten war zu seiner Daseinsberechtigung geworden.

Nun aber war seinem »Vater« daran gelegen, die Ausbildung der Höllenmaschine zu vervollständigen, die unter seinen Augen Form annahm. Beschleunigte Militärausbildung. Zuteilung zu seiner persönlichen Garde. Auf den Lippen des politischen Unterweisers entdeckte er, dass er eher das Mitglied einer verfolgten Ethnie war als ein ruandischer Bürger im Exil. Er bezog daraus viele Rechtfertigungen, oft nur summarisch entwickelt, um seine Rachegelüste zu befriedigen. Ein Gelüst, das vorüberging, von nun an durch den Sieg der Sache, die in seinen Augen sein geistiger Vater verkörperte.

Tatsächlich hatte seine innere Befreiung begonnen. Der Krieg von 1994 wird sie konsolidieren bei den Säuberungsaktionen in den Wochen der Einnahme von Kigali durch die nunmehr ruandischen Ex-Rebellen. Massenfestnahme der Genozidverdächtigen, die einseitig bestimmt wurde; ihre Verbringung in Konvois an die Vernichtungsstätten; ihre unvermeidliche Hinrichtung; im voraus feststehende Prozessverläufe; alles in allem, in der Lektüre der Anklagechefs, stets die gleichen, und bei der Urteilsverkündung, stets das gleiche. Was bedeuteten schon die Proteste der Verurteilten, was bedeutete die mutmaßliche oder offensichtliche Unschuld der meisten von ihnen? Befehle waren Befehle, die von der Spitze der Hierarchie ausgingen.

Sie waren so zahlreich und so perfekt ausgeführt, diese Befehle, dass man davon erzählen wird, lang nach den Ereignissen, die sich heute noch erstrecken auf den Seiten der Hügel, die Masaka umgeben, vom Stakato der Maschinengewehre, die das Menschenfleisch zerfetzten. Das man – nachts mehr als tagsüber – die manchmal sich hinziehende Agonie der Sterbenden hörte, die hingerichtet wurden mit einer alten, vor Ort hergestellten Hacke, der *Agafuni*, mit einem Schlag in den Nacken.

In Zaire, dem Land der Mörder seiner Familie, würde Kilitcho endlich seine Rechnungen begleichen. Ein für allemal seine inneren Mauern durchbrechen. Die Ketten sprengen, die ihn an einen allseits verfluchten Monat Oktober gebunden haben. Er sah darin ein Vorzeichen für seine eigene Mission in Süd-Kivu im Oktober, sechs Jahre später.

Die Einheit setzte sich in Bewegung. Ein Dutzend junger Leute zwischen achtzehn und zwanzig. Schwarze Baskenmütze und khakifarbener Helm. Ausgemergeltes Gesicht. In ihrer waldgrünen Uniform schwebend. In Gummistiefeln, die bis an die Waden reichten, schwimmend.

Das Dorf Kavumu, der einzige bewohnte Ort auf seinem Weg, war nicht mehr weit. Der Befehlshaber Kilticho traf seine Entscheidung. Auf ein Zeichen vom ihm gruppierte sich die Einheit um ihren Chef. In diesem Augenblick verkündete der Hahnenschrei den Tagesanbruch. Er kam aus dem nah liegenden Kavumu.

Break. Verlängerte Ruhepause. Stand by class one mittags.

Bevor er Wachposten einteilte und die Wachen ihren Posten einnehmen ließ, versah er sie mit den erforderlichen Informationen für die nächste Phase…Schließlich musste das Ziel im Lauf des Tages fallen. Er könnte dann den ersten Kontakt zur Basis herstellen, der für fünfzehn Uhr Ortszeit vorgesehen war.

Die Einnahme Zaires durch die Ostprovinzen fing gerade erst an, an diesem Oktobersamstag 1996.

Goma mit Feuer und Schwert

Py-Nene Mayuma

Schluchzer, Schluchzer
Noch nicht zu Ende?
Todesröcheln, erstickte Schluchzer
Es ist zu Ende! Es ist zu Ende
Der Deich bricht, überall Wasser
Vergeblich das Bemühen, umsonst der Schrei.
Den Lauf der Erinnerung zurückverfolgen
Zurückhaltung lässt die Beine wanken
Ach, der Augenblick ist schwierig,
Heraufbeschwörung seiner im Schmerz
Errichteten Erinnerungen, Tränen
Die Stunde des Massakers ganz gegenwärtig.

Als sich der Nyiragongo über den Rotwein
Hermachte, murmelte Mutter morgens
In Marias Ohren.
Die Händler des Todes und die Apfelverderber
Prosteten einander zu.
Keiner verbietet ihm etwas, trink nicht!
Betrunken wirst du von nichts, danach schlägst du alles kaputt.

Und er trank vom schönen Rotwein feuerrot
Und er trank den Wein eines edlen Roten
Den schönen Roten, der von einem so schönen Rot war
Dass das Blut in der Sonne trocknete und die Häuser
Einstürzten, ohne das letzte Gebet verschwanden
Und die Alarmglocke Stern des vernebelten Blicks
Rauchende Hoffnungen, o verkohlte Anstrengungen! ...

Du verstehst rein gar nichts!
Haben wir dir nichts gesagt

Nichts von all dem
Sie prosteten einander zu oder schliefen schon
Als das Schwert des Vulkans
Gomas Gesicht entzweite, wo waren sie
Die Händler unseres Goldrauschs?
Als ob sie etwas ausrichten könnten.
Großartig die Fliegen, ja.

…ich erinnere mich an Goma,
Ich erinnere mich an Goma
Das 1993 am Rand der Katastrophe
Die Cholera hofierte.
Immer dieser Rotwein der aus
Den überschwemmten Kellern des
Nyiragongo floss,
Dieser Wein, der wie ein Skorpion zubiss.

Die Wortmaschinen schrien:
Ganz Ruanda ist in Zaire.
Und die Knüppelträger lungerten herum
Die Schlange erwachte in ihrem Nest
Versprühte ihr Gift in der Rotweinstadt.
Christus verwandelte Wasser in Wein
Die Luft machte aus dem Rotwein schwarze Lava.

Matratzen, Kanister, Fahrräder, Kinder,
Bibeln, Reis, Kartoffeln, Dokumente
Ein bisschen Vergangenheit mitnehmen
Um ein Stück für die Zukunft zu retten.

Der Vulkan soll
Der Krieg soll
Spediteur spielen
Wir sind dieses Volk, von
Regierungen mit wilden Emblemen
Auf die Straßen der Welt geworfen

Was kümmern uns Lavaströme
Was kümmern uns Tränenströme
Mit Wut
Bedauern
Und Hoffnung beladen
Ziehen wir durch die Straßen des Überlebens
Wir, die »sans papiers« der Freiheit.

Das Feuer nahm Frauen und Kinder mit
Das Feuer nahm Kühe und Felder mit
Wir nehmen Dramen und Tränen mit
Wir nehmen Weisen und Lieder mit
Das Feuer nahm Vergangenheit und Gegenwart mit
So werden wir auch die Zukunft mitnehmen.

Die Lava übernahm die Beerdigungskosten
Sie war Krankenwagen, Leichenwagen, Sarg
Sie war die Beerdigung und Priester bei der Bestattung
Requiem. Lebwohl.

Dann spie der Vulkan alles auf
Gomas Gewand. Das einzige Sonntagskleid.
Und Häuser ertrinken in der Lava
Bäume, Kinder, Alte
Weil sie nicht um Hilfe schreien konnten
Weil sie nicht wegliefen um sich zu retten
Wurden sie im Feuer bestattet.

Alles zerreist das gierige Feuer mit seinen Zähnen im Vorbeiziehen.
Ich erinnere mich an Goma, ich erinnere mich an Goma
Das die Hekatombe im Schatten des Krieges von 2003 hofierte.
BIS REPETITA. Ruhe, man wiederholt…
Sie haben die Lektion nicht verstanden, ein Jahrzehnt später!
Macht nichts! Immer dieser Rotwein, der aus den Kellern
Des Nyiragongo fließt, seinen löchrigen Fässern.

Paniktrunken laufen Menschen hin und her
Fliehen vor diesem dampfenden Wein: selbst in Kanaan
Ist nie so viel Wein geflossen.

Der Berg prostet, wir sind davon berauscht.
Trunkenheit. Trunkenheit.
Schmerz. Trunkenheit
Panik. Trunkenheit
Tränen. Trunkenheit
Bedauern. Trunkenheit
Fußmarsch. Trunkenheit
Menschen führen ihre Häuser mit
Auf dem Kopf und auf dem Rücken, vor dem Feuer gerettet.

Als die vulkanischen Sturmglocken läuteten
Schlägerinnen Berge, heilige Tam Tam-Schlägerinnen?
Wächter der Unterzeichner hofierten das Vergnügen
Die Gedanken besuchten andernorts die Flugkataloge.
Und die Diener des Vaterlandes, drei gestandene Männer...
Ausgefeilte Rede, Maß geschneidert mit unserem Schmerz
Weil Mund des Volkes
Ausgefeilte Rede, maßgeschneiderter Anzug
Glänzende Rede
Weil Unterschrift des Volkes
Speichel, ein paar Tropfen
Mund bereit, hier probiert!
Vitaminkekse!
Freunde, humanitäre Freunde. Das schöne Geschäft.
Die kannibalische Lava brüstete sich in der Stadt.
Mit ihrem Schwert, Pah! Gomas Gesicht entzwei.
Die Lava spielt in der Gelegenheitsoper das Stück
Vom Tod.
Auf der gleichen Bühne hat sich der Krieg
Auf die Bretter geschwungen.

Vulkan und Krieg
Spielen das Leichentheater

Goma hat seine Todeszuschauer
Das Feuer sein Grillfleisch, Fliegen und Cholera
Eventuelle Festmähler.
Die Tränen ergossen sich schmachtend der Betten
Wangen und nackten Füße entlang
Schmachtend ergoss sich die Lava entlang der Straßen
Die Kontrolleure der Unterschriften
Sie waren von Geliebten und Lachen umringt
Und drehten und wandten sich bei der Ausstellung der Schecks
Für die Opfer, die Epidemien machten sich daran
Aufs Gradewohl für Frauen und Männer Schecks auszustellen.

Wie könnte man dieses Wieder-Hochkommen blutiger Erinnerungen
Verdrängen?
Als die Lava die Sprache der Interahamwe sprach
Drückte das Feuer seine Wut in »kinyamassaker« aus.
Als der Lava-Ausbruch die Gewehrschüsse der Rebellen
Und Angreifer nachmachte.

Das Meer murmelt morgens in Moanda
Die Erde stürmt abends in Goma
Die Köpfe defilieren verheißen Geld
Die Cholera fordert Wasser und Behandlung
Der Krieg hat Bomben geschickt
Wird man den Opfern gute Gräber geben?

Die Monuc wird Flugzeuge chartern
Die Kämpfer werden befördert werden
Das Volk wird noch auf seine Fische warten
Auf die noch nicht gekauften Fischerboote.

Mir tut die linke Seele weh
Meine Erinnerungen werden ihre Laken waschen,
Die die Lügen der Starken im Wasser der Zeitalter
Und des Glaubens beschmutzten.
O Herr, die Welt hat den Verstand
Verloren und das Lächeln des Bösen dokumentiert seine Immunität.

Die Morgenröte der menschlichen Sprossen erwürgen
War wie die Eier für das Omelette auf zu schlagen
Die Toten der Kollateralschäden werden das Fest
Nicht verderben.

Wer angibt: mach dir keine Sorgen.

Herr, die linke Seele tut mir weh
Das Gesetz der Liebe zu vergewaltigen
Führt nicht ins Gefängnis. Es wird nicht
Geahndet, es ist kein Straftatbestand
Noch ist Bußgeld fällig.
Das höchste Gesetz!

Herr die linke Seele tut mir weh
Lass mich den Blick ausspülen
Auf der Rose des Kleinen Prinzen
Ihr Duft ist Balsam für die Seele.

Berechtigte Wut

Erzählung

José Tshisungu wa Tshisungu

Zum Teufel mit den Menschenrechten!

Wieder hatte Philippe Marmotte mit ungerechter Härte zugeschlagen: Nun käme also bereits der fünfzehnte Schüler nach den Weihnachtsferien nicht zurück in die Schule. Dabei war Kena doch der Beste in Latein, beliebt bei den Lehrern, von seinen Mitschülern bewundert. Wenn der Direktor jedoch die für die Schule geltenden Regeln strikt anwenden wollte, musste er absichtlich die Augen verschließen, um die Erwartungen der Eltern der Schüler und die des belgischen Konsulats in Luluabourg, von deutschen Forschern Ende des 19. Jahrhunderts gegründet, nicht zu enttäuschen.

Pech für den wackeren Kena Pika, der von nun an die zahlreiche Truppe all derer verstärken würde, die Saint-Louis, das berühmte Gymnasium der Stadt, ohne Abschluss verlassen hatten. Man sah dem so hart bestraften stattlichen jungen Mann deutlich an, wie wütend er war. Langsam kroch diese Wut in ihm hoch, von den Fußsohlen hinauf bis in die Haarspitzen. Wer hätte da kein leises Unbehagen verspürt? Und wer hätte nicht gehofft, der Studiendirektor Marmotte möge den bestraften Schüler in den Arm nehmen, um ihn zu besänftigen, ihm Trost zu spenden? Doch aus dessen bissigen Worten sprach eine beispiellose Brutalität, der Marmottes Stimme auf mannigfache Weise Ausdruck verlieh.

Auch die masochistischen Eltern, deren Kinder dieses harte disziplinarische Regiment regelmäßig zu spüren bekamen, hatten ihre Freude an dieser repressiven Welt der Schule, die Monsieur Marmotte mit unbeschreiblichem Vergnügen aufrecht erhielt.

Manche, wie etwa die schöne Sylvie, eine allein erziehende Mutter über vierzig, lobten ihn für sein Talent, sich im Sinne des Erziehungsauftrags der Schule in die Eltern der Kinder hineinzuversetzen. Marmottes Überzeugung nach unterlag sein Umgang mit den Schülern einzig und allein dem Regelwerk, das er selbst aufgestellt und den Eltern anschließend durch seinen Kunstgriff des gegründeten Elternvereins schmackhaft gemacht hatte. Zeiten wie diese erforderten, dass Eltern sich zurücknahmen, zugunsten immer brutalerer Erziehungsmethoden. Und offenbar verstand sich Marmotte bestens aufs Strafen. Er bewegte sich hart an der Grenze zu einem Autoritarismus, den die Minderheit der Eltern kongolesischer Schüler sich anzuprangern scheuten, aus Angst, ein Privileg zu verlieren: das Privileg des belgischen Schulabschlusses für Bürger des Kongo. Prestige hatte seinen Preis! Stillschweigendes Einverständnis.

»Du bist nicht länger Schüler dieses Gymnasiums«, sagte der Direktor zu Kena.

»Ich weiß«, gab der junge Mann zur Antwort.

»Also kannst du jetzt gehen. Ich habe deinen Vater bereits per Fax informiert.«

Am Boden zerstört, mit Tränen in den Augen, verließ Kena das Büro des Direktors, der für seine Gefühllosigkeit bekannt war. Tränen rührten ihn nicht. Zu seiner Entlastung hieß es, er mache sich vor jedem Schulverweis die seltene Mühe, problematische Schüler vor Verstößen gegen die Regeln zu warnen, die ja unübersehbar am Schultor und an jeder Klassenzimmertür aushingen. Zu wissen, dass die Informationen über das Regelwerk der Schule besser verbreitet waren als jede andere hier verfügbare Information, bereitete dem Direktor die größte Freude.

Seine große Liebe zu Muriel hatte Kena wohl so durcheinander gebracht, dass er die Grenzen des Zulässigen, lang und breit im Regelwerk dargelegt, aus den Augen verloren hatte und unvorsichtig geworden war. Doch die Schulleitung setzte diese Regeln bedingungslos und mit beinahe militärischer Härte durch. Der Unglücksrabe nahm seine Strafe hin. Er hatte ihr nichts entgegenzusetzen. Zum Teufel mit dem Recht auf Anhörung!

Der Ausgang der Schule lag am Boulevard Colonial, der mit jeder Regenzeit ein wenig mehr Asphaltbelag verlor, was der Stadtverwaltung allerdings gleichgültig zu sein schien. Das galt übrigens für die gesamte Infrastruktur, die die Belgier den Kongolesen einst überlassen hatten. Kena schlenderte gen Stadtzentrum, auf schadhaften Gehwegen, zutiefst betrübt über seinen Regelverstoß und die härteste aller möglichen Strafen, die er zur Folge hatte. Nach knapp einhundertundsiebzig Metern hielt Kena inne, wandte sich um und betrachtete das majestätische Gebäude, in dem die Schüler der Abschlussklassen wohnten. Dort würde die glückliche Muriel noch weitere sechs Monate wohnen, die er liebte und die er am Vorabend nur flüchtig gesehen hatte. Mit umständlicher Geste wischte er sich den Schweiß vom Gesicht, das von Tausenden Küssen ganz zart geworden war, und schlenderte dann weiter in Richtung Avenue des Papayers. Sehr gemächlich.

Bis zur Bushaltestelle war es noch ein gutes Stück Wegs. Doch weder die Wolken, die aussahen, als könnten sie ihn jeden Moment nass machen, noch die Windböen, die sich in den kurzen Ärmeln seines Oberhemds verfingen, konnten ihn dazu bewegen, schneller zu gehen. Zumal er bereits die wütende Stimme seines Vaters im Ohr hatte, die ausführliche Erklärungen über das Fax von Monsieur Marmotte forderte.

Kena traf sich mit dem weisen Ela, einem Freund seines Vaters, unweit der Residenz eines nach dem Staatsstreich der Armee im Jahr 1965 ums Leben gekommenen Generals, und begann hier, seinen Schulverweis zu erklären. Der weise Ela wollte alles erfahren, alles verstehen. Bis in jede Einzelheit. Die Gemeinschaft hatte so großen Einfluss auf jeden Einzelnen, dass jeder, auch der junge Kena, sich ihr freiwillig unterordnete, um nicht, bestenfalls, an den Pranger gestellt oder, schlimmstenfalls, ausgestoßen zu werden. Kena musste sich dem weisen Ela gegenüber also ausführlich erklären, der während des Gesprächs – das fast einem Verhör gleichkam – die Rolle seines biologischen Vaters einnahm. Und da auch aus der sozialen Vaterschaft Anforderungen erwuchsen, die es durch deutliche Gesten zum Ausdruck zu bringen galt, gab der weise Ela Kena Geld für die Heimfahrt und versprach ihm, seinen Vater anzurufen und gemeinsam mit ihm eine angemessene Lösung für sein Schulproblem zu finden.

Kenas Uhr nach war es nun kurz vor zehn. Da morgens um diese Zeit in der nahegelegenen Fabrik eines chinesischen Investors die Nachtschicht zu Ende ging und die Arbeiter in ihre Wohngebiete am Rande von Luluabourg fuhren, wuchsen Kenas Sorgen, weil er wusste, wie schwierig es werden würde, einen Platz im Bus oder im Taxibus zu finden. Also ging er – seinem Instinkt folgend – an die Haltestelle am Grünen-Pfeffer-Markt, um seine Chancen auf eine Fahrgelegenheit zu erhöhen.

Er nahm eine Abkürzung durch eine kleine Straße, die gesäumt war von zwanzig Häusern auf weitläufigen Parzellen, und sah lediglich die hellen Hinterhöfe und die üppig bewachsenen Ziegelmauern ringsum. Im einundzwanzigsten Anwesen, das sich über knapp sechzig Quadratmeter erstreckte, befand sich der Militärgerichtshof der Republik. Das Gebäude hob sich durch nichts hervor, blieb von der Öffentlichkeit unbeachtet. Einzig die hohe Mauer, hinter der sich die rückwärtige Fassade verbarg, hob sich von den Umfriedungen der Nachbarhäuser ab und ließ das Anwesen verdächtig wirken. Kena war der Mauer kaum näher gekommen, da hörte er auch schon Stimmen, Schmerzensschreie und derbe Flüche in *Lingala,* der Sprache des Militärs. Kena verstand Lingala, wie alle Jugendlichen seiner Generation, die mit dieser Sprache groß geworden waren und sie bewunderten, in der sich aber auch Diktator Mokonzi Beau an sein verarmtes Volk wandte und in der er den auf ihn eingeschworenen Folterknechten Befehle erteilte.

Kena hielt sich dicht an der Mauer, um besser hören zu können, was im Militärgericht der Republik vor sich ging. Er hörte Stimmen von Männern und Frauen, die man gewaltsam zu politischen Geständnissen zwang. Zum Teufel mit den Menschenrechten!

»Mit wem steckst du unter einer Decke? Raus mit der Sprache, sonst zerquetsch ich dir die Eier,« hörte Kena eine Stimme, vermutlich die eines Folterers, fauchen. Statt einer Antwort des Opfers hörte Kena nur ein kurzes, letztes Stöhnen. Der Mann hatte soeben sein Leben ausgehaucht. Die Schreie der Frauen hingegen hielten minutenlang an, hallten als eindringliches Flehen in Kena nach: »Aufhören, bitte, hören Sie auf!« Dann folgte ein dumpfer Schlag, und jemand sagte in irritiertem Ton: »Ndumba.[3] Einpacken. Und heute Nacht in den Cibashi mit ihr. Auf keinen Fall in den Luluwa, weil zurzeit flussabwärts das Wehr von Katende repariert wird.« Kena hörte eine weitere Stimme. Sie klang flehentlich: »Lassen Sie mich am Leben, Herr Oberst, hier, nehmen Sie alle Diamanten. Bringen Sie mich nach Hause. Da hab ich noch ein Säckchen mit Diamanten hinterm Haus vergraben.« Dann war Stille. Das Flehen war im Nichts verhallt. Auch dieser Mensch hatte sein Leben ausgehaucht.

Oberst Moto Liwa stand allmächtig an der Spitze des Militärgerichtshofs der Republik, einer der zahlreichen Abteilungen der politischen

---

[3] Hure.

Polizei, die den Auftrag hatte, unter der Bevölkerung in der Savannen-Region, die sich der herrschenden Diktatur entgegenstellte, für Recht und Ordnung zu sorgen. Der Oberst selbst stammte aus der Region der Wälder und hatte seinen Grundwehrdienst in der Hochebene abgeleistet, indem er mit einer Hacke knapp einhundert Anhänger einer separatistischen Sekte liquidiert hatte. Die Hacke als Stichwaffe gehörte zur Kategorie Null in der Todestechnologie. Dass so häufig von der Hacke Gebrauch gemacht wurde, missfiel jenen, die moderne und komplizierte Waffen verkauften. Nach Ansicht der Waffenhändler bedurften gewaltsame Konflikte der Regelung durch Maschinengewehre und Kalaschnikovs. Dass in einigen Regionen des Landes die Hacke zu einem anderen als ihrem ursprünglichen Zweck zum Einsatz kam, führte zu Diskussionen über die bestialische Art von Tötungen bei ethnischen Konflikten als Zeichen dauerhafter Rückständigkeit.

Was Kena, während weniger Augenblicke zwar, aber doch unmissverständlich gehört hatte, empörte ihn. Seit langem schon kursierten in der Stadt Gerüchte über die unmenschliche Behandlung und Folterung von Gefangenen durch die politische Polizei. Kena hatte seine Eltern darüber sprechen hören, hätte sich aber nie träumen lassen, dass tatsächlich nur knapp achthundert Meter von seinem Gymnasium entfernt die rohe Gewalt herrschte. Bedingt durch den konsularischen Status des Lycée Louis-Le-Sympathique blieben der kongolesischen Schülerschaft, die vorwiegend mit Belgiern verkehrte, Diskussionen über das zunehmend autoritäre Regime des Mokonzi Beau erspart. Doch mit seinen neunzehn Jahren begriff Kena so manches auch ohne Hilfe und befand sich in jenem Zwiespalt, in dem alle stecken, die in zwei Kulturen aufwachsen, hin und her gerissen zwischen der belgischen und der kongolesischen, der Kultur der Freiheit und der der Sklaverei, der Kultur der Würde und der der Unterwerfung, der des Respekts und der der Demütigung.

Kena hatte die Mauern des Militärgerichtshofs der Republik kaum hinter sich gelassen, da herrschte ihn ein Wachsoldat an:

»Bleib stehen!«

Kena befolgte den Befehl sofort und blieb wie angewurzelt auf der steinigen Straße stehen, in der an diesem sonnigen Dezembermorgen außer ihm niemand sonst war. Zu seiner Empörung kam nun Angst hinzu, Angst vor der politischen Polizei.

»Das hier ist Sperrgebiet«, sagte der Soldat, »betreten verboten.«

»Tut mir leid. Ich habe kein Verbortsschild gesehen. Entschuldigen Sie. Ich kehre sofort um.«

»Du hast dich strafbar gemacht und bist hiermit verhaftet. Du kannst meinem Vorgesetzten dein Verhalten erklären. Ich bin Feldwebel Bondo Emile, im Einsatz für Recht und Gesetz und für den Oberbefehlshaber unserer Armee, seine Exzellenz General Mokonzi Beau.«

Er fasste Kena um die Taille und fügte in erstaunlich kameradschaftlichem Ton hinzu: »Wenn du ein bisschen Geld für mich locker machst, lass ich dich laufen.« Da Kena um diesen Soldatenbrauch wusste, kam er der Aufforderung sofort nach und überließ dem Feldwebel seine Uhr und das Geld, das er bei sich trug. Dennoch führte der Feldwebel ihn nun auf das Militärgelände, hieß ihn auf einem Bänkchen Platz nehmen und schlug ein dickes verstaubtes Heft auf, das als Register diente. Als der Feldwebel jedoch zwei seiner Kollegen kommen sah, befahl er Kena, sich schleunigst aus dem Staub zu machen, was der sich nicht zweimal sagen ließ. Wie in einem schlechten Hollywood-Film verfolgte der Soldat ihn, mit einer Spielzeugwaffe in der Hand. Auf seiner Flucht in die Freiheit verlor Kena seinen Personalausweis.

Oberstleutnant Panzu und Oberstleutnant Ndjoli kamen auf Bondo zu und machten ihm lautstark Vorwürfe, wie unfähig er doch sei, einen Verhafteten an der Flucht aus dem Militärgerichtshof der Republik zu hindern. Das sah nach einem Dienstvergehen aus. Was zählte an diesem Ort der Willkürherrschaft eigentlich nicht als Dienstvergehen? Doch zunächst hieß es, das Geld zu teilen, das Feldwebel Bondo dem jungen Kena unter Zwang abgenommen hatte. Und es galt: Was einer in Ausübung seiner Funktion mit Gewalt erlangt hatte, war unter Waffenbrüdern gerecht zu teilen. Bondo aber hatte es durchaus nicht eilig, dieser Pflicht nachzukommen.

Woraufhin Ndjoli mit einer Drohgebärde reagierte: Er zog ein Küchenmesser und fuchtelte damit wortlos vor Bondos Nase herum. Bondo blieb unbeirrt und schwieg. Also hob Ndjoli die Stimme: »Wenn du nicht kapierst, dass wir alle zurzeit Geld brauchen, fließt hier gleich Blut.«

»Euren Sold bekommt ihr doch nicht von mir«, gab Bondo gefasst zurück.

»Jetzt hör mir mal gut zu, Bondo, wir wissen, dass du Geld in der Tasche hast. Das wird gefälligst geteilt!«

»Die Uhr kannst du behalten«, mischte Panzu sich wütend ein.
»Das Geld gehört mir!« Bondo beharrte auf seinem Recht.

Seit vier Monaten schon hatten die Soldaten keinen Sold mehr bekommen und bestritten ihren Lebensunterhalt entweder durch Diebstähle oder indem sie von der Zivilbevölkerung Geld erpressten. In Friedenszeiten trug man Kriegswaffen allein zu diesen Zwecken. Bondo mühte sich, seine morgendliche Beute zu verteidigen, konnte seine Kollegen jedoch nicht von seiner Sicht der Dinge überzeugen. Der Streit drohte zu eskalieren, als Unteroffizier Panzu begann, seinen Revolver zu laden. Also gab Bondo beiden schließlich je zweihundert Francs, zerriss den Ausweis des geflüchteten Kena in tausend Schnipsel und warf sie in die Toilette. Unterdes wurde der lautstarke Streit der drei Männer vom Dröhnen eines Flugzeugs im Landeanflug übertönt.

Durchs Fenster ihres Büros hatte die Sekretärin von Oberst Moto Liwa den Streit verfolgt und hatte, Gefahr im Verzug vermutend, ihren Vorgesetzten ordnungsgemäß informiert. Der Oberst hielt sich, gemeinsam mit Würdenträgern der Provinz und in Erwartung des Premierministers, am Flughafen auf und befahl seiner Sekretärin, umgehend Hauptmann Ifefa zu informieren. Der Vertraute des Obersten solle die drei Streithähne auseinanderbringen und in Gewahrsam nehmen. Das Militärlager, aus dem er kommen würde, lag jenseits der Bahnschienen, die Luluabourg Deux von der Gemeinde Cimbi trennten. Von ihrem Büro im dritten Stock aus konnte die Sekretärin die Schieferdächer des Militärlagers Général Mawatrop sehen.

Hauptmann Ifefa und seine Soldaten trafen bald ein. Bewaffnet wie amerikanische Söldner im Irak, sprangen sie aus ihren Jeeps und umzingelten die drei Männer, die nicht schlecht überrascht waren, weil ihre Kollegen einen ganz normalen Streit so plötzlich unterbrachen. Hauptmann Ifefe befahl den dreien, ihre Waffen auf den Tisch zu legen – sie trugen lediglich Revolver und Stichwaffen am Gürtel – und fügte barsch hinzu: »Im Namen des Militärkodex, gegen den sie verstoßen haben, befehle ich, Adjudant Bondo, Oberst Panzu und Oberst Ndjoli öffentlich zu entkleiden.« Die sechs Soldaten, denen diese Aufgabe zufiel, antworteten: »Zu Befehl, Herr Hauptmann!«

Die Zivilbeamten des Militärgerichtshofs beobachteten das skurrile, ja lächerliche Spektakel durchs Fenster. Man leerte die Taschen der Schlaufüchse, zog ihnen Hosen und Hemden aus. Hauptmann Ifefa war beeindruckt von der Ausbeute seiner Aktion: zweitausend Francs, glatt das Doppelte von Bondos monatlichem Sold; tausendeinhundert Francs bei Ndjoli; Unteroffizier Panzu war am schlechtesten weggekommen. Er hatte nur dreihundert Franc im Geldbeutel. Seine Unterhose hing ihm in Fetzen am Leib und sah eher aus wie ein Lendenschurz. Man händigte Hauptmann Ifefa das Geld aus, der es umgehend an sich nahm. Den drei Delinquenten legte man Handschellen an und sperrte sie ein. Fünf Soldaten wurden zu ihrer Bewachung eingeteilt. Hauptmann Ifefa beendete die Verhaftung mit dem militärischen Gruß und berichtete Oberst Moto Liwa kurz darauf telefonisch, dass der erteilte Auftrag erfüllt sei. Woraufhin der Oberst dem Hauptmann gratulierte und ihn erneut seines Vertrauens versicherte.

Wenig später rief der Oberst seine Sekretärin an und trug ihr auf, zwei Militärrichter zu bestellen, Hauptmann Koto und Hauptmann Ebeya, die ihn bei der Anhörung im Fall der Armee gegen die Militärangehörigen Bondo, Ndjoli und Panzu unterstützen sollten.

Kena, der ja überstürzt geflüchtet war, hatte keinen Zweifel, dass die drei Soldaten in der ganzen Stadt nach ihm suchen würden. Vorsorglich ging er also nicht über die große Verbindungsstraße zwischen Luluabourg Deux und dem Stadtzentrum, sondern nahm lieber den Weg durchs Bikuku-Tal, hinter der Siedlung mit den kleinen rechteckigen Häuschen, in denen die pensionierten Eisenbahner wohnten. Im Tal herrschte geschäftiges Treiben. Familien gingen dem Fischfang nach, Frauen kamen hier Quellwasser schöpfen und unterhielten sich über so manche Neuigkeit, die das Stadtleben mit sich brachte: die Hochzeit des Sohnes eines Bierimporteurs; den Tod eines Sängers im Schlaf; die Scheidung eines Sportjournalisten; den offenen Brief der Priester aus Dibé an seine Eminenz, den Erzbischof; die Tatsache, dass ein Bandit namens Butaka Pir Angst und Schrecken in der Stadt verbreitete; die Plünderung eines Nonnenklosters durch eine Gruppe von Soldaten, die sich BU, Banditen in Uniform, nannte, und vieles andere mehr.

Kena hatte nun das Tal durchquert und war im Stadtviertel Kanyuka angelangt. Alljährlich erinnerte hier ein Würdenträger die Behörden an das Versprechen aus Kolonialzeiten, ein modernes Krankenhaus zu bauen, um die Kindersterblichkeit zu verringern. Doch die Machthaber im unabhängigen Kongo fühlten sich an dieses Versprechen nicht gebunden, mit dem man sich der örtlichen Bevölkerung gegenüber dafür hätte erkenntlich zeigen können, dass sie der belgischen Kolonialverwaltung Ackerland überlassen hatte.

Von Kanyuka aus ging Kena nirgendwo hin, sondern verharrte unentschlossen, erdrückt von seiner Last aus Furcht und Ungewissheit. Da er seinen Ausweis verloren hatte, auf dem ja seine Adresse stand, befürchtete er, dass die Soldateska bereits bei ihm zuhause auf ihn wartete. In diesem Fall würden sämtliche Passanten Zeugen seiner Verhaftung, Ecke Kasaayi- und Cimbi-Straße.

Da der Ausweis jedoch in der Toilette des Militärgerichtshof der Republik verschwunden war, gab es keinen Hinweis mehr, den einer der drei Soldaten hätte nutzen können, um vor dem Haus, das Kenas Eltern gehörte, auf ihn zu warten. Doch Kenas begründete Angst ließ sich nicht zerstreuen. Er wollte vorsichtshalber bei Yokobu Unterschlupf suchen, dem Bruder seiner Mutter, im sehr dicht bewohnten Stadtviertel Kamila. Um dorthin zu gelangen, blieb ihm jetzt nur ein Weg, vorbei am Gemeindefriedhof, der Monat für Monat über seine Kapazität hinaus Tote aufnahm, was das Bürgermeisteramt im Stadtzentrum jedoch nicht im Geringsten kümmerte. Kena hatte mittlerweile das sehr hügelige Viertel Kamulu erreicht, das er beinahe im Laufschritt durchquerte.

Völlig außer Atem, und um nicht vor Erschöpfung ohnmächtig zu werden, ließ er sich schließlich auf einem Baumstumpf nieder, am Rande eines Pfades, den die vielen Passanten, die hier mit ihren Handkarren voll Feuerholz vorbeikamen, mit der Zeit ausgetreten hatten. Kami war nicht mehr allzu weit, auch wenn noch einige Kilometer vor Kena lagen, die ihn durchs Moskito-Tal führen würden, durch das nicht erschlossene Gebiet von Diko-Abatwa, im Süden der sehr denkwürdigen Gemeinde Ndesha.

So schweißgebadet wie ein Marathonläufer erreichte Kena schließlich sein Ziel. Heute, am Tag seiner Konfrontation mit Marmotte und dem Oberfeldwebel Bondo, war er so erschöpft wie nie zuvor in seinem Leben. Mutig hatte er sich über das Verbot, Abstand zu halten, hinweg gesetzt, hatte sich Feindesgebiet genähert und hatte, hilflos, die Schreie der Menschen mit anhören müssen, die Opfer der Misshandlungen und Gräueltaten wurden.

All das ging Kena nun durch den Kopf, als er im bescheidenen Wohnzimmer seines Onkels in Kami saß und die traumatischen Erlebnisse nicht anders zum Ausdruck bringen konnte als durch Tränen, die seine Stimme erstickten. Yokobu Kadya fragte sich, was wohl der Grund für das heftige Drama sein mochte, das sein Neffe da durchlebte und das ihm den Sinn für die Realität zu nehmen schien. Verwundert nahm er die Sprachlosigkeit seines Neffen zur Kenntnis, die eine ganze Reihe wirrer Vermutungen in ihm auslöste.

Er ging auf seine Weise mit dieser so bedeutungsschweren Stille um, die ihm wie ein Etikett erschien, ohne das Dinge und Gedanken keine eigenständige Existenz hatten.

Das Unglück, das seinem Neffen widerfahren war, betrübte den Onkel: ein Schulverweis aus einem hanebüchenen Grund, seine willkürliche Verhaftung und die Beschlagnahme seiner Habe durch die Soldateska. Auch er war einst Opfer von Übergriffen einer Armee geworden, die eher an einen Haufen privater Milizionäre erinnerte, und zog bereits seit Monaten in Betracht, sich zu rächen. Das Unglück seines Neffen gab ihm nun eine zusätzliche Rechtfertigung für die Destabilisierung dieser Armee. Yokobu Kadya hatte sich in der Savannen-Region einer Minderheit angeschlossen, die gegen die allgemeine Angstmacherei aufbegehrte. In einer Atmosphäre der Angst war es schwierig, eine breite Basis für eine dauerhafte Protestbewegung gegen die Diktatur des Mokonzi Beau zu schaffen.

Die Savaniers, wie sie sich nicht ohne Stolz selbst nannten, hatten seinerzeit im Unabhängigkeitskrieg das größte Kontingent an Kämpfern gestellt. Ein kurzer Krieg zwar, ja, aber voller Lehrstücke über die Bedeutung der Würde des Menschen und im Hinblick auf die Entdeckung grundlegender Unterschiede zwischen den Kongolesen. Zudem fragte sich Yokobu, ob die Leitung des Gymnasiums Louis-le-Sympathique sich seinem Neffen Kena gegenüber nicht undankbar gezeigt hatte.

Der hatte sein Talent doch in vielen Bereichen beigetragen: im Fanfaren-Korps, beim Singen gregorianischer Gesänge, auch Fußball hatte er gespielt und sich in vielerlei Weise in der Gemeinde nützlich gemacht. Sein Engagement hätte ihm mildernde Umstände einbringen und die Schulleitung milde stimmen müssen. Aber nein. Nichts von alledem hatte den unerbittlichen Monsieur Marmotte umstimmen können. Das heilige Regelwerk der Schule bestand schließlich nicht zum Spaß.

Ich sehe mit Angst, wie sich die Herrschaft einer einzigen Geschichte durchsetzt!

Marie-Louise Bibish Mumbu

Seit ich sie gelesen habe, bin ich von der Schriftstellerin Chimamanda Ngozi Adichie begeistert. Sie ist Nigerianerin, wir sind am gleichen Tag geboren und ein Jahr auseinander. Eine Art harmonischer und gern gesehener Zufall. Selbst wenn ich nicht an den Zufall der Begegnungen glaube!

Chimamanda spricht von der Gefahr einer »einzigen« Geschichte: »Unsere Leben und unsere Kulturen bestehen aus mehreren, sich überlagernden Geschichten.«

Sie erzählt von ihrem Weg, der Suche nach ihrer authentischen literarischen Stimme und richtet sich gegen die Unkenntnis, in die wir uns stürzen, wenn wir uns hinsichtlich des Anderen, seien es eine Person oder ein Land, mit einer einzigen Geschichte begnügen...

Meine »einzige« Geschichte ist etwa die meines Berufslebens, meiner Erfolge und Fehlschläge. Das reicht nicht aus, um mich zu kennen. Da ist das Familienleben: Dreiecksfamilie, dann die erweiterte Familie, dann die brüderliche Familie. Da ist das soziale Leben – Freunde, Nachbarn, Verwandte. Da ist das Leben in Verbänden, etwa die Gemeinschaft von Stämmen oder Religionen oder andere, wie die der Sprache und der Sitten und Gebräuche. Und da gibt es noch die Menschen, mit denen ich die gleichen Werte teile und die gleichen Kämpfe führe.

Ich bin somit ein vielgestaltiges Geschöpf. Wie alle anderen. Ich bin mehrere Geschichten, wie alle anderen, wie der Kongo, dieses unendlich weite Land, in dem Männer und Frauen einst harmonisch von der Ernte, der Jagd, dem Fischfang und der Viehzucht lebten. Eine Landschaft, die privater Besitz wurde, dann Kolonie, dann Staat, dann Republik und heute Dschungel ist. Daraus entstehen Geschichten!

»Die Gefahr der einzigen Geschichte lauert uns allen zu jeder Zeit auf. Man kann nicht über eine einzige Geschichte reden, ohne die Macht zu evozieren. Wie sie erzählt werden, wer sie erzählt, der Augenblick, in dem sie erzählt werden, wie viel man davon erzählt, das ist tatsächlich von der Macht abhängig.

Diese Macht zu haben, bedeutet, nicht nur in der Lage zu sein, die Geschichte einer anderen Person zu erzählen, sondern auch, daraus die endgültige Geschichte dieser Person zu machen.

Der palästinensische Dichter Mourid Barghouti schreibt, die einfachste Art, ein Volk zu enteignen, bestehe darin, seine Geschichte zu erzählen, indem man mit dem ›Zweitens‹ anfängt. Beginnen Sie die Geschichte mit den Pfeilen der Ureinwohner Nordamerikas und nicht mit der Ankunft der Engländer, und Sie erhalten eine völlig andere Geschichte. Fangen Sie die Geschichte mit dem Scheitern eines afrikanischen Staates und nicht mit der kolonialen Erschaffung dieses afrikanischen Staates an, und Sie werden eine ganz andere Geschichte erhalten.

…Doch allein auf den negativen Geschichten zu beharren, die ich erlebt habe, planiert nur meine Erfahrung und ignoriert alle anderen Geschichten, die mich geformt haben. Die einzige Geschichte schafft nur Stereotypen. Und das Problem mit den Stereotypen ist ja nicht, dass sie falsch sind, sondern unvollständig. Sie bilden die einzige Geschichte, die alleinige Geschichte.

Selbstverständlich ist Afrika ein Kontinent mit vielen Katastrophen. Ungeheuerliche, wie die grausamen Vergewaltigungen im Kongo. Und auch deprimierende, etwa die Tatsache, dass sich in Nigeria 5.000 Menschen auf eine freie Stelle bewerben. Aber es gibt auch andere Geschichten über etwas Anderes als Katastrophen. Und es ist sehr wichtig, genauso wichtig, sie zu benennen.

Ich habe immer gespürt, dass es nicht möglich ist, sich einem Ort oder einer Person korrekt zu nähern, ohne sich allen Geschichten dieses Ortes oder dieser Person zu nähern. Die einzige Geschichte hat zur Folge, dass sie den Menschen ihre Würde raubt. Sie verhindert, dass wir uns als Menschen für gleich halten. Sie setzt den Akzent eher auf unsere Unterschiede, als auf unsere Ähnlichkeiten.« (Ich füge hinzu: Sie setzt den Akzent eher auf unsere Fehlschläge als auf unsere Erfolge!) »Die Vielzahl der Geschichten ist wichtig. Geschichten wurden benutzt, um zu enteignen und zu verleumden. Sie können jedoch auch dazu benutzt werden, um stärker und menschlicher zu werden. Geschichten können die Würde eines Volkes – oder eines Menschen zerstören. Allerdings können Geschichten auch die zerstörte Würde wiederherstellen.« (Soweit die Schriftstellerin Chimamanda Adichie Ngozi in einem Vortrag.)

Wie sieht die vielfältige Geschichte des Kongo aus? Ich erzähle sie auf meine Weise.

1989 Das Ende der Gewissheiten (Perestroika, Fall der Berliner Mauer und die Fernsehübertragung von Ceausescus Hinrichtung)

1990 »Verstehen Sie meine Emotion« (Zitat aus einer Rede Mobutus) Demokratisierung und Revision der Verfassung von 1967, die im Land bislang wirksam war

1991 »lititi mboka« – CNS (Conférence Nationale Souveraine) – Plünderungen – gewaltsame Schließung der CNS

1992 Massaker an Christen bei einer Demo – Wiedereröffnung der CNS

1993 Konklave im Nationalpalast, aus dem die Erklärung der »harmonisiertenVerfassung« hervorgeht – Plünderungen

1994 Beginn des Genozids im Osten – Übergangsverfassung, die bis 1997 im Land gültig ist

1995 Ich stelle mir Fragen über meine Zukunft!

1996 Bewaffneter Kampf, um den Kongo »zu befreien«

1997 »Befreiung Zaires« durch LDK[4] (die siegreiche Odyssee, die am 30. Oktober 1996 von Bukavu aufbrach, Ankunft in Kinshasa am 17. Mai 1997... Die internationale Gemeinschaft unterstützte die Operation im Namen eines mythischen Auftauchens »neuer afrikanischer Leader.« Das Ganze wegen unterschiedlicher Interessen: der Kampf gegen die Interahamwe für die Ruander, der Kampf gegen die Unita von Savimbi für die Angolaner, das Interesse an den Minen von Katanga für Zimbabwe, die Anerkennung der kongolesischen Nationalität der Tutsi für die Burunder und Ruander und – naiv gedacht – der Kampf gegen die Diktatur Mobutus für einen Großteil der kongolesischen Opposition.)

1990-1997 »Tastende Versuche« – allein in dieser ersten Phase hatte unser Land neunzehn Regierungen, zwölf Ernennungen auf den Posten des Premierministers für acht verschiedene Personen! Lunda Bululu (einmal), Tshisekedi (insgesamt viermal nominiert), Crispin Mulumba Lukoji (zweimal nominiert), Mungul

---

[4] Laurent-Désiré Kabila (LDK).

Diaka (einmal) Likulia Bolongo (einmal), nicht zu vergessen den Generalsekretär Nzushi an der Spitze des Kollegs der Generalsekretäre, die beauftragt waren, die Amtshandlungen für einen Monat zu regeln!

1998 »tozangi mwinda solo, tozangi mayi solo, likolo y ba niangalakata« (dt.: Wir haben keinen Strom, wir haben kein fließendes Wasser wegen unfähiger Politiker)

1997-2001 Regentschaft von LDK, der am 16. Januar 2001 ermordet wurde.

2001 Ernennung von JK[5] zum Staatsoberhaupt, nach der Ermordung von LDK – Königreich oder Republik?

2002-2005 Regentschaft des »1+4«[6] durch den »Accord global inclusif«[7], dann Verkündung des Übergangs am 5. April 2003.

2006 »erste freie und transparente Wahlen« im Kongo, Wahlsieg und erste Amtszeit von JK

2011 Wahl und zweite Amtszeit von JK

Es wird immer diesen großen Riss zwischen dem Staat und der Zivilgesellschaft geben... Zwischen der Geschichte, die kursiert und allen entgegenkommt und den individuellen Geschichten dieser Völker, die Tragödien kennen und erleben. Und das geschieht gerade hier, vor unseren Augen. Leute, die einen Namen haben, eine Familie, Angehörige und Freunde. Orte, die wir besucht haben, an denen wir gewohnt und die wir verlassen haben.

Was ist nun die eine Geschichte des Kongo? Ein geologischer Skandal der ausgeplünderten Bodenschätze wegen? Die eine Geschichte Ruandas? Ein Genozid. Und was ist die eine Geschichte der Zivilbevölkerungen? Das Reich der Opferrollen.

Und wenn man versuchte, es anders zu machen und anders zu denken?

Und wenn die über sechzig Millionen Menschen, die wir sind, aufhörten, sich auf den anderen zu verlassen ...? Sie haben kein Interesse an dem, was uns widerfährt. Es sind nicht ihre Mütter und nicht ihre Schwestern, die vergewaltigt werden ... Wäre das der Fall, wüsste man

---

[5] Joseph Kabila.

[6] 1+4= 1 Präsident + 4 Viezepräsidenten.

[7] Abkommen von Sun City.

es, sähe man es, wäre es wie in ihren Filmen: eine Spezialeinheit würde gegen einen anderen Staat anrücken wegen eines einzigen Staatsangehörigen, sich über das Protokoll hinwegsetzen und alle anderen Erfindungen dieser Art!

»Tabalayi!« (Seid wachsam!)

Die USA haben ihre Hilfe eingestellt … blablabla … Schweden hat… blablabla…Großbritannien hat… Die Länder der SADEC, der »Southern African Development Community«, haben … blablabla… und wir, was haben wir gemacht, was machen wir? Fest steht, eine Veränderung wird nie von den Anderen kommen.

Warum ist der Übergang im Kongo blockiert?

Bapuwa Mwamba

Vorspann

In der Nacht vom 7. auf den 8. Juli 2006 wurde der kongolesische Journalist Bapuawa Mwamba in Kinshasa von Bewaffneten brutal ermordet. Zwei Tage zuvor hatte er diesen kritischen Artikel über die politische Lage in der Demokratischen Republik Kongo nach drei Jahren Übergangsregierung (Juli 2003 bis Juli 2006, auch als »Transition« bezeichnet) in Le Phare *in Kinshasa veröffentlicht. Dieser Artikel war ursprünglich für das* Journal Kulturissimo *in Luxembourg, anlässlich des 46. Jahrestages der kongolesischen Unabhängigkeit vorgesehen. Dort konnte er am 17.7.2006 nur posthum erscheinen. Erst Ende 2005 war der unbeugsame Journalist aus dem Pariser Exil nach Kinshasa zurückgekehrt, um dort vor den bevorstehenden Wahlen die Entwicklung seines Landes zu analysieren und zu kommentieren. Dafür bezahlte er mit seinem Leben.*

Nach drei Jahren demokratischen Übergangs verkompliziert sich die politische Lage in der Demokratischen Republik Kongo kurz vor den Wahlen am 30. Juli 2006. Das *Comité International d'Accompagnement de la Transition* (CIAT) ist keine Hilfe mehr. Die politischen Akteure des Kongo suchen nach neuen externen Vermittlern, während der Präsident mit dem Wahlkampf beginnt. Die Übergangsphase endete am 30. Juni, Wahlen sollen am 30. Juli 2006 stattfinden.

Seit einiger Zeit ist die politische Spannung in der Demokratischen Republik Kongo spürbar. Zur wachsenden Unsicherheit im Osten des Landes, in Ituri an der Grenze zu Uganda, sind verstärkte Aktivitäten der Milizen hinzugekommen. Die häufig vorkommenden Menschenrechtsverletzungen, die zumeist von den bewaffneten Streitkräften der DR Kongo (FARDC) verursacht werden, gehören zur Landschaft des Kongo. Ganz zu schweigen von den Polizeischikanen, die überall gang und gäbe sind. Armee-Angehörige und Polizisten beziehen einen unregelmäßig ausgezahlten Hungerlohn, der Staat funktioniert nicht.

Infolge der politischen Intoleranz und der polizeilichen Drohungen gibt es in Kinshasa ein politisches Unbehagen, was mehrere Demonstrationen belegen. Das provozierende oder intolerante Vorgehen der Polizei gegenüber der Bevölkerung und den politischen Parteien nimmt zu, ja sogar gegenüber den Ländern, die den Kongo unterstützen.

Im vergangenen März wurden bestimmte populäre Stadtteile von Kinshasa abgesperrt, wobei junge Menschen in großer Zahl verhaftet und abgeführt wurden. Zahlreiche politische Persönlichkeiten, darunter Präsidentschaftskandidaten der Republik, wurden nach der Demonstration vom 24. März 2006 unter Hausarrest gestellt. Aufgerufen hatten dazu die Anhänger der Oppositionspartei *Union pour la Démocratie et le Progrès Social* (UDPS), um vor den nächsten Wahlen einen politischen Dialog zwischen den Unterzeichnern der Vereinbarungen von *Sun City* und von Pretoria zu fordern.

Die Sache Kuthino und die Söldner

Am 14. Mai 2006 wurde Pastor Kuthino Fernando, der Begründer der Bewegung *Wir retten den Kongo!* von den »Ordnungshütern« verhaftet und misshandelt, wegen eines vermeintlichen, noch nicht bestätigten Umsturzversuchs. Die Einwohner von Kinshasa reagierten heftig auf diesen Zwischenfall. Etwa ein Dutzend Politiker, darunter Präsidentschaftskandidaten, hatte einen Aufruf unterschrieben und Kuthinos Freilassung gefordert. Zwei Vizepräsidenten, Jean Pierre Bemba vom *Mouvement de Libération du Congo* (MLC) und Azarias Ruberwa vom *Rassemblement Congolais pour la Démocratie* (RCD) hatten sich jeweils für seine Befreiung ausgesprochen. Jean Pierre Bemba hatte sich sogar auf spektakuläre Weise in das Gefängnis von Makala begeben, um ihm seine Aufwartung zu machen.

Dann ist da noch die Sache mit den zweiunddreißig »Söldnern«, die das Innenministerium inszenierte und in die amerikanische, nigerianische, ja sogar südafrikanische Staatsangehörige verstrickt waren, ohne stichhaltige Beweise. Die Diplomaten der jeweiligen Länder hatten sofort protestiert und gefordert, Beweise für die Anschuldigungen zu erbringen. Der Vizepräsident der Republik, der mit der Kommission »Politik, Verteidigung und Sicherheit« betraut ist, der Verteidigungsminister und der Stabschef hatten beteuert, sie hätten mit Befremden diese Nachricht den Medien entnommen. Die Regierung hatte diese Frage nicht diskutiert. In dieser Verwirrung wurden die sogenannten Söldner überstürzt freigelassen und aus dem Kongo ausgewiesen, da die Gründe für ihre Verhaftung nicht aufgeklärt werden konnten. Und die Urheber dieser Inszenierung gehen straffrei aus

Politisches »hold up« über den 30. Juni hinaus

Eine Gruppe politischer Organisationen, an deren Spitze die zwei Vizepräsidenten, Azarias Ruberwa und Jean Pierre Bemba, stehen, ist am 28. Juni nach Gabun gereist, um den Präsidenten von Gabun zu bitten, die Vermittlung zu übernehmen und im Kongo einen politischen Dialog einzuleiten. Unterdessen hat Präsident Joseph Kabila in Kivu seine politische Kampagne für die Präsidentschaftswahlen und die gesetzgebende Versammlung gestartet, die für den 30. Juli festgesetzt worden waren. Angesichts dieser Eskalation der Provokationen und Protestaktionen, deren negative Auswirkungen auf die öffentliche Meinung nicht zu ermessen sind, fühlte sich CIAT verpflichtet, den Machtmissbrauch zu verurteilen und in Anbetracht der bevorstehenden Wahlen Ruhe und Besonnenheit zu fordern.

Das politische Unbehagen wird noch verstärkt durch die Verlängerung des auf drei Jahre begrenzten politischen Übergangs (Transition) bis zum 30. Juli, der eigentlich am 30. Juni 2006 zu Ende gehen sollte. Der Vorsitzende der unabhängigen Wahlkommission (CEI), Abt Malu Malu, der diese Verlängerung vornahm, hatte dafür nicht das erforderliche Mandat. Er besitzt jedoch die Unterstützung der Internationalen Gemeinschaft, des Präsidenten Joseph Kabila und seiner Verbündeten.

Nationale politische Spaltung

Seitdem ist die politische Klasse in zwei Lager gespalten: die Verfechter und die Gegner der vor den Wahlen getroffenen Absprachen: was den Wahlbeginn bzw. einen vor den Wahlen zu führenden Dialog betrifft. Die *Katholische Bischofskonferenz* fordert über ihren Präsidenten Monseigneur Monsengwo, den ehemaligen Präsidenten der *Conférence Nationale Souveraine* (CNS im Jahre 1992) eine politische Absprache, einen Dialog zwischen den Unterzeichnern des Abkommens zur Organisierung des Übergangs vor der Durchführung der Wahlen (*Accord Global et Inclusif*, AGI). Diese Haltung trifft sich mit der der politischen Opposition, wie sie die Partei von Etienne Tshisekedi vertritt, die UDPS und ihre Verbündeten, zu der die MCL hinzugestoßen ist sowie die überwältigende Mehrheit der Katholiken und Protestanten. Ziel der Absprache ist es, die Übergangszeit legal zu verlängern, die Wahlen sicherzustellen, den gleichberechtigten Zugang zu den Medien zu garantieren sowie die Akzeptanz der Wahlergebnisse. Über diesen Umweg strebte man einen dauerhaften Frieden an, wobei man sich auf diese zwei Prinzipien stützte: Konsens und Einbeziehung aller.

Die Ursachen der Krise

Hinsichtlich der wachsenden Feindseligkeit der Internationalen Gemeinschaft bemerkte Monseigneur Monsengwo:

> Wenn man sich die Reaktionen der Kongolesen anschaut, geht diese Aufregung auf die Tatsache zurück, dass sie den Eindruck haben, dass das Spiel bereits gelaufen ist, dass der, der den Kongo regieren soll, schon gewählt wurde und dass der Rest nichts taugt. Um die Gemüter zu beruhigen, müssen die politische Klasse und die Zivilgesellschaft darüber diskutieren und sich austauschen… Es muss einen Konsens geben, mit einem formalen Akt der politischen Klasse und der Zivilgesellschaft, um sich über das zu verständigen, was nach dem 30. Juni ansteht. Das schafft keine Seite für sich allein. Wir warnen schon jetzt davor, dass wir, wenn wir nicht darauf achten, Turbulenzen riskieren.

Monseigneur Monsengwo bereiste Belgien, um die wohl fundierten Argumente für diesen Dialog zu erklären. Ähnlich argumentierend spricht Kardinal Etsou jedem das Recht ab, die Wahlen zu überstürzen, um nicht weiteren Gewaltausbrüchen den Weg zu ebnen.

Das Ciat hat sein Lager gewählt

Die Wahlen können nur dann eine demokratische Perspektive eröffnen, wenn sie das Resultat eines ehrlichen Dialogs unter Kongolesen sind. Die Position der Internationalen Gemeinschaft befremdet. Weit davon entfernt, die Aufgabe der Kongolesen zu erleichtern, die sich in die Verfechter und die Gegner der Absprache spalten, gießen einige wichtige Mitglieder des CIAT Öl ins Feuer, indem sie in dieser Debatte öffentlich Stellung beziehen. So schreibt Carlo de Philippi, der Leiter der europäischen Delegation: »Darüber hinaus betont ein Teil der Internationalen Gemeinschaft diese Tendenz noch, indem sie den Anschein erweckt, Kabila zu unterstützen.« Er schätzt auch, dass die Mitglieder der Europäischen Gemeinschaft, die heute in Bezug auf die kongolesischen Akteure des Übergangs gespalten sind, größere Schwierigkeiten haben werden, nach den Wahlen ihre Bemühungen zu koordinieren.

Die Parteinahme des CIAT im kritischsten Moment, am Ende des Übergangs, wirft Fragen auf. Da die Transition am 30. Juni 2006 zu Ende geht, ist es auch an der Zeit, eine Bilanz des CIAT zu ziehen.

Die politischen Akteure des Kongo, die sich 2001 im südafrikanischen Sun City trafen, um den Frieden und die Einheit des Kongo wiederherzustellen, hielten es für erforderlich, das CIAT zu gründen und daraus eine Institution des demokratischen Übergangs zu machen.

Nachdem der Frieden und die Einheit des Kongo wiederhergestellt waren, ist diese Institution jedoch zunehmend als Krisenfaktor in Erscheinung getreten, vor allem dann, als die politischen Akteure des Kongo ihre Hilfe benötigten, um den nächsten Schritt anzugehen: die Wahlen.

Die parlamentarische Anfrage von Carlo de Philippi

Hinsichtlich der Problematik des CIAT wollen wir hier nicht etwa die Worte von Etienne Tshisekedi, dem Präsidenten der UDPS, der größten Oppositionspartei, heranziehen, sondern die Worte von Carlo di Philippi, dem Leiter der europäischen Delegation, und heben sie in einem kurzen Auszug aus seinem vertraulichen politischen Bericht (»rapport politique«) über die Demokratische Republik Kongo vom 5. Mai 2006 hervor:

> Seit dem Beginn des Übergangs konnte oder wollte die Internationale Gemeinschaft sich den Hinhaltetaktiken der kongolesischen Führung nicht widersetzen. So gesehen hat sich nach Sun City die Machtübernahme durch die alten Kriegsführer als Irrtum herausgestellt, da sie aufgrund des gegenseitigen Misstrauens sowohl der Korruption als auch einer schlechten Regierungstätigkeit und den Ablenkungsmanövern förderlich war und ihrem Wunsch, an der Macht zu bleiben, koste es, was es wolle.

Diese Zeilen, geschrieben in einem kritischen Moment der Krise während des demokratischen Übergangs im Kongo, in diesem Bericht sprechen – ohne anzuklagen, da er geheim ist – die Verantwortungslosigkeit der politischen Führung des Kongo aus, jedoch auch die bewusste oder geheime Komplizenschaft des CIAT in der gegenwärtigen Krise. Letzterer (CIAT) spielt sich gewöhnlich als (Er)Retter auf, wie Jesus – wenn alles gut geht, oder wäscht sich die Hände wie Pontius Pilatus – wenn es nicht läuft. Der vertrauliche Charakter dieses politischen Berichts kann die Verantwortung der Internationalen Gemeinschaft nur schlecht verbergen.

1+4=0: Das Volk lebt weiter und unterschreibt

Die praktizierte Korruption und die schlechte Regierungsführung, die Ablenkungsmanöver und der Wunsch, an der Macht zu bleiben, koste es, was es wolle, haben die Kongolesen selbst mehrmals vehement öffentlich gemacht. Die Internationale Gemeinschaft hat jedoch beschlossen, zu schweigen oder sie formal zu verurteilen. Bei der Demonstration vom 30. Juni 2005, die die UDPS organisiert hatte, hörte man die Massen den Slogan skandieren »1+4=0« – eine Formel, die seit drei Jahren im Kongo benutzt wird und bedeutet: »1 Präsident, 4 Vizepräsidenten«. Azarias Ruberwa, der Präsident der RCD und einer der Vizepräsidenten der Republik, der den politischen Ausschuss, die Verteidigung und Sicherheit übernommen hatte, benutzte dieselben Worte im ostkongolesischen Goma in einem Anfall von wütendem Aufbegehren nach dem Massaker von Gatumba. Das war mitten im Jahr 2004. Die anderen drei Akteure des Übergangs sagten nacheinander dasselbe, im zeitlichen Abstand von einem Jahr. Man war demnach vor einer Verschärfung der Krise gewarnt.

Eufor: Eingeständnis des Scheiterns der Transition

Als sich die Übergangsphase ihrem Ende nähert, eilt die Europäische Gemeinschaft der Monuc mit europäischen Streitkräften zu Hilfe, um »die Unruhestifter abzuschrecken«, um es in den Worten von Aldo Ajelo von der Europäischen Gemeinschaft auszudrücken. Es ist kein Erfolgsindiz. Wie lässt sich das Scheitern des Übergangs erklären? Seit Sun City mangelte es dem CIAT an zwei für den Erfolg des demokratischen Übergangs fundamentalen Werten: dem Engagement für die Demokratie oder die Regierbarkeit sowie die Neutralität gegenüber den politischen Akteuren des Kongo. Aufgrund seiner Zusammensetzung wird das CIAT, das den kongolesischen Übergangsprozess von außen überwachen soll, vom Westen – USA und Europa – dominiert, besonders von den ehemaligen Kolonialmächten. Es geht um Länder, die großes Interesse am Kongo haben, die die Patrioten, die Demokraten und die kongolesischen Nationalisten seit der physischen Eliminierung von Patrice Emery Lumumba – dem ersten demokratisch gewählten Premierminister, der am 17. Januar 1961 ermordet wurde – bekämpft haben. Es geht um Länder, die eng mit der blutigen, von Mobutu geschriebenen Geschichte dieses Landes verbunden sind. Es ist schwer, sich von dieser langen Geschichte der Raubzüge zu befreien, die die Praktiken und Einstellungen der ehemaligen Kolonialmetropolen gegenüber dem Kongo und den Kongolesen nachhaltig geprägt hat.

Prämie für die Kriegsführenden

Seit Sun City und Pretoria, wo das Übergangsabkommen ausgehandelt wurde, hat das CIAT die Oberhoheit der Kriegsführenden über die Zivilisten bestätigt.

Durch Vermittlung der »kongolesischen« Rebellen verhandelte man mit ihren ausländischen Paten. Das CIAT hat das demokratische Kriterium der Regierbarkeit geopfert, als nach Sun City die Regierung gebildet werden sollte. So ist das CIAT aufgrund seiner Zusammensetzung von Anfang an nicht in der Lage, die Demokratie in diesem Land zu fördern. Das ist offensichtlich seit Sun City.

Die Demokratische Republik Kongo ist fest im Griff der westlichen Staaten

1. Da in den Reihen des CIAT ehemalige Kolonialmächte sind, hat es als Übergangsinstitution von seinem Einmischungsrecht in die inneren Angelegenheiten des Kongo keinen guten Gebrauch machen können, weil die Versuchung, seine unermesslichen Interessen zu begünstigen, sehr groß ist. Und folglich wieder zu kolonisieren, indem es die servilsten Kongolesen bevorzugt. Wie kann man unter solchen Bedingungen als unparteiischer Vermittler auftreten?
2. Nach Sun City hätte eine erhebliche Anzahl westlicher Diplomaten alles getan, um aus der Regierung die Parteienzu entfernen, die auf die breiteste Unterstützung des Volkes (der Bevölkerung) zählen können; die einzigen, die daran interessiert sind, die Demokratie zu verteidigen und die Integration der Armee voranzutreiben. So hat es der Regierung 1+4 an innenpolitischer Stoßkraft in Richtung Demokratie gemangelt. Arthur Zahidi Ngoma, (einer der Vizepräsidenten der Republik und Vertreter der nicht bewaffneten Opposition), hat keinen nennenswerten Rückhalt bei der Bevölkerung, Abdulaye Yerodia Ndombasi, ebenfalls Vizepräsident, kommt aus der PPRD (*Parti du Peuple pour la Reconstruction et la Démocratie*), der Partei von Präsident Kabila. Die breite Masse des Volkes fühlt sich jedoch in dieser Form nicht durch die Regierung vertreten.

Muss man daran erinnern, dass um Patrice Emery Lumumba zu bekämpfen, die USA, Frankreich, Großbritannien und Belgien die Spaltungen des Kongo provoziert haben?

Nach der Eliminierung von Lumumba haben sie 1961 die Einheit des Kongo wiederhergestellt. 1964 haben sie Moise Tshombe, den ehemaligen Präsidenten der sich abgespaltenen kongolesischen Provinz Katanga, zum Ministerpräsidenten des Kongo gemacht.

Um Mobutu zu bekämpfen – den sie an die Macht katapultierten und 32 Jahre lang unterstützten – haben sie, mit Ausnahme von

Frankreich, und unter dem afrikanischen Deckmantel von Ruanda und Uganda den Krieg von 1996-97 finanziert und Laurent-Désiré Kabila unterstützt. Und um Letzteren unter Druck zu setzen, er war unterdessen Staatschef geworden, haben sie gemeinsam den Krieg von 1998-2002 erklärt und unterstützt.

Nachdem Laurent-Désiré Kabila physisch eliminiert worden war, haben sie, unter dem Druck der kongolesischen Bevölkerung – Widerstand der Mai-Mai Jugend – beschlossen, die Einheit des Kongo wiederherzustellen. Und wie schon 1964 haben die ehemaligen Rebellen in Kinshasa den Gipfel der Macht eingenommen: Sie stellten die Vizepräsidenten.

3. Die ehemaligen Kolonialmetropolen sind gleichfalls unter den Ländern, die die Ausbildung der repressiven Kräfte gewährleisten: Armee, Polizei und die kongolesischen Nachrichtendienste, die zum sensiblen Bereich der Souveränität des Kongo gehören. Frankreich kümmert sich um die Polizei und Belgien um die Armee. Frankreich war 1994 in den Hutu/Tutsi-Konflikt verstrickt, Belgien hat im Kongo zahlreiche ethnische Konflikte unterstützt, wobei der 1959 in Kasai der tödlichste war. Belgien hat gleichfalls eine Politik in Ruanda und in Burundi erarbeitet, die die Grundlage war für den Völkermord in den beiden Ländern. Belgien ist nicht nur moralisch, sondern auch politisch verantwortlich für die Ermordung Lumumbas. Darüber hinaus sollte es keine Erfahrung zur Integration der Armee beizusteuern.

4. Hinsichtlich der Wahlen versucht die Internationale Gemeinschaft, vor allem die Länder, die Mobutu unterstützt haben, die repräsentativsten Kandidaten des Volkes an den Rand zu drängen zugunsten jener, die am ehesten ihren Interessen dienen. Manche Diplomaten des CIAT haben mehrmals die Pflicht zur Zurückhaltung missachtet, indem sie überstürzt Stellung nahmen zu Fragen, die die Kongolesen zuerst unter sich hätten diskutieren mussten, etwa die Frage der Verlängerung des Übergangs vom 30. Juni bis zum 30. Juli 2006, ein Datum, das einseitig vom Präsidenten der CEI (Commission Electorale Indépendante) festgesetzt worden war in einer politischen Angelegenheit, für die er nicht zuständig ist.

Die Eufor, teurer als (die) Abstimmungen und Dialog

Diese Einstellungen der Verantwortlichen, von denen man annahm, dass sie eine Vermittlerrolle einnehmen und sich bei heiklen Fragen zurückhalten würden, haben die Spannungen unter den Kongolesen nur noch erhöht. Wiederholt wurde die Haltung des CIAT aus Budgetgründen gerechtfertigt. Es ist jedoch leicht nachzuweisen, dass das europäische Militär (*Eufor*), 1600 Männer, die die Monuc eingeschaltet hat, weitaus teurer ist, als (die Absstimmung, die sich die Kongolesen wünschen. Die Kongolesen wurden weder an der Konzeption noch an der Ausarbeitung des Eufor-Projekts beteiligt. Sie wurden (ganz und gar ignoriert; den kongolesischen Behörden blieb nichts anderes übrig als zuzustimmen. Ihre Landsleute verfolgten in Fernsehen eine Debatte im Deutschen Bundestag mit, in der es auf höchster Ebene um ihr Land ging.[8] Was für eine Frustration.

Dieses Verhalten von einigen Mitgliedern des CIAT bestätigt die Vermutung, dass die westlichen Mächte Josef Kabila schon als Präsident der Republik vorgesehen hatten, um die bereits unterzeichneten unilateralen Verträge zu erfüllen. Gestrichen weden sollte außerdem das *Bakajika*-Gesetz, das vorsah, dass das Land dem Staat gehört und nur verpachtet werden darf. Dieser Gesetz ersparte den Kongolesen die grässlichen Landprobleme von Zimbabwe und Südafrika.

Der Ausschluss aller Gefahren

Bei der Frage des Dialogs, der Abstimmung geht es um die mögliche Rückkehr in die Wahlarena des historischen Führers der Opposition Etienne Tshisekediwa Mulumba. In den Selbstausschluss verbannt durch alle nur erdenklichen Machenschaften, die die Unterstützung der Internationalen Gemeinschaft hatten, boykottiert der Führer der UDPS die Wahlen. Das kommt Josef Kabila entgegen, dem Oberbefehlshaber der FARDC, der den Thron seines Vaters Laurent-Désiré Kabila erbte, welcher am 16. Januar 2001 ermordet wurde, nach dreieinhalb Jahren

---

[8] Der Deutsche Bundestag stimmte am 1. Juni 2006 der Entsendung von 780 Soldaten der Bundeswehr zu, der insgesamt rund 2.400 Soldaten umfasste.

an der Spitze des kongolesischen Staates. Joseph Kabila hat viele Vorteile. Die offensichtliche Unterstützung für ihn im Osten des Landes, wo er für den Urheber des Friedens gehalten wird, beträchtliche finanzielle Mittel, die in der undurchsichtigen und diskreten Wirtschaftsführung des Landes erworben wurden und die von außen zugesicherte Unterstützung.

Das alles hindert ihn, die direkte Auseinandersetzung mit anderen ehemaligen Kriegsführern zu befürchten und die Rückkehr eines Gegners – Etienne Tshisekedi. Der zieht in den Wahlkampf ohne Gewaltanwendung, ohne Vorbereitungszeit, ohne ausländische Unterstützung und Geld. Ohne einen Dialog, der von der katholischen Hierarchie und den beiden Vizepräsidenten – ehemalige Rebellen – unterstützt wird, werden die Wahlergebnisse wahrscheinlich nicht akzeptiert werden. Das ist das Dilemma.

Der Zustand der Demokratie

Georges Ngal Mbwil a Mpaang

Am Freitag, den 24. Februar 1991, werden die Mitglieder des Hohen Rates der Republik (HCR), der als legislatives Übergangsorgan aus der Souveränen Nationalkonferenz hervorgegangen ist, im Volkspalast in Kinshasa Opfer einer Geiselnahme. Unter ihnen Georges Ngal, der hier schildert, wie er tagelang in Gefangenschaft saß, mit dem Tode bedroht von skrupel- und gesetzlosen Militärs im Sold von »Präsident Diktator« Mobutu. Ungewisse Motive für die Beschlagnahmung, nebulöse Forderungen. Isolation. Lebensmittel- und Wasserknappheit. Promiskuität und unerträgliche Hitze. Vor allem aber Angst, das schreckliche Gefühl, einer wilden, unmenschlichen Macht ausgeliefert zu sein: So stellt sich die Lage im Palais du Peuple dar, dem zum Labor gewordenen Volkspalast, in dem sich auf engstem Raum die konkrete Wirklichkeit des zairischen Volkes beobachten ließ. Die Macht war dort, vor Ort, die Diktatur war für den außenstehenden Beobachter kein abstraktes Konzept mehr.

Im Ton zwischen Roman und Reportage verfasst, versetzt uns Georges Ngals Bericht an jenen zentralen Ort, an dem das Leben zur Fiktion wird, an dem der Wahn der einen das Leben anderer in seine Gewalt bringt.

(Anne-Marie Marcelli)

[...] Ich kam gegen 10:30 Uhr vor dem Palast an. Um diese Uhrzeit sticht die Tropensonne meist schon unerbittlich heiß vom Himmel. Es bot sich mir der übliche Anblick, seit der Hohe Rat seine Tätigkeit aufgenommen hatte: Taxen brachten ihre Fracht ans Eingangstor, die Ratsmitglieder trafen nach und nach ein. Unter die Ankömmlinge mischten sich zahlreiche Zaungäste, oft in der Hoffnung, ein Ratsmitglied möge sich großzügig erweisen. Und so fügte sich die Menge zu einem endlosen Reigen aus Ratsmitgliedern und Flaneuren. Den kleinen Erdnuss-, Bananen- und Krapfenverkäufern stand ins Gesicht geschrieben, wie gern sie angesprochen würden von einem dieser Krawattenträger, die zumeist als Regierungsberater tätig waren. Das interne Reglement des Hohen Rates der Republik (HCR) verlangte in der Tat den dunklen Stadtanzug nebst Krawatte. Im Grunde aber kamen die Berater – vermeintlich – aus dem Volk und waren in der momentanen Lage bestens versorgt. Doch der Schein trog, denn seit der Einberufung des noblen Gremiums hatten dessen Mitglieder keine Diäten mehr bezogen. Vor dem Tor schienen Arbeiter, Verkäufer und vereinzelte Chinesen das Kommen und Gehen der Habenichtse zu verfolgen. Dass Chinesen mit vor Ort waren, lag daran, dass sich unweit des Palastes dessen Materiallager befand, für das die Chinesen bis dato verantwortlich waren.

Ich trat durchs Tor, wies mich dem wachhabenden Gendarmen gegenüber aus. Gendarm an ihm und seinen Kollegen war ohne Frage allein die Uniform. Andernorts würden sie für Sicherheitsdienste oder als private Wachleute arbeiten. Wie erwähnt, trafen die Ratsmitglieder um diese Zeit nach und nach ein. Sie ließen sich Zeit. Die Sitzung war zwar für elf Uhr anberaumt, doch der Hohe Rat tagte nie vor dreizehn Uhr. An jenem Mittwoch schien die Wartezeit allerdings ungewöhnlich lang, sie zog sich bis vierzehn Uhr hin. Ich ging in den Palasthof, suchte vor der sengenden Hitze Schutz im Eingang des Seitenflügels. Bedächtig stieg ich die etwa zwanzig Stufen zum Patio hinauf, begrüßte Kollegen und Bekannte, ging dann über den Innenhof vom Seiteneingang Ost hinüber zum Großen Kongress-Saal. Der Palast, ein grandioses, den Ausmaßen des Landes angemessenes Bauwerk der Chinesen in Afrika, ist eines jener Standard-Wahrzeichen, welches die Zusammenarbeit mit Peking in so manchem afrikanischen Staat hervorgebracht hat. Seiner gigantischen Ausmaße wegen zählt das Monument in Zaire zweifelsfrei zu den größten Gebäuden des Kontinents. Augenfällig sind seine Eigenschaften: Der Koloss besticht durch ein schwülstiges Dekor, das Massivität mit Schlichtheit und Sparzwang mit Pomp vereint. Hier soll alles auf Größe hindeuten, in den großen Sälen und Tagungsräumen wird der Blick in die Höhe gelenkt, und an den Wänden der meisten Säle und Räume sind, bis auf den Großen Kongress-Saal, Wandmalereien mit Motiven aus den verschiedenen Regionen des Landes zu sehen: Kultur und Reichtum der besonderen Art. Zu beiden Seiten des Großen Saals liegt jeweils ein weitläufiger, blumengeschmückter Innenhof; das Palastinnere wird dominiert vom riesigen Kongress-Saal, der 3.000 Delegierte fasst. Während die Souveräne Nationalkonferenz hier einst tagte, waren im ersten Stock und in den beiden Patios mehrere Restaurants in Betrieb. Auch war hier die gesamte Logistik der Konferenz untergebracht und funktionierte zu aller Zufriedenheit. Vor dem Haupteingang bietet eine sehr große, von mehreren kleinen umgebene Fontäne einen wunderbaren Anblick, sofern sie in Betrieb ist. Ein mächtiges Eisentor umgibt den gesamten Palast.

Schon etwa zweihundertfünfzig Ratsmitglieder hatten sich im Großen Saal eingefunden. Es gab Gelegenheit zu regem Meinungsaustausch, kein Thema wurde ausgespart: Politik, die jüngsten internationalen Nachrichten über Zaire, unsere Bezüge, die noch immer auf sich warten ließen und vieles mehr. Dann kam das schicksalhafte Gerücht: »Das Militär hat den Palast umstellt ... hindert die Leute am Verlassen des Geländes ...«, das niemand ernst nahm. Derlei Kolportagen waren wir ja gewöhnt, zudem täglich auf neue Vorkommnisse gefasst! Das Unabänderliche konnte in dieser Stadt jederzeit passieren.

»X und Y sind gar nicht aufgetaucht«, ging es durch die Reihen. X und Y, zwei große Dinosaurier, Kaziken des Regimes, die es verstanden haben, sich in den Hohen Rat wählen zu lassen, unter gewissen Bedingungen. Stützen des Regimes. Allem Anschein zum Trotz machten sie keinen Hehl aus ihrer Sympathie für die sechziger Jahre, die Zeit, in der sie Einfluss auf die Landespolitik hatten. Als ehemalige Mitglieder der *Gruppe aus Binza*, deren Solidarität mit Mobutu in diese Jahre zurückreicht, verleugneten sie nie ihre unerschütterlichen Beziehungen zu ihm. Sie wussten von den Machenschaften gegen den Hohen Rat. Zum Schein schlossen sie sich, wie so viele ehemalige Amts- und Würdenträger, dem Lager an, das für Veränderungen eintrat, lauerten unterdes jedoch auf die erstbeste Gelegenheit, die Zügel wieder an sich zu reißen. Im Moment aber galt es, sich auf das Nächstliegende zu konzentrieren. Sie zählten zu denen, die nachts in Kleinflugzeugen auf erstaunlichen Umwegen nach Gbadolite, die heimliche Hauptstadt, flogen, um Mobutu über den Fortgang der Ereignisse zu informieren und anschließend, ebenfalls nächtens, reich belohnt und kistenweise Geldbündel im Gepäck, nach Kinshasa zurückzukehren. Man erkannte sie unschwer daran, wie sie Position bezogen. Sie gaben sich als »Weise« aus, betonten, die derzeitige Lage sei eine »Wiederholung der Lage im Jahr 1960«. Damals standen sie als »Reserve im Hintergrund« bereit, was sie auch heute wieder sein wollten. Schließlich wurde Afrika seit jeher von »Weisen« regiert, und Zaire würde gegen dieses »Jahrtausende alten Gesetz« nicht verstoßen, so ihre Warnung an die voreilige Jugend, die »unbesonnenen jungen Kollegen«, wie sie sie nannten.

»Das heißt, sie wussten genau, was da im Gange war«, warf mein Sitznachbar ein. »Der andere Kazike, der sonst bei keiner Sitzung fehlt, hat nicht mal den Kopf zur Tür reingesteckt. Verräter!«, war plötzlich zu hören.

Tatsächlich hatte der Diktator dieselben Vorkehrungen getroffen wie einst General Eyadéma Gnassingbé: Man verschafft sich ein Alibi und zieht sich in den Norden des Landes zurück, um die öffentliche Meinung glauben zu machen, man habe mit allem, was während der eigenen Abwesenheit in der Landeshauptstadt passiert, nichts zu tun. Hierzulande also dasselbe Szenario: Der Diktator war nach Nizza geflohen, angeblich zwecks einer Zahnbehandlung. Was die humorvollsten Zeitgenossen zu der Formulierung veranlasste, er sei zum Zahnarzt gegangen, um sein Volk anschließend noch besser beißen zu können! Wir waren erstaunt, wie bereitwillig Frankreich, das in unseren Augen bereits zu einseitig engagiert war und mit seinem offiziellen Sprachrohr *Radio France International* unser Urteil über internationale Medien bestätigte, dem Diktator das Visum erteilte. Zahnschmerzen waren bloß ein Vorwand, hieß es in den Reihen der Ratsmitglieder, während Belgien einen harten Standpunkt vertrat. Diese Überzeugung wurde umso deutlicher durch die Tatsache unterstrichen, dass der Diktator und sein Umfeld ihre Hoffnungen auf eine Änderung der Mehrheitsverhältnisse in Frankreich im März 1993 nicht verbargen. Unsererseits machte sich kaum jemand Illusionen: Veränderungen in Frankreich, ob nun zudunsten des linken oder des rechten Lagers, würden bei uns gar nichts ändern. Das französische Gesetz zur Regelung der übergeordneten Interessen des Landes bliebe davon unberührt. Andere Ratsmitglieder fügten hinzu: Bei der Rechten weiß man wenigstens, woran man ist. Deren Diskurs ist eindeutig. Die Linke hingegen hat zwar ihre Stärken, wenn es um die Berücksichtigung humanitär-humanistischer Belange geht. Doch ihre Argumentation wirkt quasi als Betäubungsmittel, denn die ökonomischen Ziele werden, unverändert, klammheimlich durch die Hintertür umgesetzt. Zudem waren uns die Jacques Chirac zugeschriebenen Gedanken zu Afrika bekannt: »Mehrparteiensystem – das hat nichts mit Afrika zu tun.« All das ließ vermuten, dass Frankreich in der Krise des Zaire eine sehr zwiespältige Rolle gespielt hat.

Nach dem Tod des französischen Botschafters, wenige Monate zuvor, verbunden mit der Tatsache, dass er sich nie zu den erwähnten Vermutungen geäußert hatte, schossen täglich neue Gerüchte ins Kraut, unkontrollierbar. Wir waren ja bereit, jede Kröte zu schlucken, sofern sich die Dinge zumindest in die momentan gewünschte Richtung bewegten, kurzfristige Erwartungen erfüllten.

Doch wir mussten der Wahrheit ins Auge sehen. Dass die heutige Sitzung noch immer nicht begonnen hatte, hing mit dem Gerücht zusammen. Der Große Saal leerte sich umgehend. Man versammelte sich draußen im Hof. Um zu erfahren, ob an dem Gerücht etwas dran sei, wandten wir uns gen Ausgang. »Niemand verlässt das Gelände«, herrschte uns ein Soldat an, die Hand am Abzug seiner Waffe und offenbar jederzeit bereit, abzudrücken. Kein Zweifel mehr, wir waren gefangen! In meinem Kopf liefen die Bilder ab wie in einem Film. Der Diktator 10.000 Kilometer weit weg von Kinshasa, da kann hier alles passieren, dachte ich. Während der frühere Armeechef noch einigermaßen vernünftig gewesen war, verstand sein Nachfolger allein die Sprache der Gewalt, auf der er alles Recht begründete. Und nun wurden ringsum Reaktionen und Kommentare laut. Ein wildes Durcheinander. Von Panik ergriffen, wollten viele Republikräte fliehen, drängten zum Gittertor. Am eiligsten aber hatten es das technische Personal und viele junge Mütter, die sich bereits von ihren Familien getrennt sahen. Manche von ihnen waren hochschwanger. Der Ruf der Freiheit ist stark. Es galt alles zu versuchen. Das Tor hatte mehrere Ausgänge, mit einfachen Vorhängeschlössern versehen. Wer Schlüsselbünde dabei hatte, versuchte die Schlösser aufzuschließen. Und tatsächlich öffnete sich eines wie durch Zauberhand, völlig unerwartet. Knapp dreißig Personen drängten sich durch das Tor und gelangten hinaus in die Freiheit, als plötzlich ein Soldat herbeistürzte. Es fehlte nicht viel, und er hätte geschossen, wenn sein Vorgesetzter ihm nicht in den Arm gefallen wäre. Er verschloss das Tor wieder. »Bo bima! Bo bima! Verschwindet! Verschwindet!« Der Befehl kam mit so viel Nachdruck, dass wir gut daran taten, uns schnellstens vom Tor zu entfernen. Man trieb uns zurück in den Palast. Wer mit dem eigenen Pkw hatte fliehen wollen, musste einsehen, dass es klüger war, wieder zurückzusetzen. Die Härte und Brutalität des eben Erlebten verstärkten unsere Sorge. Da aber die Nacht kein guter Ratgeber ist, fügten wir uns. Die Sonne färbte sich bereits rot. Wie man weiß, vollzieht sich ihr Untergang im Allgemeinen in Schwindel erregendem Tempo. Um 18:00 Uhr steht sie bereits tiefer als der Horizont und lässt Passanten wie Schattenwesen erscheinen, unbestimmt, beinahe bedrohlich, nur an ihren Stimmen erkennbar. Wir unsererseits fühlten uns der Soldateska ausgeliefert. Wir malten uns die verrücktesten Vermutungen aus. Menschliche Regungen waren von diesen Streitkräften nicht zu erwarten; wenig Vertrauen erweckend auch das kleine Waldstück vor dem Palast, zwischen der Avenue Arosa und der Avenue Victoire, um das viele Legenden kreisten. Bei alledem kam jedenfalls nicht das geringste Gefühl von Sicherheit auf. Es hieß, in dem Wäldchen seien Panzer versteckt. Weitere im Grasland zwischen La Voix du Zaire, Lingwala und dem Palast, an der Nordost-Seite. Soldaten schlugen Fluchtwege vor. Auch das schürte unser Misstrauen. »Das würde den sicheren Tod bedeuten«, riefen einige. »Der Feind hätte leichtes Spiel, ein Mord ließe sich entweder vertuschen oder beschönigen. Die Beseitigung eines Ratsmitglieds dient der Machterhaltung: ein unliebsamer Berater weniger!« Auch wenn sie noch so verführerisch klangen, die Vorschläge wurden entrüstet verworfen.

Draußen kursierte die Meldung von unserer Gefangenschaft noch nicht. Viele von uns hatten keine Nachricht von ihren Familien. Wenige Zaungäste. Ferdinand Ferrera der einzige ausländische Journalist unter uns. Ein Panzerfahrzeug, vor dem ein weiteres, mit Marines besetzt, herfuhr, um der US-Botschafterin den Weg zu bahnen, durchbrach das Gittertor. Um den Journalisten zu befreien. Wir hielten dies vielmehr für eine US-amerikanisch-belgische Intervention, da ja die belgischen Truppen noch in Brazzaville stationiert waren. Worauf warteten die? Diese Frage trieb uns während unserer gesamten Gefangenschaft um. Die *Nokos*, Onkel, wie die Zairer ihre einstigen Kolonisatoren mit Kosenamen nennen, sind diesem Land gegenüber moralisch verpflichtet. Ihre Vorfahren haben hier ihr Blut vergossen und sich den Schweiß von der Stirn gewischt. So dachten viele. So naiv wie die Geiseln waren, so plötzlich war dieses Ereignis über uns hereingebrochen. Wir gerieten ins Träumen. Sie brauchten einen Vorwand: unsere Gefangennahme, so die Meinung der meisten, entmutigt. Niemand kam auf den Gedanken, zur Herbeiführung einer Intervention das Gerücht zu streuen, es werde ein Ausländer gefoltert. Das Schweigen der Opposition in den Medien verstärkte unsere Sorge noch mehr.

Zur Sorge kamen Hunger und Durst hinzu. Seit dem Frühstück hatten die meisten nichts mehr gegessen. Der einzige kleine Imbiss, bei dem man Pepsi-Cola, Coca-Cola, Fanta und Mineralwasser hätte kaufen können, hatte bereits geschlossen, als die ersten Gerüchte aufgekommen waren, dass man uns einsperren würde. Doch selbst wenn er geöffnet hatte, war der Imbiss nur für die wenigsten von uns erschwinglich. Seit Wochen schon zahlte man uns keine Tagesspesen mehr. Am späten Nachmittag waren manche in der glücklichen Lage, etwas zu essen und zu trinken zu bekommen. Die Kämpfer hatten noch keine genauen Anweisungen. Die, die man hierher gebracht hatte, wussten nicht, warum sie überhaupt im Palast waren. Ihnen war lediglich gesagt worden, es ginge um eine Plauderei des Oberkommandierenden in Sachen Moral. Nun erkannten sie, dass man sie hinters Licht geführt, für eine ganz andere Aufgabe vorgesehen hatte. Hartnäckig hielt sich das Gerücht, die Gruppe aus dem Ausbildungslager CETA (*Centre d'entrainement des troupes aéroportées*) stünde auf Seiten der Ratsmitglieder. Die Soldaten des CETA, von französischen Offizieren ausgebildet, absolvierten als einzige eine richtige Kampfausbildung, während die spezielle Präsidentengarde (*Division Spéciale Présidentielle, DSP*) für Einsätze nach Art der Stadtguerilla vorgesehen war. Doch man vergaß dabei, dass die Soldaten des CETA ohne vollständige Ausrüstung hierher gekommen waren. Was auch immer geschehen würde, wir hatten jedenfalls keine absolute Sicherheit. Unser Schicksal hing einzig und allein von Draußen ab.

Noch bevor die Sonne ganz untergegangen war, sahen wir seltsame weibliche Schattenwesen näher kommen. Man wollte uns glauben machen, auch sie seien Geiseln. Doch die Gestalten sahen so wunderlich aus, dass uns diese Erklärung schwerlich überzeugte. Ihre Schuhe und die afrikanischen Wickeltücher, in die sie sich gehüllt hatten, waren ihnen eindeutig zu weit. Ihr Look überhaupt ein Widerspruch in sich: Weder die afrikanischen Stoffe noch die hochhackigen Schuhe wollten zu den Silhouetten passen, die da vor unseren Augen als Geiseln durchgehen sollten. Reine Maskerade, keine Frage. Nicht nur hanebüchen, sondern auch grotesk. Tags darauf entpuppten sich die sogenannten weiblichen Geiseln als Soldatengattinnen, die unter ihren afrikanischen Gewändern Revolver eingeschmuggelt hatten. Von diesem Moment an bestand kein Zweifel mehr, dass hier eine kriminelle Aktion im Gange war. Sie passte gut ins Bild vom kämpferischen Offizier, der im Shaba-Krieg zu trauriger Berühmtheit gelangt war. Wer würde hier, und sei es nur kurz, innehalten, um in einem solchen Kommandanten zumindest den Hauch eines Skrupels zu entdecken, der ihn davon abbringen könnte, unter den Ratsmitgliedern ein Blutbad anzurichten? Trotz unserer Angst blieben wir, angesichts dieser neuerlichen Provokation, gefasst. An den Gesichtern dieser Männer ließ sich das Maß menschlicher Kultur ablesen, über das sie verfügten! Ungehobelte Zeitgenossen, die einzig deshalb von Interesse waren, weil sie das gleiche Menschsein in sich trugen wie wir. Im damaligen Zusammenhang aber kam hinzu, dass wir es mit Raubkatzen zu tun hatten, die zwar im selben Käfig steckten wie wir, aber auf uns losgelassen worden waren. Wildkatzen machen sich durch ihren strengen Geruch bemerkbar. In unserem Fall war das nicht so. Wie würden sich unsere Raubkatzen verhalten? Raum für die wildesten Spekulationen gab es genug.

»Diese Tiere können überall rumschleichen und ihr Werk vollbringen. Ein terroristischer Mord ist schnell begangen. Erst recht, weil die Täter sich kameradschaftlich geben! Ein überflüssiger Mord. Für die Auftraggeber wohl nicht das erste kriminelle Vergehen. Hierzulande, wo ein Menschenleben keinen Preis hat, würde unsere Ermordung vielleicht die Gemüter erregen, im Ausland würde sie zu ein paar verbalen, wenn auch folgenlosen Verurteilungen führen. Der Lauf der Menschheit«, beteuerten einige Geiseln.

Es wurde dunkel. Und mit der Nacht kam die Kühle. »Dass ja niemand auf eigene Faust loszieht«, warnte ein weiterer Nachbar. »Ein versprengter Schütze könnte seinen Blutdurst stillen wollen.« Bald forderte der Schlaf sein Recht. Nun hieß es, das Beste aus der Situation zu machen. Die Geiseln teilten sich spontan in drei große Gruppen auf. Wohl Sympathien oder Neigungen entsprechend. Die Nacht stellt einen Menschen immer sich selbst gegenüber. Macht ihn sich selbst gegenüber so transparent, wie es das Tageslicht nicht vermag. Kaum aber ist man in sich gekehrt, meldet sich instinktiv der Reflex, der nach einer sicheren Umgebung verlangt. Der Große Kongress-Saal war abgeschlossen. Doch selbst, wenn er zugänglich gewesen wäre, hätten wir schlecht daran getan, uns dort einzuschließen. Folglich machte die erste Gruppe die große Eingangshalle zu ihrem Schlafsaal, der Vorteile gegenüber einer Übernachtung im Freien bot: Man konnte sich direkt auf den großen roten Teppichboden legen, gruppenweise. Die zweite

Gruppe schlief auf den Stufen am Ost-Eingang. Dicht aneinander gedrängte Geiseln. Die dritte Gruppe schließlich entschied sich für die Pkws, die in mehreren Reihen vor den Palast-Stufen geparkt standen, weil die Besitzer ihre Wagen nicht von Profidieben bewachen lassen wollten. Crispin Ngwey und ich stiegen in sein altes Auto. Mikanza Mboyem und der vierte Fahrgast suchten sich anderswo ein »Zimmer«. Bevor sie uns verließen, warfen sie uns noch einen Blick zu und gingen einmal um das Auto herum.

»Eine gute Nacht, unter Ausschluss der Öffentlichkeit«, wünschte uns Mikanza.

»Allerdings, perfekt ausgeschlossen, die Öffentlichkeit«, gab ich zur Antwort. »Wir sind hier doppelt eingeschlossen, Klausur in Klausur, und in der zweiten stecken wir alle gemeinsam, werden vielleicht sogar gemeinsam gegrillt. Alle Welt schaut auf uns. 19:30 … 20:30 … 22:00 …! Sagt euch das nichts?« Alle internationalen Radiosender haben unser Schicksal verkündet. Eure Blicke spiegeln die Blicke der Welt. Wir zahlen den Tribut, den diese Posse fordert, die in diesem Land nun schon seit Jahren andauert. Unsere Klausur ist nur ein Augenblick, ein Zwischenspiel! Die Macht ist hier. Sie hat einen Ortswechsel vollzogen. Der Diktator hat sich wider Willen hier mit uns eingeschlossen. Physisch ist er zwar weit weg von uns, unser Schicksal aber macht ihn sichtbar. Er ist nackt. Unser Los fördert sein wahres Bild zutage und entlarvt unser Verhängnis als durchsichtiges Manöver, das der ganzen Welt zeigt, welche Hölle er in diesem Land geschaffen hat.

Mobutus Stock

Balufu Bakupa-Kanyinda

Im Juli 1996 drehte ich in Libreville, Gabon, den Film *Le Damier*. Papa National trägt ein Barrett mit Leoparden-Muster, ein *Bazin-Boubou* und einen Stock. Die Figur ist inspiriert von der Person des Gründers und Präsidenten auf Lebenszeit von Zaire. Ich entschied mich allerdings für einen etwas kürzeren Stock, ohne Griff. Wenn der Schauspieler sich darauf stützt, wirkt er schlaksig, linkisch. Und Mobutus Stock? Er klammert sich an ihm fest, stützt das ganze diktatorische Gewicht seines Verrats darauf. Dieser Stock ist eine Prothese, »die dazu dient, ein Körperteil, ein Stück eines amputierten Körperteils oder ein schwer verletztes oder zerstörtes Körperorgan zu ersetzen«. Raten Sie mal, was der Stock bei Mobutu ersetzt!

Kongolesische Mathematik

(Romanauszug)

In Koli Jean Bofane

Die Koeffizienten des Chaos

Gonzague Tshilombo schloss wütend die dünne, aus ein paar Blättern bestehende Akte. Wahlprozess, Wahlprozess. Sie führen nur dieses Wort im Mund. Sollen sie doch mit ihrem Wahlprozess kommen! Die Wut machte die Klimaanlage beinahe überflüssig. Tshilombo war schon heiß, wenn er die unheilvollen Worte aussprach. Das Dokument, das er vor sich hatte, war ein Memo der Präsidentschaft, das die angespannten Beziehungen seines Landes zur Außenwelt beschrieb, sprich zu den Vereinigten Staaten, der Europäischen Union, Amnesty International, dem Leihmütterverband aus dem Limousin und so weiter. Das Memorandum wurde allseits verurteilt. Man musste das Land auf jeden Fall demokratisieren, Wahlen einberufen und die Brutalität beenden. Der Präsident hatte ihm diesen Bericht zugesandt, doch nicht, weil es Tshilombo zukäme, eine echte Demokratie einzuführen. Nahe gelegt wurde ihm jedoch, den Voreiligsten zu bremsen, das heißt, Zeit zu gewinnen. Der Staatschef verhandelte gerade das Allerwichtigste hinter den Kulissen und benötigte diese Zeit. Und die Aufgabe lag vollständig in den Händen des Amtes für Planung und Information. Tshilombo blieb keine Zeit, darüber nachzudenken, weil die Tür seines Büros unverhofft aufging und seine Frau Tshilombo Odia strahlend eintrat, gefolgt von Kapinga und Angèle, der leicht verwirrten Sekretärin. Odia trug wie üblich mit größter Eleganz ein Gewand, eng anliegend, gelb mit hellgelbem Muster. Ihre Füße steckten in ebenfalls gelben Espandrilles der Marke Maud Frizon. Das Gold, das sie trug, verlieh ihr feurigen Glanz. Sie hatte das Büro kaum betreten und schon sämtlichen Personal – Chauffeure, Leibwächter usw. – den Kopf verdreht. Nicht zuletzt, weil sie sich im Nu eines Packs Geldscheine entledigt hatte, wie die Göttin der Fülle.

»Guten Tag, Liebling, ich bin hier, um dich zu überraschen«, sagte sie, nachdem Angèle die Tür hinter ihnen geschlossen hatte.

»Wie wunderbar«, stammelte Tshilombo, während er sich erhob, um seine Gäste zu empfangen.

Er war stets tief beeindruckt von seiner Ehefrau und nun tatsächlich angetan von der Überraschung, doch sein Blick fiel gegen seinen Willen auf die junge Kapinga, die wie üblich eine Miene völliger Gleichgültigkeit gegenüber ihrer Umbegung aufsetzte.

»Guten Tag, Semeki[9]«, sagte sie immerhin.

»Guten Tag, Kapinga.« Tshilombo zeigte auf ein Sofa und einen Sessel, die den Salon in seinem Büro bildeten. Er bestellte über das Haustelefon ein paar Erfrischungsgetränke.

»Liebling, ich muss verreisen. Ich muss für ein paar Tage nach Mascate, Oman, um Kühlschränke und Klimaanlagen zu ordern. Du weißt, Zouher, dieser Syrer, der mich neulich angerufen hat, erwartet mich dort. Die Bestellung ist wichtig, ich muss unbedingt dahin.«

Tshilombo hörte zu, ohne mit der Wimper zu zucken, obwohl er in seinem Herzen einen leichten Stich spürte. Einerseits hatte er sofort das Szenario eines geheimen Liebhabers vor Augen, den sie dort in einem Hotel im Stil von Tausendundeinernacht treffen würde, andererseits konnte er seiner Frau nichts abschlagen. Da er ihrem Charme nicht widerstehen konnte, wusste er nicht, was er zu ihr sagen sollte, um zu verhindern, dass sie wegführe.

Tshilombo war es allerdings gewohnt, schwierige Situationen zu regeln. Er wartete auf die Fortsetzung.

»Könntest du mir einen Reisepass besorgen und ein Visum? Ich brauche das so schnell wie möglich. Ich möchte gern in ein paar Wochen reisen.«

Das würde er selbstverständlich tun. Er brauchte nur ein Mitglied des protokollarischen Dienstes des Präsidenten loszuschicken und die Sache wäre erledigt.

Die aufeinander folgenden internationalen Boykotte und der Ausschluss des Landes, unter dem das Land seit Jahren litt, hatten die Handelsbeziehungen arg in Mitleidenschaft gezogen. Diese hatten sich seitdem nach Osten entwickelt und nicht mehr wie früher nach Nor-

---

[9] Schwager.

den. Eher zu den Arabischen Emiraten hin, über den Indischen Ozean hinaus, zum Fernen Osten, nach China. Länder, die kein Gedöns mit ihren Visen machten. Das Misstrauen gegenüber dem Norden und die weitaus einträglicheren Gewinnspannen waren greifbare Fakten, und Tshilombo konnte nichts dafür. Wenn seine Frau nach Mascate fahren musste, dann sollte sie nach Mascate fahren. Er würde sich seine Eifersucht verkneifen, falls das der Preis war, den er zu zahlen hatte, er, Gonzague Tshilombo, damit sie sich mit diesem, wie hieß er doch gleich, diesem Zouher träfe, dann sollte sie es doch tun. Wenn Geschäftemachen hieß, Typen mit schönen exotischen Visagen à la Wüstenprinz kennenzulernen, dann sei's drum!

Die junge Kapinga, die aufrecht in ihrem Sessel saß, schien sich fürchterlich zu langweilen. Angèle trat ein, in den Händen ein Tablett mit eisgekühlten Flaschen Limonade und Gläsern.

Draußen war die Hitze niederdrückend wie immer. Die Sekretärin servierte und verschwand. Die Sprudelgetränke zischten in den Gläsern. Kapingas Oberkörper steckte in einer züchtigen weißen Hemdbluse, die dicht zusammengepressten Knie in einem eng anliegenden, marineblauen Rock. Sie trank in kleinen Schlucken, wie ein Kolibri, aus einem Glas, das sie senkrecht hielt. Tshilombo vermied es, sie anzusehen. Nach seiner Eifersucht und Resignation hatte sein wendiger Geist sogleich erfasst, dass er für mehrere Tage mit seiner angeheirateten Cousine allein sein würde. Eine Frage brannte ihm auf den Lippen.

»Wie lange bleibst du weg?«

»Eine Woche oder zwei. Länger werde ich nicht brauchen. Sobald ich meine Sachen erledigt habe, kehre ich so schnell wie möglich zu dir zurück, Liebling.«

»Alles klar, mach, was du willst«, stimmte er zu.

»Sie sollen mir das Visum für einen Monat ausstellen, man weiß ja nie.«

Odia und Kapinga leisteten ihm noch für kurze Zeit Gesellschaft. Nachdem sie sich erquickt hatten, gingen sie und hinterließen eine Parfümwolke, die Tshilombo betörte.

»Célio, Sie können kommen, bitte.«

Als Tshilombo auflegte, kam er wieder zu Ruhe.

»Boss?!«

Célio war schon da.

»Mögen Sie Krokodilfleisch?« Dem jungen Mann blieb keine Zeit zu antworten »Lassen Sie die Arbeit ein wenig ruhen, ich lade Sie zum Essen ein.«

Sie trafen sich in einer riesigen, strohbedeckten Hütte, die eines der feinsten Restaurants von Kinshasa beherbergte, das INZIA. Tshilombo hatte gut daran getan, Célio mit dorthin zu nehmen. Die Gerichte waren lecker, das Ambiente locker. Der Hotelbesitzer, ebenso beflissen wie diskret, kannte seine Gäste und hatte ihnen einen guten, etwas abseits gelegenen Tisch zugewiesen. Im Hintergrund erklang die ortsübliche Musik. Fast überall standen Grünpflanzen, die für die Frische des Ortes sorgten. Das Ambiente war geeignet, um ruhig miteinander zu reden und nachzudenken.

»Lesen Sie das!«, Tshilombo reichte Célio das Memo der Präsidentschaft über die Ungeduld der Internationalen Gemeinschaft hinsichtlich der Demokratie. Während Célio es diagonal las, brachte der Wirt eine Flasche Chardonnay, der in der Kapregion an den Hängen Südafrikas gereift war. Der gut gekühlte Wein war eine herrliche Erfrischung.

Célio runzelte die Stirn, besorgt über das, was er las.

Tshilombo nippte an dem köstlichen Getränk.

Kurz darauf legte der junge Mann das Dokument auf den Tisch.

»Was halten Sie davon?«, fragte Tshilombo.

»Es scheint klar. Die Welt will eine Entwicklung hinsichtlich der Menschenrechte sehen. Das höre ich nicht zum ersten Mal.«

»Ja, aber die Situation hat sich verändert. Wir werden uns wahrscheinlich schon bald den Wahlergebnissen stellen müssen. Das können Sie sich gar nicht vorstellen, Célio, den gewaltigen Druck, dem wir täglich ausgesetzt sind. Die Menschenrechtskommission der Vereinten Nationen wird in knapp vier Wochen in Genf tagen. Sie wird über einen von Frankreich vorgelegten Bericht über Folter und willkürliche Verhaftungen im Land diskutieren. Das kommt ungelegen in diesem Moment. Der Präsident steckt mitten in den Verhandlungen mit der amerikanischen Regierung und einer Gruppe Geldgeber, wegen eines Kredits, der direkt in den Staatshaushalt fließen soll. Die Kommission meldet sich zur Unzeit. Umso mehr, als die Franzosen, die unlängst aus einer Beteiligung an off shore-Erdölvorkommen vor Moanda herausgedrängt wurden, bestimmt sehr aufgebracht sein werden. Der Präsident braucht das Geld. Doch die Geldgeber haben längst das Weite gesucht.

Das alles ist Zündstoff für soziale Unruhen. Wie wollen Sie unter solchen Verhältnissen demokratisieren? Unser Land ist wie ein Schiff, das überall leckt. Célio, machen Sie sich klar, dass wir von der Internationalen Staatengemeinschaft geächtet werden.«

Der junge Mann verstand das sehr wohl. Da herauszukommen, war nicht leicht, es sei denn, man sah das Problem in einem neuen Licht.

$$X = -Y$$
X, das sind sie = -Y, das sind wir.

Es war nur ein vager Gedanke, ein gewöhnlicher Rechenvorgang, ohne wirkliche Bedeutung, doch Célio fuhr mit seiner Überlegung fort. X positiv oder Y negativ zu sein, war das ein Dauerzustand, wenn man den entsprechenden Koeffizienten bestimmen könnte, mit dem man x oder y multiplizierte?

Tshilombo ließ seiner Bitterkeit freien Lauf..

»Immer ist er da, um Lektionen zu erteilen. Der Westen hat sehr wohl seine Macht auf der Unterdrückung der Welt errichtet! Musste er nicht unzählige Völker unterdrücken und abschlachten, ehe er seine so genannte Demokratie etablierte? Man baut doch nicht auf nichts, Célio. Das wissen die im Westen doch sehr wohl. Alles hat seinen Preis. Mein Gott, man sollte uns ein bisschen Zeit lassen!«

Vom Chardonnay wurde Tshilombo gesprächig. Ein Stück Vorderpfote von einem ausgewachsenen Krokodil wurde aufgetischt mit einer Sauce aus Palmnussschalen, gewürzt mit *Ngai-Ngai*, einer Art tropischem Sauerampfer. Das leckere weiße Fleisch, das Hummerfleisch ähnelte, verströmte einen köstlichen Duft. Als Beilage gab es *Lituma*, grüne Bananen, mit ein paar Tropfen Palmöl zerstampft, das Ganze mit südafrikanischem Wein übergossen. Es war ein ungewöhnlicher Augenblick. Sie genossen ihn, bis Célio die lange Reihe klirrender Gedecke unterbrach.

»Sie wissen doch, Boss, es ist alles eine Imagefrage. Unser Image ist derzeit schlecht, muss ich gestehen, doch auch wenn wir es nicht mit einem Schlag per Zauberstab ändern können, so sind wir doch imstande, das Image des Gegners zu studieren und vielleicht sogar zu beeinflussen, damit es genauso beschissen wird, wenn nicht noch schlechter als unseres. Mit einem kleinen Rechenvorgang ist das durchaus möglich.«

Tshilombo blieb der Bissen im Hals stecken. »Was erzählte der da?«
»Was meinen Sie mit ›Rechenvorgang‹?«
»Es ist nur so ein Gedanke, Boss. Ich sagte, was das Bild anbelangt, da hat jeder von uns eins, und dieses Bild verändert sich, entsprechend den Lebensumständen. Ist unseres heute hässlich? Ist das Bild des Nachbarn schöner und verführerischer? Wer weiß? Doch nichts verhindert, dass dieses Bild, auf das der Nachbar so stolz ist, dieses Bild, dessen Integrität er zu bewahren versucht, eines Tages nicht ebenso verabscheuenswürdig wird wie unseres, wenn nicht gar schlechter. Und wer wird dann plötzlich derjenige sein, mit dem man lieber Umgang pflegt? Wer wird seinerseits Lektionen erteilen und würdevoll auftreten?«
Der Büroleiter aß nicht weiter, weil er Célio aufmerksam zuhörte. Célio fuhr fort:
»Wie Sie wissen, die Araber…«
Tshilombo war plötzlich leicht deprimiert, weil er an seine Ehefrau dachte und an dieses Arschloch, diesen Zouher, dort in Mascate. Ihm hatte Odias heitere Art missfallen, als sie neulich mit dem Syrer telefoniert hatte.
»Ja, die kenne ich.«
»Die Araber, sie hatten alles verstanden. In der Mathematik gab es für sie keine negativen Ergebnisse. Als sie die Null erkundet hatten, durfte es unter ihr nichts weiter geben. So wandte in Bagdad Meister Muhammad ben Musa Al-Khuwarizmi unter der Herrschaft des großen Kalifen Al-Mamun die Transponierung auf die Zahlen an und bezeichnete das Resultat als Gleichung, damit das, was negativ ist, positiv wird und umgekehrt. Um eben in der Gleichheit zu bleiben. Und das durch einen winzigen Rechenvorgang, Boss, winzig.«
»Ereignisse in Politik umsetzen, das muss doch möglich sein, nicht wahr?«, fragte sich Tshilombo laut. Es stimmte ja, es war ja genau seine Aufgabe, Einfluss zu nehmen, nicht auf die Ereignisse, sondern auf die entsprechenden Informationen, was in den Augen der öffentlichen Meinung exakt auf das Gleiche hinauslief.
Tshilombo schätzte sein Essen zusehends, zumal sein Gast interessante Beobachtungen machte.
»Wir werden ernsthaft über diese ›Transponierung‹ nachdenken, von der Sie reden, entgegnete er. Aber jetzt genießen wir diese Speisen. Noch ein bisschen Wein?«

Sie rundeten das Essen mit Mangostanen ab, deren Fruchtfleisch süß und samtig war, auf die ein Kaffee aus Kivu folgte.

Célio begleitete seinen Chef bis zum Wagen. Sie würden sich erst am nächsten Morgen wiedersehen. Tshilombo hatte entschieden, dass der junge Mann für heute genug getan hatte. Der Mercedes sprang an und ließ den Parkplatz des Restaurants hinter sich.

Mein Chef, der Minister
Vertrauliche Mitteilung eines Chauffeurs
André Lye Mudaba Yoka

Seit einer Woche unterbreitet mir mein Chef, der Minister für strategische Angelegenheiten, immer das gleiche Rätsel, wenn er morgens ins Kabinett geht: »Pilot«, fragt er mich wie ein Wahrsager: »Was haben ein Politiker und eine Fledermaus gemein?«

Ich bemühe mich allmorgendlich um eine Antwort. Mal entgegnete ich, der Politiker lebte nur in der Nacht, wie die Fledermaus; mal erwiderte ich, dass der Politiker als hybrides Tier, nur auf einem Auge schlafen dürfte...Jedes Mal aber schüttelt mein Chef, der Minister, verneinend den Kopf, unzufrieden mit meinen Beantwortungsversuchen. An einem anderen Tag fragte mich mein Chef, der Minister, welche Ähnlichkeit es zwischen einer Katze und einem Politiker gäbe. Ich entgegnete mit einem Anflug von Hochmut, dass der Politiker, wie die Katze, eine Gaunerkatze sei, dass er wie der Vierbeiner, nur zwei Beine und zwei Hände habe, jedoch tausend Wege zugleich einschlüge, nachts und tagsüber. Wieder war er unzufrieden, mein Chef, der Minister!

Beim letzten Rätsel, das er mir gestern aufgab, trieb mich mein Chef, der Minister, in die Enge: Welche Beziehung besteht zwischen einem Chamäleon und einem Politiker? Ich vermeinte die Antwort auf der Zunge zu haben und sagte: »Wie das Chamäleon verändert sich der Politiker ständig, je nach den klimatischen oder politischen Verhältnissen und sei deshalb unberechenbar.« Mein Chef, der Minister, hat nein entgegnet, nein und nochmals nein! Er warf mir vor, jedes Mal negativ auf die Fauna aus dem Zoo und aus der Politik reagiert zu haben. Erzürnt warf mir mein Chef, der Minister, vor, dass er von mir mehr Nachsicht und Feingefühl erwartet hätte. Dass ich zu diesen Verbitterten gehörte, die den schändlichen Mythos vom aalglatten »bling-bling« Politiker festschrieb.

Dann hat mein Chef, der Minister, seine eigene Version erzählt und seine eigenen Lösungen der Rätsel gegeben. Die Beziehung zwischen dem Politiker und der Fledermaus? Beide haben das Hirn in den Hoden wie aufladbare Batterien zwecks ständiger Energiezufuhr. Nicht totzukriegen! Zwischen der Katze und dem Politiker? Die große Fähigkeit, nach jedem Sturz wieder auf den vier Füßen zu landen und wieder loszulegen, als sei nichts gewesen.

Mit dem Chamäleon? Die Intelligenz, die »Ungenießbarkeit« seines Fleisches (!) und die extreme Anpassungsfähigkeit an alle, an alles, überall.

Wohlgemerkt, seine Antworten hatten mich keineswegs überzeugt, doch aus Respekt vor meinem Chef, dem Minister, vermied ich es, einen gegenteiligen Rat zu erteilen…und habe nichtsdestotrotz endlich kapiert, worum es bei den ganzen Sondierungen eigentlich geht. Mein Chef, der Minister hat mir vertraulich offenbart, dass er insgeheim das Projekt hegt, eine politische Partei zu gründen, in einem völlig neuen Stil, weder links noch rechts oder in der Mitte, doch, seinen eigenen Worten zufolge, eine Partei mit variabler Geometrie, je nach geopolitischer Konjunktur oder Tendenz. Wohlgemerkt war das Blabla zwar eigentlich zu kompliziert, aber ich wurde trotzdem gleich zu einem Anhänger dieser »Chamäleon-Perspektive.«

Die Partei wurde somit heimlich gegründet, in der Bar Nganda, in einem Viertel stadtbekannter Vergnügungssüchtiger und Säufer und in Anwesenheit der Klatschpresse, die für »unsere Sache« gewonnen wurde. Unsere Sache? Mein Chef, der Minister, als Gründer-Präsident seiner Partei hat es nicht gewagt, Einzelheiten über das Programm seiner politischen Partei preiszugeben. »Staatsgeheimnis!« Man musste noch einen Namen für die Partei finden: »Christdemokraten gegen Präservative« oder »Allianz der Liberalen für einen Wohlstandsschlüssel in jeder Hand« oder »Versammlung der Schutzengel des Friedens- und der Freiheit der Geschlechter«.

Nein, der Name der Partei meines Chefs, des Ministers, wird zugleich ein Totem und eine »mystische« Mission sein und ein Programm: nämlich »Die Fledermaus«, ein Rätsel, das an sich schon unsere Devise und unsere Zielvorstellungen zusammenfasst, das heißt (für die Einzelheiten und für die Uneingeweihten): »Die einmalige Chance für die Wahrheit für eine vereinte, reiche und gesicherte Gesellschaft.«

»Was die Mitglieder der neuen Partei betrifft… keine Sorge«, meinte mein Chef, der Minister. »Das gesamte Kabinett samt ihren Familien ist dabei – das versteht sich doch von selbst!«

Blieb noch die offizielle Zeremonie zur Parteigründung. Nichts leichter als das: Wir haben ein kostenloses Mega-Konzert im Stadion geplant, animiert von den Stars Werrason und JB Mpiana, die das Stadion bis auf den letzten Platz füllen werden. Der Rest, das heißt, die »spontane« Mobilisierung der Militanten, die »spontane« Verteilung von T-Shirts, Spruchbändern, Fähnchen, wird nur noch ein »spontanes« Kinderspiel…

Der Professor, Cousin des Ministers

André Lye Mudaba Yoka

»Mère ya palais«[10], die Ehefrau meines Arbeitgebers, des Ministers für strategische Angelegenheiten (bitte mit Respekt aussprechen...) ist unzufrieden. Wobei unzufrieden zu sagen viel zu schwach ist: Sie ist ihrem Ehemann-Minister ernsthaft böse, weil der die Anwesenheit seines Cousins, des Professorrrrs (bitte die rrrrrs dabei mit Verehrung rollen...) in der ministeriellen Residenz geduldet hat; und somit das »*squatting*« oder – um ein Wort der guten Frau aufzugreifen –, das »*salomon*« – durch den Cousin zugelassen hat. Weil der Professorrrr, dieser Cousin des Ministers, seine Mietwohnung räumen musste.

Zahlungsunfähig, der Professor-Cousin! Und deshalb hat er derzeit nur Heil und Zuflucht im Haus des Ministers finden können. Allerdings ist der Professor-Cousin nicht allein gekommen, er hat mit seinen Habseligkeiten auch Frauen und Kinder mitgebracht. Folge: Der Anbau, der normalerweise den Dienstboten vorbehalten ist, wurde auf Anordnung des Ministers fristlos geräumt (und gegen den Wunsch von »Mama Minister«). Folge: die Hausangestellten mussten sofort umziehen und sich bei Verwandten einquartieren.

Eigentlich krebst der Professor-Cousin bereits seit zwei Jahren und drei Monaten vor sich hin: Er hat den Überblick über die Gehaltsrückstände verloren und ist ganz wirr im Kopf. Der Professor hat immer gedacht, die systematische Verstümmelung seiner Monatsgehälter ginge auf die Anzahlungen zurück, die er für den Ratenkauf eines Geländewagens, eines *kimalu malu* hingeblättert hatte. Doch dem war nicht so. Der Gerüchteküche von »Radio Trottoir« zufolge (der Radiosender der Universität wurde auch »inspirierender Hügel« genannt) wären »arrhes«, die Ratenzahlungen und Gehälter, verlorene Gelder. Offensichtlich bringt dieses ganze Durcheinander die Pläne des Professoren-Cousind ins Wanken. Man wird demnach verstanden haben, dass der vorübergehende endgültige Verbleib des Professors bei seinem Cousin, der Minister, keine ruhige Zeit sein wird.

---

[10] Die Chefin.

Die Einzige, die sich diesem zwanglosen Überfall widersetzt, ist »Mère ya palais«. Und das nicht ohne Grund! Denn der Cousin, ein hundertprozentiger Blutsverwandter unseres Arbeitgebers, des Ministers, stellt von Tag zu Tag immer mehr Ansprüche. So verlangt der Professor etwa zum Frühstück *Fromage faisandé* aus Goma, garniert mit weißen Raupen; *Sakata*, eine Art wilder Tee und gegrillte Süßkartoffeln. Fürs Mittagessen sind die Menü-Anforderungen noch komplizierter: Fledermaushoden, *kikalakosa* – Gemüse, aus Kimbilangundu eingeführt, *Chikwangue-bateke* und Palmenwein. Zum Abendessen *pepe-Suppe* und im Wasserbad gegarte Maniokschalen.

»Mère ya palais« ist mit ihren Nerven am Ende ... umso mehr, da unser Arbeitgeber, der Minister, nicht eingreift, zweifellos aus einer uralten Solidarität heraus.

Allerdings gibt es noch Schwerwiegenderes für den Blutsverwandten unseres Arbeitgebers, den Minister: auf der Grundlage und der Verpfändung von Versprechungen. Zum Erwerb eines neuen Fahrzeugs, dem allerersten seiner Karriere als Professor (rollen Sie die letzte Silbe mit Verehrung...), hat der Cousin bei einer bedeutenden Bank des Ortes einen Kredit aufgenommen, der mindestens ebenso bedeutend war, und mit dem man hätte ein Grundstück erstehen können. Im Vertrauen auf die Seriosität der Professoren-Funktion scheint die Bank einen Vorschuss gewährt zu haben, ungedeckt. Der Professor hat zwar noch nicht mit vollen Händen die versprochene Summe ausgegeben, doch hat er schon Schulden links und rechts, wie die Bewohner von Kinshasa sagen, vor allem bei den *mama-benz*[11] für die Garderobe seiner Frau und seine eigene, bei den Händlern von Matonge für die Handys der Kinder, vorzugsweise Geräte der neuesten Generation; bei den libanesischen Verkäufern von Haushaltsgeräten, zu denen vor allem ein Fernsehgerät mit extra flachem Bildschirm, 500 Zoll, zählt.

Und dann das auch noch: Unser Cousin-Professor konnte in dem Maße nicht mehr schlafen, wie er haarsträubende Zahlen und raffinierte Artikel zusammenzählte.

In letzter Zeit, wenn unser Arbeitgeber, der Minister, nach Hause kommt, trifft er seinen Cousin im Salon an, einen Kugelschreiber im Mund, vertieft in Kalkulationen, die er alsbald wieder verwirft. Voll

---

[11] Geschäftsfrauen.

und ganz seiner Erregung und seinen Träumen überlassen, hat der Cousin schließlich den Appetit verloren. Mutterseelenallein blieb er bis spät abends im Salon, immerzu in seine Papiere versunken. Es kommt sogar vor, dass der Cousin mitten in der Nacht anfängt zu schreien und zu lachen, als ob er einen verborgenen und seltenen Talisman entdeckt habe.

Unser Arbeitgeber, der Minister, fing schließlich an, sich Sorgen zu machen, nicht nur wegen der mentalen Verfassung seines Professoren-Cousins, sondern auch wegen der drohenden Scheidung von seiner Ehefrau »Mère ya palais«.

Unser Arbeitgeber, der Minister, hat sich einem Kollegen von der Regierung anvertraut, der mit dem »Ministerium für professorale Bedürftigkeit« betraut war. Letzter hat seinen Kollegen aus dem Ressort für strategische Angelegenheiten beruhigt: Denn er hatte zwei wichtige Schecks gerade unterzeichnet, einen um die ausstehenden Gehälter zu begleichen, den anderen für den Erwerb von *kimalu malu* für Professoren.

Unser Arbeitgeber der Minister, hat sich gehütet, seinem Professoren-Cousin die doppelte gute Nachricht zu verkünden: Sie hätte dessen geistige Verwirrung unnötig verschlimmert.

Der Schuster unter dem Baum

Cikuru Batumike

I Tchupi konnte es nicht fassen. Mit zweifelnder Miene begab er sich in Richtung des großen Eukalyptusbaums, der einsam auf dem Dorfplatz stand und dessen roter, von glatter, gräulicher Rinde ummantelter Stamm ihm als Schemel diente. Von einer plötzlichen Schwäche befallen fühlte er sich unfähig, seinen Beutel am üblichen Platz zu deponieren und zu öffnen. Gleich einem Fischer, den beim Anblick des spärlichen Fangs der Mut verlässt, verharrte er nachdenklich vor seiner am Vorabend nicht zu seiner Zufriedenheit ausgeführten Arbeit. Er fragte sich, wie um alles in der Welt er einen so banalen, durch langjährige Berufspraxis doch eigentlich zur Routine gewordener Handgriff hatte vermasseln können.

Dies war, immerhin nach zehnjähriger Berufserfahrung, bereits der sechste Auftrag, den er nicht zu seiner Zufriedenheit ausgeführt hatte. Ein bisschen viel, sagte er sich. Die Art und Weise, in der er seine Zähne aufeinander presste, ließ mehr als bloße Enttäuschung erkennen.

Gelegentlich mag so etwas schon einmal vorkommen. Einer seiner besten Kunden, der Bürgermeister des Ortes selbst, hatte bemerkt, dass der Schuhmacher bei seiner Arbeit nachließ. Statt mit einer dicken Profilsohle war sein Schuh mit einer profilierten Gummisohle und Absatz versehen worden, an der sogar noch die Fäden hingen. Zwar tat der Bürgermeister sogleich und unmissverständlich sein Missfallen an der gewählten Sohle kund, nahm es I Tchupi jedoch nicht übel, da er wusste, dass keine Absicht dahinter steckte. Zudem kannte er die Zwänge, die durch den Mangel an passendem Material zuweilen die Ausführungen der Arbeiten erschwerten. Dies konnte der Grund dafür sein, dass I Tchupi von der Regel und somit von seinem Perfektionismus abweichen musste. Ohne weitere Vorwürfe nahm der Bürgermeister seinen Schuh entgegen und ging seines Weges. Er war sich sicher, dass er zu gegebener Zeit wiederkommen und sein bevorzugter Schuhmacher keine neuen Fehler machen würde.

Nach so langer Berufserfahrung ist man nicht so schnell zu entmutigen. Zudem war es I Tchupis Aufgabe, den Fehler zu finden. Er musste bei der Ausführungen seiner Arbeit und der Handhabung der Nadeln die größtmögliche Aufmerksamkeit walten lassen. Sein Wille, der ihn seit jeher auszeichnete und der darin bestand, immer weiter nach Vervollkommnung zu streben, hatte ihn noch nicht verlassen. Wann immer es schwierig wurde, versuchte er seine Skepsis zu unterdrücken und seine Aufmerksamkeit ganz auf die Schönheit des Baumes zu lenken, der längst zu seinem täglichen Begleiter geworden war und den er mehr als alles auf der Welt liebte. Man muss sagen, dass, obgleich kahl und von regelmäßig wiederkehrenden Unwettern und vom Gewicht der Jahre gezeichnet, der Eukalyptus mit seinen neunzig Metern Höhe und seinen bläulichen Blättern, die einen wohltuenden Duft verströmte, noch immer nichts von seinem Charme eingebüßt hatte. Seine Wurzeln schienen sich grenzenlos auszubreiten. Sie verschlangen sich einer mit der anderen und durchbrachen die Grenzen des Erdreichs, was einem akuten Bedürfnis nach Freiheit Ausdruck zu verleihen schien.

I Tchupi hatte diese Entwicklung wider die Natur wohl bemerkt. Er hoffte, der Baum möge noch lange Bestand haben. Er konnte sich nicht mehr an all die Begegnungen erinnern, die sich am Fuße dieses alten Baumes zugetragen hatten. Er war zur begehrten Adresse für seine Schuhmacherei geworden.

»Nun? Wann kann ich meine Schuhe wieder abholen?«

Unzählige Male war ihm diese Frage gestellt worden. Endlos schien sie sich zu wiederholen, bei jedem neuen Auftrag. Auch seine sich wiederholenden Gesten beim Abstellen der Schuhe ließen sich nicht mehr zählen.

Zwei Tage zuvor hatte er all sein Hab und Gut in seinen alten Sack aus hartem Leder verstaut. Darunter waren weder Mokassins von Hamilton noch von Derby oder McNeill mit doppelter Sohle und schon gar keine Westons. An Stelle dieser Trophäen absoluter Eleganz hatte er alte schwarze Schuhe jeglicher Größe und Breite in buntem Durcheinander in seinen Sack gestopft, außerdem einen Hammer, Schuhputzzeug, Bürsten, Nadeln jedweder Größe, Stiefelleisten, Nägel und kurze Bindfäden. Darüber hinaus gab es Reifenreste von Goodyear, die er bei den wenigen Autowerkstätten der Stadt hatte ergattern können; sie dienten ihm als Ausgangsmaterial. Doch vor allem fand sich dort aber das unabdingbare Stück Seife, welches er sorgfältig in einem Fetzen Zigarettenpapier eingewickelt hatte und das ihm dabei half, die Nadel mit leichter Hand durch die engen Löcher zu führen, die jede Sohle durchzogen.

Jeden Tag aufs Neue machte er sich mit der ihm eigenen Ernsthaftigkeit an die begonnene Arbeit. Als Lohn erhielt er von seinen Kunden nicht nur Geld, sondern auch reichlich Lob für seine Handwerkskunst.

An diesem Tag nahm er, fast schon automatisch, einen alten Arbeiterschuh von ausgezeichneter Qualität italienischer Herkunft zwischen Daumen und linken Zeigefinger. Mit der ihm eigenen Fingerfertigkeit vollbrachte die Nadel in seiner rechten Hand den Rest. Er musste die Sohle weicher machen und alles auf Maß anfertigen, so dass der Schuh gleich einem Handschuh an den Fuß des Kunden glitt. Diese Art von Arbeit unterschätzte der Schuhmacher keineswegs. Sie forderte viele Stunden mühevoller Arbeit und brachte ihm im Gegenzug wichtiges Geld ein. Der Halbstiefel schien seine Schürze, voll von Überresten, beinahe zu überragen. I Tchupi führte das Garn von einer Seite der Sohle zur anderen und besserte die abgenutzte Oberfläche aus. Die Nadel wurde abwechselnd gehoben und gesenkt, eine Geste, die sich an die zwanzig Mal wiederholte, jede Stunde, mit der gleichen Perfektion. Den Faden durchzuziehen oder einzurollen wurde für I Tchupi zu einer ganz gewöhnlichen Kunstfertigkeit. Gleich einem Gärtner schien er ohne Unterlass zu arbeiten. Während er darauf wartete, dass der Leim am Halbstiefel an Festigkeit gewann, machte er sich unverzüglich mit einem zweiten Paar Schuhe an die Arbeit.

Die langgliedrigen, muskulösen Hände umfassten abwechselnd den Faden, der, durch die Ränder gebrauchter Reifen hindurch, mit der Nadel von oben nach unten geführt wurde. Ein Stück Leder wurde sorgfältig auf die Oberflächengröße des schadhaften Schuhs hin ausgemessen. Selbst die Art und Weise, in welcher die Nadel geführt werden musste, bedurfte einer bestimmten Menge an Intelligenz. Dieser Rhythmus blieb konstant, bis der Schuh durch das hinzugefügte Stück zu glänzen begann.

Die Linienführung des Schuhmachers entsprach den Formen der achtziger Jahre, mit Ösen oder ohne Schnürsenkel, Formen, die vom Diktat der Mode unbehelligt geblieben waren. Die Mehrzahl der Schuhe bestand aus Holzsandalen oder genähten Goodyear und einem großen Sortiment an geschnürten flachen Schuhen nach belgischem, italienischem, englischem, indischem oder amerikanischen Stil. Das war so maßgeschneidert, dass andere, die neuere Artikel trugen, neidisch werden konnten. Der Künstler markierte so mit seinem Siegel seine Arbeit, und die Kundschaft konnte gar nicht anders, als ihn dafür zu verehren. Sie sparten nicht an Lob für diesen Spezialisten des Schuhwerks.

»I Tchupi ist ein Schuhmacher, der mit einer seltenen Feinfühligkeit arbeitet«, hörte man beispielsweise sagen.

»Er ist ein ehrenhafter Mann«, bestätigten andere.

»Er ist mutig und dynamisch«, sagten wieder andere.

Diese Ermutigungen waren für I Tchupi stets aufs Neue Ansporn in seinem Bemühen, seiner Kundschaft zu gefallen. Man wusste nicht viel über ihn, außer diesem einen Kennzeichen: er trug regelmäßig ein schwarzes Tuch um seinen Hals.

»Ein Glücksbringer«, vermuteten die einen.

»Nein, er verbirgt eine Missbildung an seiner Kehle«, konstatierten die anderen.

»Dieses Tuch ist das Zeichen meiner Unschuld«, antwortete I Tchupi denjenigen, die auf einer Antwort bestanden, um mehr über die Bedeutung des Tuches, das um seinen Hals geschlungen war, zu erfahren. »Man hat mir in meinem Leben immerzu Schmerzen zugefügt, aber ich habe mich niemals aus der Ruhe bringen lassen«, fügte er hinzu.

Sobald I Tchupi den Kopf hob, sah man jedoch die Narbe an seiner Kehle. Sie hob sich ab von seinem Gesicht, welches von den Jahren harter Arbeit gezeichnet war. Viele Male wurde sie als Zeichen eines schlecht ausgegangenen Boxkampfes unter Freunden gedeutet. Einige vermuteten, dass es das Zeichen einer heftigen Auseinandersetzung mit heiklen Kunden sei, die eine ausstehende Rechnung nicht hatten begleichen wollen.

»Ach, das betrifft doch nur seine Vergangenheit«, brummten einige in seiner Umgebung.

»Das was zählt, ist das Heute«, sagte er die Diskussion beendend.

Es gab einen Grund für die Gleichgültigkeit, die I Tchupi seiner bewegten Vergangenheit gegenüber an den Tag legte: Er war der einzige Schuhmacher am Ort. Es war unbedingt notwendig, Vorurteile an seinem Arbeitsplatz so gering wie möglich zu halten. Für seine Freunde oder auch für alle Unbekannten zählte mehr als alles andere allein die

Präsenz ihres »Idols« am Fuße des Baumes. Der Baum selbst wurde zu einer Art Referenz. Alte, Junge, Männer, Frauen und Kinder suchten täglich diesen besonderen und originellen Arbeitsort auf. Alle gingen mit ihren Schuhen zu I Tchupi. Die ganze politische Prominenz der Ortschaft, von dem Pfarrer der Gemeinde bis hin zum Lehrer, von den Schülern bis zu den Hausfrauen.

Solange er den Anderen Wohlwollen entgegenbrachte, wurde I Tchupi von allen geliebt. Solange es keinen anderen Schuhmacher am Orte gab, war er mehr und mehr gefragt.

Wie gewohnt, wiederholte I Tchupi immerzu die gleichen Gesten. Mit einer Handbewegung wusste er sogleich, zu welcher Person die Schuhe gehörten und welche der Arbeiten er einer anderen vorzuziehen hatte. Ob es windete, regnete oder ob die willkommene Sonne gnadenlos vom Himmel schien, I Tchupi war immer am Ort, bereit, Arbeiten anzunehmen, Stücke zusammenzukleben oder zu modellieren, Schuhe zu reparieren, die vom schlecht aufbereiteten Schotter beschädigt worden waren. Schuhe kunstvoll zu reparieren oder herzustellen, das war seine Spezialität. Ein Ruf, den er sich über die Jahre hinweg erworben und verdient hatte. Er fegte jede Frage nach der Anzahl der Jahre, die er unter dem Baum, in diesem mit Leidenschaft ausgeübten Beruf verbracht hatte, beiseite. Mit Hilfe eines etwas übertriebenen Beispiels verwies er lediglich vergleichsweise auf das Alter seines geliebten Baumes: so alt wie das Universum.

Am Tage seines 40. Geburtstages erhielt I Tchupi ein Geschenk des Himmels. Ein Auto kam nur wenige Meter vor dem Eukalyptus zum Stehen. Aus diesem stieg der oberste Seelsorger der Ortschaften aus, öffnete seinen Kofferraum und entnahm diesem einen Sack, der an die dreissig Paar Schuhe enthielt, die in unterschiedlich gutem Zustand waren. Es handelte sich um eine Schenkung aus Belgien an den noch jungen Kinderchor der Kirchengemeinde von Bagira, eine bunte Vielfalt aus Gummi und glattem Leder. Dazu gab es eine Reihe notwendiger Utensilien, die für ein neues Aussehen erforderlich waren. Der Chef der Kirchengemeinde wünschte, dass jedes Paar Schuhe mit einem Perlenemblem versehen wurde, auf welchem der Name des Chores stehen sollte. Man wollte ihm auf diese Weise ein subtiles Zeichen geben. I Tchupi hatte niemals zuvor einen so wichtigen Auftrag erhalten. Aus den Händen des hohen Priesters erhielt er reichlich Silber, woraufhin er sich sogleich an die Arbeit machte. Überglücklich gab er sich für zwei Sekunden seinen Träumen hin.

»Welche schöne Überraschung, welch großartige Gelegenheit, sich mit genügend Material zu versorgen«, dachte er. Nun konnte er sich gut daran machen, seine Arbeiten wieder ohne Makel auszuführen. Außerdem deutete er es so, dass Gott ihm sein Fehlverhalten der Vergangenheit verziehen habe.

In den folgenden Wochen befestigte der Schumacher an dem emblematischen Eukalyptusbaum dieses vielsagende Schriftstück:

»I Tchupis Schuhtempel, zu Ehren meines Vaters«.

»Zu Ehren meines Vaters!«, riefen die Passanten und verstanden doch nichts von der Bedeutung dieser symbolträchtigen Worte.

Eines Morgens, als I Tchupi mit großen Schritten den Weg entlang zu seinem Baum ging, wurde er von einem seiner alten Kunden angesprochen. »Es ist schön, dass Du an Deinen Vater denkst, aber wer war er denn eigentlich wirklich?« I Tchupi erwiderte nichts darauf und ging weiter seines Weges.

In dem Maße, wie die Jahre vergingen, begann sich in ihm das Bild von einem besonderen Menschenschlag zu verfestigen: den Schuhmachern, die sich das Handwerk nebenbei selbst beigebracht hatten; sie standen für all jene, die ihren Weg gemacht hatten, ohne jemals einen Fuß in eine Lehre gesetzt zu haben. Das Schuhmacherhandwerk war Teil seines neuen Lebens. Es markierte einen Bruch mit einer weit zurückliegenden Vergangenheit als Straßenjunge, einer Zeit, in der er mit der Justiz ein Hühnchen zu rupfen hatte. Um seinen Frieden besser finden zu können, hatte er sich damals entschlossen, seinen Heimatort zu verlassen und sich in der Kommune von Bagira niederzulassen, im Haus seiner Großeltern mütterlicherseits. Dieses befand sich hunderte Kilometer von daheim entfernt. Niemand, außer einem alten Rentner, ein Freund seines Vaters, kannte hier seine Geschichte. An diesem Ort fand er im Schuhmacherhandwerk einen Hafen des Friedens.

In regelmäßigen Abständen wiederholte sich die Frage des Passanten: Aber wer war Dein Vater? Warum übst Du diesen Beruf aus? Warum wurdest Du Schuhmacher zu einer Zeit, in der andere junge Leute des Viertels ihre Neugierde auf wesentlich lukrativere Berufe lenkten. Er wusste es. Er kannte die Antwort auf diese heiklen Fragen. I Tchupi hatte diesen Beruf ergriffen, weil es für ihn eine Art war, seine Schuld, die er seinem Vater gegenüber empfand, abzugelten. Die Gerüchte, die in dem Städtchen von dem Alten, dem Freund seines Vaters, fortlaufend genährt wurde, besagten, dass I Tchupi sich in den Beruf des Schuhmachers geflüchtet hatte, um sich nicht weiter schuldig zu machen; er wollte diesen allzu schmerzhaften Schatten des verschwundenen Vaters von seiner Existenz lösen, um ein für alle Male die schwierigen Zeiten, in denen er gegen sein Gewissen kämpfen musste, hinter sich zu lassen.

Tatsächlich hatte I Tchupi sich immer dafür schuldig gefühlt, dass er nicht genug getan hatte, um seinen Vater aus einer Lehmhütte zu ziehen, die aus Unachtsamkeit in Brand geraten war. Es muss gesagt werden, dass I Tchupi am Ende eines Abends, an dem es reichlich Palmwein gegeben hatte, die Kohlen im Herd seines elterlichen Hauses nicht hinreichend gelöscht hatte und somit das Unglück, bei dem sein Vater ums Leben gekommen war, mit verschuldet hatte. Mit zwanzig Jahren musste er sich vor dem Gesetz für die Folgen seines Handelns verantworten. Zehn Jahre Haft hatte er daraufhin verbüßen müssen – in all diesen Jahren fühlte er sich jedoch seinem eigenen Gewissen gegenüber kein bisschen verantwortlich. I Tchupi erklärte allen, die es hören wollten, dass es sich damals um nicht mehr und nicht weniger als um einen schlichten Fehler gehandelt habe, und dass die Gesellschaft ihm nicht ohne Unterlass Vorwürfe für etwas machen könne, was er nicht gewollt habe und was er nicht habe vorhersehen können.

Nach Jahren des Gefängnisses beherrschten ihn Scham, Geringschätzung und Selbstzweifel. Er versuchte stets, den Blicken der anderen auszuweichen. Allein in der Schusterei fand er ein Mittel, sich zu betäuben und schuldlos zu sprechen und schließlich seinen Frieden zu finden. Seine ganze Familie hatte sich von ihm abgewandt. I Tchupi war allein. Zu früh, nur ein Jahr nach seiner Heirat, kam es mit seiner Frau zum Bruch. Sie verließ ihn wegen eines wohlhabenderen Kaufmanns. Eine unangenehme Erinnerung, der sich I Tchupi nur sehr selten, in Momenten geminderten Realitätssinns, stellte.

»Es ist ihre Sache, wenn sie die Hörner des Ehebruchs der ständig währenden Last meiner Schuld vorgezogen hat«, antwortete er jenen, die wissen wollten, warum seine Frau ihn verlassen habe.

Der zweite Grund jedoch bestand darin, dass das Universum seines Vaters alles für ihn war. Es war ein Universum, das aus der Zärtlichkeit und Liebe eines Schuhmachervaters bestanden hatte, der ebenfalls, wie er, niemals einen Beruf erlernt hatte. Der Vater, der morgens ganz früh aufstand und niemals vor 23 Uhr am Abend zu Bett ging. Häufig arbeitete er unermüdlich den ganzen Tag über, um wenigstens das notwendige Minimum zu erwirtschaften, um die Erziehung seines Jungen zu finanzieren und um den Lebensstandard seiner ganzen Familie zu verbessern. Er lebte bis auf drei Nachmittage pro Monat, an denen er am Ufer des Kivu-Sees entlang spazierte, fernab von Freunden. Seine Frau hatte ihn verlassen, weil er eine Affäre mit einem jungen Mädchen gehabt hatte, das zweimal jünger war, als er selbst. »Ich hatte eine glückliche Kindheit«, so erzählte I Tchupi gerne. »Ich wusste mich mit Wenigem zufrieden zu geben, obgleich ich das große Unglück hatte, bereits mit acht Jahren von meiner Mutter getrennt leben zu müssen«.

Philanthrop einer anderen Art

Cikuru Batumike

Ein Mann, Nyamulinduka. Ungefähr fünfzig Jahre alt: Sein großer, athletischer Körper zwang ihn, den Kopf einzuziehen, wann immer er durch eine Tür ging. Auch diesen Samstag um ca. zehn Uhr morgens. Lautlos betrat er die Räume seines Büros, welches in Kadutu, einem Stadtteil von Bukavu, lag. Er warf einen Blick auf den Briefumschlag, den er selbst auf dem Bürotisch deponiert hatte. Zweifel machten sich auf seinem Gesicht breit, nachdem er bemerkt hatte, dass er etwas Wichtiges vergessen hatte.

»Hat nun auch mich die üble Krankheit der Vergesslichkeit ergriffen?« Er hatte soeben realisiert, dass er den eine Woche zuvor abgemachten Termin mit dem Bankier ungenutzt hatte verstreichen lassen.

Unverzüglich begab er sich in das als Sekretariat genutzte Zimmer, wo ihn das Tippfräulein erwartete. Er beauftragte sie damit, dem Bankier eine Entschuldigung zukommen zu lassen und einen erneuten Termin für ein zweites Treffen zu arrangieren.

»Erledigen sie dies bitte schnellstmöglich, am besten per Telegramm. Es geht um die Glaubwürdigkeit unseres Hauses«, sagte er ihr mit Nachdruck.

»Betrachten Sie es als bereits erledigt«, erwiderte diese mit aller Höflichkeit und der Ehrerbietung, die sie ihm entgegenbrachte.

Nyamulinduka hatte ein volles Programm, dem er akribisch folgte. Entweder fuhr er zu seinen Plantagen, die hunderte von Kilometern entfernt lagen, oder er verbrachte seine Zeit mit einer seiner heimlichen Geliebten. Bei ihnen aß er in aller Hast eine Kleinigkeit, erkundigte sich nach dem Wohl seiner Nachkommenschaft oder vereinbarte seinen nächsten Besuchstermin bei ihnen. Zwei bis drei Mal die Woche fuhr er zu seinem Arbeitsplatz, wo er die notwendigen Anweisungen gab und unbeantwortete Post erledigte. Doch heute war er für all das viel zu aufgeregt. Und dieses hatte seinen Grund!

An diesem grauen Morgen nämlich wurde Nyamulinduka von einem Albtraum jäh aus dem Schlaf gerissen. Die Straßen Bukavus waren wie leergefegt, es war totenstill. Weder das sonst übliche Summen der Bienen, das Blöken der Schafe, das Krächzen der Raben, noch das Brüllen einer Kuh waren zu hören. Stille. Als Spektakel hörte man nur den erbitterten Schusswechsel, das Pfeifen der Kugeln, die die Luft durchschnitten, und das schwere Donnern von Stiefelschritten, das auf dem Boden zu hören war. All das waren deutliche Zeichen einer massiven Intervention von Seiten der Mai-Mai Rebellen in Bukavu.

Ja, blutrünstige Elemente in Tarnkleidung, die mit Zweigen getarnte Kappen auf dem Kopf trugen, marschierten in Zweierreihen die Straßen entlang und schossen auf alles, was ihnen in den Weg kam. Einer der Mai-Mai Rebellen tötete einen Zivilisten mit einem Kopfschuss bei dessen Versuch zu entkommen. Ein anderer Trupp der Mai-Mai zog eine Gruppe von Zivilisten aus ihrem Versteck, die unter dem Verdacht standen, mit dem amtierenden politischen Regime zusammenzuarbeiten und führten sie der Reihe nach ab, um sie zu erschießen.

Über Bukavu lag der Schatten der Verwüstung und der Geruch von Schießpulver gewann die Oberhand über die sonst übliche Seelenruhe und über die duftenden Blätter der Eukalyptusbäume, welche kilometerlang die Straßen und die atemberaubenden Hügel säumten. Bukavu wurde zu einem Ort zweibeiniger Rächer, grenzenloser Erpressungen und gemetzelter Körper, die in einem Meer von Blut lagen. Niemand von ihnen kannte die ihnen bevorstehenden Qualen, an deren Ausgang ein grausames Ende stand. Man hörte die Beschwörungsformel »Mulele Mai« der Rebellen, die eisern glaubten, unsichtbar zu sein. In den Straßen ging das Gerücht um, dass die Schüsse sich beim Eintreffen in die Körper in Wasser verwandelten.

Aus seinen schlechten Albträumen gerissen machte sich Nyamulinduka klar, dass alles, was er geträumt hatte, vor einigen Jahren Realität gewesen war. Indem er sich dies ständig bewusst machte, versuchte er, zu vergessen. Trotz seiner vielen, bis an den Rand der Schlaflosigkeit führenden Arbeit, befiel ihn dieser Albtraum jedoch alle sieben Nächte.

Nach nur wenigen Minuten brachte ihm seine Schreibkraft bereits das von ihm in Auftrag gegebene Schreiben an den Bankdirektor. Sie hatte alles nach seinen Anweisungen erledigt.

»Perfekt«, rief Nyamulinduka bereits im Hinausgehen. Er eilte zurück zu seinem Wagen, den er vor dem Büro geparkt hatte.

Dort erwarteten ihn an die zehn Personen. Viele von ihnen waren an den Herausforderungen des Lebens gescheitert. Sie klagten ihm ihr Leid. Nyamulinduka stand vor seinem Wagen, während die anderen entweder um ihn herum hockten oder saßen. Er hörte einen nach dem anderen an. Der Mann mit seiner Körperfülle war jedoch nicht nur freundlich und höflich. Er nahm auch jede Gelegenheit wahr, seinen belgischen Maßanzug sowie seine Goldkette am rechten Handgelenk zu zeigen. Er zeichnete sich aber auch durch seine Großzügigkeit aus.

Häufig verteilte er bei solchen Gelegenheiten Banknoten in der Menge und verschwand dann in seiner Limousine, der einzigen in der ganzen Stadt.

Morgen ist ein neuer Tag. Nyamulinduka verteilte weiterhin Banknoten bei jedem seiner öffentlichen Auftritte. Sein Gesichtsausdruck verriet dabei Heiterkeit. Er zitterte vor verhaltener Zufriedenheit. Beamte ohne Lohn, Händler in Schwierigkeiten, Kranke, Bettler, Politiker auf der Suche nach finanzieller Unterstützung, alle baten ihn um Hilfe, trugen ihm ihre Klagen vor. Einige waren aufrichtig, andere weniger. Sie alle waren jedoch auf etwas fixiert, und dies betraf weniger seine persönlichen Handlungen als vielmehr seine Geldbörse.

»Jedes Mal, wenn er auftaucht, erleuchtet dieser Mann mein dunkles Dasein allein durch seine Anwesenheit«, offenbarte ein Dorfbewohner, als die Limousine sich bereits wieder zu neuen Zielen hin entfernt hatte. Obgleich Nyamulinduka sich schon nicht mehr in der Gegend aufhielt, blieben all jene noch am Ort, die von dem letzten Geldsegen nichts abbekommen hatten, in der Hoffnung, er möge zurückkehren.

Erst als die Berggipfel des Ortes mit der untergehenden Sonne nicht mehr erleuchtet waren, und sich die Dämmerung ausbreitete, löste sich die Menge des Tages in die verschiedensten Richtungen auf, um ihre Behausungen aufzusuchen. Das Leben ging wieder seinen gewohnten Gang.

»Wir haben getan, was wir tun mussten«, sagte Faye mit leuchtenden Augen in Richtung ihrer Nachbarin, die wie sie selbst eine Händlerin auf dem Markt von Kadutu war. »Wahrscheinlich hast Du wie ich heute ein gutes Geschäft gemacht«, fügte sie hinzu.

Diese Feststellung traf jedoch nicht in gleicher Weise auf ihre Nachbarin zu. Faye hatte am heutigen Tag tatsächlich ein gutes Geschäft gemacht. Mit unbeweglichem Gesichtsausdruck wich sie kein Stück zurück. An diesem Tag hatte ihre Nachbarin keinen einzigen Kubikmeter Feuerholz verkauft. Sie biss sich in den Finger dafür, dass sie nicht ihren Mann auf dem Weg zu Nyamulinduka begleitet hatte, um auch etwas Geld zu erbetteln. Eine Begegnung mit diesem schicksalhaften Menschen brachte mehr ein, als ein ganzer Tag auf dem Markt, wo man seine Zeit damit zubrachte, auf die Kaufbereitschaft eines Kunden zu warten. Sie beneidete Faye, der es gelungen war, einige getöpferte Gefäße, Perlmutterperlenketten, den silbernen Armreifen, ihre Macheten und das kupferne Glöckchen zu verkaufen. Der Feuerholz verkaufte sich nicht, denn Nyamulinkuda verschenkte ihn kostenlos an die Bewohner der Stadt.

Während die Geräusche des Tages allmählich einem leuchtenden Mondlicht Platz machten, versetzte ein umlaufendes Gerücht Kadutu in Aufregung. Genau gesagt war es Fayes Familie, die seit diesem Donnerstagabend für eine gewisse Aufmerksamkeit sorgte. Alle sprachen nur noch von der einen Nachricht: Lastwagen von dem Geschäftsmann Nyamulinduka sollten am kommenden Freitagabend Holz liefern und an einige, nach dem Zufallsprinzip ausgewählte Familien kostenlos verteilt werden. Fayes Familie durfte hoffen, warten und sich in Geduld üben um zu erfahren, ob sie auf der Liste der ersten Auserwählten stehen würde. Am Donnerstagabend erhielten sie dann die gute Nachricht mitgeteilt. Sie fanden einen Gutschein für drei Kubikmeter Feuerholz unter ihre Tür geschoben.

»Die Leute, die solche Gerüchte in die Welt setzen, sind doch nicht vollkommen verrückt«, sagte sie zu ihrem Mann, »dieses Mal scheinen sie doch Recht gehabt zu haben«.

Aufgeregt zeigte sie ihm den Gutschein. Dieser war vollkommen überrascht und erleichtert über die unerwartete Nachricht. Seine Frau machte sich immer über die Verbreiter solcher Gerüchte lustig. Mit großer Skepsis sagte sie, dass sie solchen Gerüchten erst Glauben schenken werde, wenn die Hühner Zähne bekommen würden. Es war ihre Art zu sagen, dass sie ein solches Unterfangen für nicht realisierbar hielt. An diesem Tag schienen sie das große Los gezogen zu haben. Sie hatten etwas, worüber sie sich freuen konnten: Die ganz Angelegenheit war immerhin kostenlos und nur wenige Glückliche waren die Nutznießer. Um wirklich daran glauben zu können, müsste man jedoch erst einmal das Holz sehen.

Die hell erleuchtete Nacht war kurz und viel versprechend. Fayes ganze Familie freute sich über den Gutschein.

Sie verfeuerten die Binse, die eigentlich für das Räuchern des Fleisches, das sie in der kommenden Woche auf dem Markt verkaufen wollten, reserviert war. Auch ihre letzten Holzreserven verfeuerten sie ohne Bedauern.

Nyamulinduka machte sich keine Gedanken über die Verwendung des Geldes, das er an seine Schützlinge verteilte. In den wenigen Momenten der Ruhe, die er hatte, dachte er an die glücklichen Momente seiner Kindheit.

Nyamulinduka entstammte einer Familie, die von der Misere und vom Leid verschont worden war. Seine Familie lebte eine andere Realität als die meisten Kongolesen, die mehrheitlich dazu verdammt waren, auf schlammigen Gewässern eines Labyrinthes zu paddeln, aus dem es nur wenige Auswege gab. Nyamulinduka machte sich Vorwürfe, dass er den Leuten auf der Straße nicht genügend helfen konnte, um ihnen die Misere zu ersparen.

Nyamulinduka hatte Angst, dass die Presse seine Vergangenheit durchwühlen würde. Auch zehn Jahre nach dem Tod seines Vaters machte er die gleichen wohltätigen Gesten zu Gunsten der Mittellosen seiner Stadt.

Zehn Jahre, in denen sich sein guter Ruf immer mehr gewachsen war. Er versuchte, sich in der Öffentlichkeit einzuschmeicheln, fand Nacheiferer und prahlte auch mit seinen Wohltaten. Durch unzählige Essenseinladungen von Journalisten der Region machte er von sich reden. Auch sie waren nicht unschuldig, denn sie hatten sich in den vergangenen Jahren demselben Denkmuster verschrieben: der Käuflichkeit der Ehre. Die Journalisten taten alles, um ihm die Stories zu liefern, die er wünschte. Sie verpassten auch nicht die Gelegenheit, immer dann über den Mann zu schreiben, wenn seine Lastwagen in die Stadt einfuhren, um Holz zu verteilen. Er tat doch nur seinen Beitrag zum Gemeinwohl der Einwohner. Es war doch normal, dass man darüber schreiben musste. Zehn Jahre schon hatte sein Bild den öffentlichen Platz erobert.

»Nachrichten« – so sagte er sich – »sind auch all die Dinge, die im hellen Tageslicht zu sehen sind. Es reicht nicht aus, nur das im Verborgenen Liegende aufzudecken«, bemerkte er ironisch vor einigen Journalisten, in deren Augen ein feines Leuchten zu sehen war. Wohl wahr!

Die Journalisten wussten all dies sehr wohl. Die Tatsache allein, dass sie ihre Kolumnen mit Reportagen über Nyamulinduka überschwemmten, sprach für sich. Die Frage nach der Glaubwürdigkeit ihrer Profession stellte sich erst gar nicht. Es ging um ihr tägliches Überleben, es ging um beiderseitiges Profitieren. Die Journalisten waren nicht die einzigen, die sich um diesen außerordentlichen Wohltäter, Nyamulinduka scharrten und zu seinem Hof zählten. Er umgab sich mit einer treuen Dienerschaft, mit Beratern seines Kalibers und mit »Freunden«, die bereit waren, seine Sicherheit zu garantieren, wann immer er sich in der Öffentlichkeit zeigte.

Nur er allein wusste jedoch die Antwort auf die Frage, die niemand stellte: woher kam all der Reichtum, den er auf Schritt und Tritt verteilte? Böse Zungen behaupteten, er verdanke sein ganzes Vermögen der Ausübung der weißen Magie. Dies war natürlich nicht der Fall. Um Gerüchten und falschen Mutmaßungen vorzubeugen, zeigte dieser vom Glück begünstigte Mensch gerne einen schwarzen Lederbeutel, den er um den Hals trug. Er sagte, dass sich darin ein Amulett befände, welches ihn vor Unglück beschützte, d. h. welches ihm Glück brachte.

Ihn hingegen beschäftige allein nur eine einzige, wesentliche Frage: Wenn ich die Person bin, die von allen in der Region hier am meisten Glück hatte, habe ich dies deshalb auch mehr verdient als die anderen? Der einzige Schatten, der auf seiner grenzenlosen Großzügigkeit lag, war dieser Albtraum, der ihn erst in der vergangenen Nacht wieder heimgesucht hatte und vor dem ihn nichts schützen konnte.

Er wusste genau, was seine Neigung, Großzügigkeit walten zu lassen, beflügelte. Es war ein Schuldgefühl, das ihren Ursprung in der verdeckten Geschichte seiner Familie hatte.

Nach dem Tod seines Vaters hatte Nyamulinduka einige Stücke Land und das dazugehörige Vieh geerbt. Er verkaufte alles, um das daraus erzielte Geld in lohnende Geschäfte anzulegen: in den Holzabbau in der Umgebung Bukavus, sowie in den Handel mit Kalk, den er aus den in den Tiefen des Kivu-Sees vorkommenden Muscheln gewann. Im Laufe der Jahre konzentrierte er sich jedoch ausschließlich auf den Holzabbau. Dieser brachte ihm ein enormes Vermögen ein. Eines Tages hatte er einem Journalist im Vertrauen gesagt, dass ihm dieses Geschäft jedes Jahr so viel einbringt, dass er für die Zukunft ausgesorgt hat, sogar für zwei Generationen seiner Familie.

Seine Sägewerke arbeiteten mit voller Rentabilität. Hier wurden Betten, Stühle, Tische, Türen, Särge, Hauswände, Holzkoffer, Schul-und Kirchenbänke, Treppen, Kleiderschränke und Kanus produziert. Es war eine Fundgrube, die ihm mannigfaltige Geschäftsmöglichkeiten offenbarte und es ihm erlaubte, Geschäftsbeziehungen zu den höchsten Sphären der Wirtschaft über die Grenzen seines Landes hinaus zu unterhalten.

Nyamulinduka war in keiner guten Stimmung, wenn er sich an die Ursprünge seines Reichtums erinnerte.

»Nein, mein Vater behält eine Teilschuld an dem, was passiert ist«, dachte er. »Er hat sehr viel Geld verdient, und ich bin heute sein Erbe«. Aber Nyamulinduka missbilligte die Einstellungen seines Vaters zu seiner Lebzeiten, weil er sich unehrlich bereichert hatte.

Grauenhafte und dramatische Bilder von einer Stadt, die nur noch aus Ruinen bestand, verfolgten Nyamulinduka fortwährend und erinnerten ihn an die Verantwortung, die jeder einzelne für dieses Chaos zu übernehmen hatte. Man musste nur das Wort »Mai-Mai« in seiner Gegenwart erwähnen, und auf seinem Gesicht erschien sogleich ein besorgniserregendes Grinsen. Töten und Zerstören gehörten nicht zu seinem Lebenskonzept. Der Krieg war in seinen Augen ausschließlich ein bestialisches Unterfangen. Er wusste, dass er eine falsche Schuld mit sich trug, nämlich diejenige, unter den Armen, infolge der Verfehlungen seines Vaters, reich zu sein.

Sein Vater war zur damaligen Zeit einer der wenigen Waffenlieferanten der Region gewesen und hatte somit wesentlich dazu beigetragen, einen Krieg zu unterstützten, der den Kongo in Blut und Asche gelegt hatte. Sein Vater war von Geld besessen gewesen, und wann immer er die Gelegenheit dazu hatte, erzählte er jedem, der es hören wollte, dass Geld nicht stinke und dass jedes Mittel erlaubt sei, sich dies zu beschaffen. »Selbst wenn es Mord und Totschlag mit sich bringt«, fragte ihn eines Tages sein Sohn Nyamulinduka. Sein Vater hatte diese Frage bejaht.

Tatsächlich hatte Nyamulindukas Vater 75 mm Geschosse, alte Kanonen und andere Maschinengewehre kleinen Kalibers von den Chinesen erworben, um sie an die Kongolesen weiterzuverkaufen, ohne sich zu fragen, welchem Zweck sie schlussendlich dienen sollten. Die damaligen Rebellen bedienten sich ihrer, um einige spektakuläre Anschläge im Osten des Kongo durchzuführen, so z. B. in Bukavu, Kisangani und Lubumbashi. Das Einzige, was für Nyamulindukas Vater zählte, war, einen immensen Reichtum anzuhäufen, mit dem er am Ende gar nichts anzufangen wusste.

Jedes Mal, wenn Nyamulinduka aus diesem Albtraum erwachte, bemächtigte sich seiner eine fixe Idee, dass der einzige Weg seiner quälenden Vergangenheit, die er nicht selbst gewählt hat, zu entgehen sei, sein ganzes geerbtes Reichtum – das durch Mord, Grausamkeit und Waffenhandel erworben worden war, welcher so viel Elend dem Land gebracht hatte, unten den Menschen zu verteilen. Mit seiner Wohltätigkeiten glaubte er, den während der Zeit der Belagerung durch die Milizen in der Bevölkerung angehäuften Groll auszulöschen, seine Familie rehabilitieren und einen dauerhaften Einfluss in der Gesellschaft erlangen zu können. Nach dem Tode Nyamulindukas kam die ganze Wahrheit ans Licht. Seine Handlungen wurden nicht mehr als eine spontane Geste der Nächstenliebe bewertet, sondern als eine Geste, die ausschließlich dazu diente, das Bild zu ändern, das sich die Gesellschaft von ihm gemacht hatte. Schlussendlich entsprangen sie dem Bedürfnis, der lähmenden Angst zu entfliehen, welche wegen der von seinem Vater begangenen Verbrechen von ihm Besitz ergriffen hatte.

Anya

(Romanauszug)

Clémentine Madiya Faïk-Nzuji

Der Silhouette des Mädchens, das heimgekehrt ist, um ein zweites Mal zur Welt zu kommen, schaut der Greis, noch immer auf seinen Gehstock gestützt, so lange nach, bis sie aus seinem Blickfeld verschwunden ist.

Ein Wort aus einem ihrer Träume löst in Anya den drängenden Wunsch aus, ihren Ursprung zu verstehen und zu ergründen. Sie lässt ihr altes Leben hinter sich und macht sich auf den Weg zurück ins Dorf ihrer Väter, wo sie dem Weisen Vùlukà begegnet und erfährt, dass der alte Mann ihr Onkel ist. Zwischen den beiden entspinnt sich ein erstaunliches Gespräch über Träume, Erinnerungen, Schatten und Licht.

Der Onkel mahnt seine Nichte: »Hüte dich, mein Kind, vor dem Wunsch, den Traum von der Wirklichkeit zu trennen, vor dem Anspruch, alles verstehen zu wollen und vor der Versuchung, alles aufzugeben!« (Pierre Yerlès)

Anya und der Junge, der sie begleitet, wirbeln auf ihrem Weg ins Dorf kleine Staubwolken auf. Es geht steil bergan. Schon lassen sich die ersten Häuser erahnen, hinter einer Reihe von Obstbäumen, die ihr vertraut sind: Bananen, Palmen, Mango und Papaya. Beim Anblick der Bäume spürt Anya wieder die tiefe Verbundenheit, dieses Gefühl, eins zu sein mit dem Universum, das ihr seit langem so vertraut ist und zugleich bedrohlich erscheint.

Der Luftstrom, den die lebhaften Kinder rings um sie her verursachen, bringt alle Gräser zum Tanzen und verleiht ihnen Farben, so vielfältig wie die Gefühle, die auf Anya einstürzen, ihr tief unter die Haut gehen. Farne und Quecken wiegen und verneigen sich, als wollten sie Anya willkommen heißen. Die Nachtigallen in den Zweigen der wilden Feigenbäume schließen sich ihnen an und singen ihr ein Begrüßungsständchen. Schon im ersten Licht der frühen Morgenstunden schienen die Schmetterlinge geschlüpft, die Libellen in die Lüfte gestiegen zu sein: eine geflügelte Eskorte, die Anya den Weg weist!

Ein paar Schritte weiter, an der Wegbiegung, hören die Webervögel im Eukalyptus-Baum plötzlich auf zu zwitschern und betrachten die Szenerie. Hinter der Biegung scheint, zwischen trockenen Maisstauden hindurch, ein Wasserlauf silbrig zu schimmern.

Und dieses zarte Weiß dort drüben ... Wolken, die nicht weiterziehen? Nein, keine Wolken, sondern die Rauchfahnen eines Buschfeuers, die noch in der Luft hängen und der Szenerie einen Hauch Trübseligkeit verleihen, der längst angebrochenen Trockenzeit angemessen.

Für Anya, die unangemeldet in Kalunga ankommt, hat diese Reise etwas Natürliches und ist zugleich sehr feierlich. Alles ist neu. Pures Entzücken. Zutiefst erschütternd.

Und als ihr vor lauter Ergriffenheit schwindelig wird, erinnert sie ein Gefühl, das sie vor Jahren schon einmal im Traum gespürt hatte.

Sie war auf einer Landstraße aus roter Erde unterwegs. Zu ihrer Linken Dörfer, wie sie sie aus Afrika kannte, zu ihrer Rechten Landschaften, die eher europäisch anmuteten. Kurz vor einer Kreuzung zögerte sie: Nach rechts führte ein schmaler Pfad hin zu einer Ansiedlung, die in Watte zu schweben schien. Sie wirkte schön und reich bedacht. Anya hatte das Gefühl, eine ihrer älteren Schwestern sei dort zuhause.

Sie war unschlüssig, ging noch langsamer, blieb fast stehen und entschied sich dann, weiter geradeaus zu gehen. Sie war sich ihrer Sache nicht sicher. Sie fühlte sich allein, ein wenig bedrückt. Doch sie ging weiter, schaute suchend bald nach links, bald nach rechts, wollte umkehren. Jemand kam ihr entgegen. Eine junge, sympathische Frau. Anya sprach sie an, als sie mit ihr auf gleicher Höhe war, um nach einer Adresse zu fragen. »Das muss dort drüben sein, in Richtung der schönen Siedlung.«

Anya machte kehrt, folgte nun dem Pfad, der zu dem hübschen Flecken Erde führte und war plötzlich an einem großen Platz angelangt. In dessen Mitte stand ein Brunnen, über dem Brunnen prangte ein großer silberner Zapfhahn.

Eine wundersame Stadt: Nichts war hier von fester Konsistenz, nichts war greifbar, die Häuser in durchscheinende Wolken gehüllt. Wie ausgestorben. Doch ringsumher hörte man es flüstern und murmeln. Anya blieb am Brunnen stehen. Menschen gingen vorüber, ohne sie eines Blickes zu würdigen. Sahen sie sie überhaupt? Anya fühlte sich schrecklich allein.

Drei Frauen kamen ihr entgegen, Afrikanerinnen. Jede balancierte ein großes Bündel auf dem Kopf. Anya wies in Richtung der Siedlung und sagte, wie zu sich selbst, an die drei Passantinnen gewandt. »Meine Schwester ... ich vermute, meine große Schwester wohnt hier irgendwo in der Nähe ...« Die Blicke der Frauen folgten Anyas Handbewegung. Teilnahmslos. Verschworen. Eine der drei beugte sich zu ihren Komplizinnen und murmelte etwas, das Anya nicht verstand. Woraufhin die drei in schallendes Gelächter ausbrachen und Anya abfällig musterten.

Anya wacht auf.
Place de la Fontaine.

Gestern morgen, Montag, hatte Anya sich direkt nach ihrer Ankunft am Flughafen von Miji erkundigt, wie sie nach Kalunga käme.
»Lkws fahren die Strecke regelmäßig«, hatte man ihr gesagt.
»Um wie viel Uhr fährt der nächste?«
»Nach ›Uhrzeit‹ und ›der nächste‹ geht das hier nicht. Da drüben, an der Kreuzung, stehen zwei, drei Lastwagen, siehst du die, unter dem Flammenbaum? Die Leute steigen ein, nach und nach, und sobald der Wagen voll ist, fährt er ab. Du musst den nehmen, der nach Diba fährt. Der hält auch in Kalunga.«
»Vielen Dank. Alles Gute.«
Die Straße, mal eine Sandpiste und streckenweise aus hartem Lehm, ist holprig, hat oft große Schlaglöcher, die wie Bombenkrater wirken. Ein Werk der Erosion! Spuren von Naturkatastrophen, die der Staat längst vergessen hat. Unterwegs sieht man aus diesen aufgeplatzten Bäuchen hier und da Bäume aufragen, dem Licht entgegen. Als sich unterwegs ein Abgrund auftut, steigen die Fahrgäste aus, umgehen ihn zu Fuß, nach besten Kräften, und warten jenseits der Schlucht auf den Lkw, der sie überwindet: Mit zwei Rädern auf festem Boden, zweien über dem Abgrund, hält er äußerst mühevoll und wie durch ein Wunder die Balance, und sobald das Hindernis hinter ihm liegt, holt der Fahrer tief Luft, gibt Gas und lässt dichte Staubwirbel und ein Durcheinander an Plastiktüten und -taschen zurück.

Eingezwängt zwischen Reisigbündeln und dicken Ballen mit getrocknetem Maniok denkt Anya an den Moment, nachdem sie aus dem Flugzeug gestiegen war. Auf dem Weg zu den Lkws an der Kreuzung hatte sie jemanden rufen hören: »Yaya, Yaya!«[12] und hatte sich umgewandt. Ein Mann, um die vierzig, saß am Straßenrand und sprach sie an: »Yaya, ich hab gesehen, dass du dich erkundigt hast, wie man nach Kalunga kommt. Schau, da drüben, wo du den Lkw nimmst, unter den Flammenbäumen, der alte Mann, siehst du ihn? Er trägt alte Militärklamotten. Wundere dich nicht, wenn er dich anspricht. Er redet mit sich selbst. Aber vielleicht wird er auch mit dir reden wollen.«

»Ist er verrückt?«

»Eigentlich nicht. Er führt Selbstgespräche, vor allem, wenn jemand aus Europa in der Nähe ist.«

»Ist er gefährlich?«

»Aber nein! Er hat noch keinem je ein Haar gekrümmt. Er hat einfach einen Knacks. Kümmer dich nicht um ihn. Das war's, was ich dir sagen wollte.«

»Danke. Alles Gute!«

»Wir wussten, wir würden zurückkommen. Ich wusste, ich würde zurückkommen. Selbst im heißesten Kanonenfeuer hab ich's gewusst. Verrückt! Verrückt, ich? Passt auf, was ihr da sagt. Ich hab den Krieg mitgemacht, den Großen Krieg. Hier, schaut her, meine Medaillen, meine Abzeichen. Wer von euch kann sagen, er hat *Mukàlamushi*[13] erlebt, wie ich? Wer? Neunzehnhundert-Vierundvierzig! Das muss man sich mal vorstellen: Neunzehnhundert-Vierundvierzig!«

Und an Anya, als seine Zeugin, gewandt: »Mukàlamushi! Ah, mein Kind, darüber soll ich wohl nicht reden. Der Kommandant, Befehlshaber will nichts davon wissen. Doch! Mukàlamushi war ein großer Soldat. Ein echter. Major oder Kommandant, was macht das heute für einen Unterschied? Logisch. Der Sohn meiner Tochter, der in Europa auf der Universität war« – er legte Nachdruck auf »Europa« und »Universität« – »mein Enkel, der hat mir erklärt, dass alles, was hier auf Erden geschieht, ins große Buch der Geschichte eingeht. Da täuscht er sich aber, der Junge. Er war zwar auf der Uni, aber er konnte mir in seinem Geschichtsbuch nicht eine Seite zeigen, auf der Mukàlamushi stand, oder *Shikumbata*.[14]

---

[12] Bezeichnet die biologische Mutter; ist auch Respektsbezeichnung für jede weibliche Person im Alter einer Mutter.
[13] Soldat der Force Publique in Belgisch-Kongo, der 1944 eine Meuterei begann.
[14] Umgangssprachlich für frz. *ancien combattant*, Kriegsveteran.

Schaut her, meine Medaillen. Zählt sie, zählt sie nur, meine Abzeichen. Haben wir damals etwa nicht Geschichte gemacht? Sogar mit eigenen Händen! Sind die Schlachten, die wir gewonnen haben, etwa nicht in die Geschichte eingegangen? Ich war dabei, mein Kind. Wir waren gute Soldaten, die *Force Publique*. Warum uns sonst *Force* nennen, wenn wir nicht stark gewesen wären? Und öffentlich, wenn sie privat gewesen wäre? Logisch, oder?

Naher Osten, Ferner Osten, Abessinien, kenn ich. In Assossa hab ich Kohldampf geschoben, hab in Gambela gegessen, in Mahenge hab ich mich besoffen und war in Saio wieder nüchtern. Hurra! In welchem Land wir auch waren, bei den Frauen waren wir begehrt. Ja! Wer in eurem fernen Europa kann von sich heute sagen, er hat so viel mitgemacht wie ich? Madagaskar, wer kennt Madagaskar? Den Dschungel von Burma, wer kennt den? Ich war dort. Um die Heimat zu retten. Mein Vaterland.« Er begann zu singen: »Le siècle marche et pose ses jalons …«[15] Hurra! Ich hab den Großen Krieg mitgemacht, ja. Eigenhändig. Auch wenn's ein Weltkrieg war. Und wir, unser Krieg, hat der nun in der Welt stattgefunden, ja oder nein? Logisch.

Wer würde heute den Stab über mich brechen, wenn er wüsste, dass ich verhindern wollte, dass die Deutschen meine Herren niedermachen, ihr schönes Land verwüsten, mein Vaterland; verhindern wollte, dass die Deutschen die Frauen meiner Herren vergewaltigen, meine Herrinnen … oder meine Schwestern, was weiß ich? Oh, pardon, tut mir Leid. Herrinnen oder Schwestern. Sei's drum. Logisch, oder? Wer würde mich wohl verurteilen? Ist das vielleicht keine Geschichte, hm? Warum hab ich keine Seite in dem Geschichtsbuch? Ist eine Seite so teuer? Verrückt, ich? Logisch.

Die Enkelin meiner Cousine wollte nach Europa. Der haben sie gestern gesagt: Ausländer brauchen ein Visum! Bitte was? Wo doch Kabeya in Assossa sein Bein verloren hat? Und Ilungus linker Arm unter der Erde von Gambela liegt! Kabambas rechtes Auge in Mahenge von Schießpulver verätzt! Im Ausland! Für unser Vaterland, in das wir heute nur mit Visum rein dürfen? Seit wann braucht man ein Visum, wenn man nach Hause will?

---

[15] Erste Zeile des Lieds *Vers l'Avenir* (Der Zukunft entgegen): Das Jahrhundert marschiert und setzt Meilensteine.

Aus Abessinien sind wir ohne Kamba zurückgekommen; Ntumba ist an der Front gefallen, so nannte man das damals; Mukendis Leiche wurde nie gefunden. Die liegen unter ausländischer Erde begraben. Ausländer tot im Ausland. Ja! Für die Heimat, fürs Vaterland. Stimmt doch, oder? Logisch ...«

Monolog des Alten Bemba

Das Ende seines Monologs verlor sich im Motorenlärm des anfahrenden Lkw. Von den Mitreisenden erfuhr Anya unterwegs, dass der alte Bemba in seiner Jugend tatsächlich im Krieg von 1940-1945 Soldat gewesen und erst mit etwa fünfzig Jahren so wunderlich geworden war. Seitdem trug er nur noch Militärkleidung, sprach über Dinge, die viele seiner Mitmenschen für wirres Zeug hielten, über den Krieg, ferne Länder, historische und viele andere Ereignissen, die lange her zu sein schienen.

Man enthielt Anya auch nicht vor, dass der alte Mann hin und wieder sogar behauptete, er und seine Kameraden hätten die Geschichte ihrer Herren gemacht. Anya erfuhr noch einiges mehr: dass Bemba verheiratet gewesen war und zahlreiche Nachkommen hatte; dass er bei einer seiner Töchter wohnte und dass an manchen Tagen, wenn er sich abends verspätete, ein Enkel nach ihm Ausschau hielt; dass er ein sympathischer Mensch sei, nur eben leicht ... leicht angeknackst. All das lernte Anya über den alten Bemba auf ihrer Fahrt nach Kalunga, bevor sie, erschöpft von der Hitze, einschlief.

****

Anya hat Kalunga erreicht. Der Lkw fährt bereits weiter. Anya lässt den Blick schweifen, schaut dann auf ihre Uhr. Ringsum auf dem Platz herrscht lebhafter Betrieb. Junge und alte Menschen reden laut durcheinander, wie an Markttagen üblich. Unter die Rufe von Marktschreiern mischen sich Rufe der Wiedersehensfreude, Ziegenmeckern, Hühnergackern.

Es ist Markttag in Kalunga. Hier sieht man jemanden Bündel entknoten, dort werden Kisten mit Waren geöffnet. In einiger Entfernung zieht jemand Hühner aus Körben, die Flügel und Beine verschnürt;

ein paar Schritte weiter bietet sich, direkt zu Füßen der Passanten, ein Sortiment von Waren aller Art: Büchsensardinen, Medikamente, meist mit überschrittenem Haltbarkeitsdatum, rostige Nägel, ausgediente, verwaschene Kleidungsstücke, haufenweise. Und ganz in der Nähe besprengen Obst- und Gemüsehändlerinnen ihre verderbliche Ware, hoffen mit wenigen Tropfen Wasser das Werk der Hitze aufzuhalten. Direkt hinter den Obst- und Gemüseständen richten sich die Wohlgerüche nach Trockenfisch und Räucherwild an alle Hausfrauen, die heute mit dem, was der Markt ihnen bietet, etwas Besonderes kochen wollen. In einer Ecke, ein wenig abgeschieden und als wolle man sie vor neugierigen Blicken verbergen, liegen Affenschädel, Raubkatzenzähne und -krallen, getrocknete Reptilienhäute und allerlei Knöchelchen kreuz und quer durcheinander. Bald, noch bevor die Sonne hoch über den Köpfen stünde, würden Heiler und Hersteller von Talismanen vorbeikommen, um ihre Vorräte aufzufrischen. Auch junge, sich lasziv gebende Frauen würden dort in der Ecke vorbeischauen und aus purem Vergnügen Wurzeln und wilde Beeren mit stark afrodisierender Wirkung erstehen. Für derlei Produkte wird der Markt von Kalunga weithin gerühmt.

Plötzlich Stille. Alle Blicke wandern zu einer Menschentraube, die sich abseits des Marktes gebildet hat. »Wer ist diese Frau?«, will jemand wissen. »Sie ist gar nicht von hier«, stellt ein anderer verwundert fest. Ein paar Jungen, neugierig geworden, unterbrechen ihr Spiel und bahnen sich einen Weg durch die wachsende Menge. Auf seinen Gehstock gestützt, beobachtet ein alter Mann im Hintergrund die Szene und nickt, als sei er im Stillen zu einer Erkenntnis gelangt.

Auf dem Markt von Kalunga herrscht Neugier.

Anya bemerkt den alten Mann. Er sieht gut aus, mit seinem ganz faltigen Gesicht und dem grauen Haupt, das alle Umstehenden überragt. Wache Augen hat er und mag gut und gern achtzig Jahre alt sein. Er hustet, hält sich die freie Hand vor den Mund. Anya geht ein paar Schritte auf ihn zu:

»Guten Tag, Taatù![16] Hier ... hier bin ich doch richtig in Kalunga, oder?«

---

[16] Bezeichnet den biologischen Vater; ist auch Respektsbezeichnung für jede männliche Person im Alter eines Vaters.

»Wie, was sagst du?«, schreit der stattliche, wohl etwas schwerhörige Alte. Anya hebt die Stimme und wiederholt ihre Frage:
»Ich will wissen, ob ich hier in Kalunga bin?«
»Ja, Kalunga, ja, hier bist du richtig.«
Anya zögert kurz, fragt noch:
»Kennst du einen Vùlukà? Jemand hat mir gesagt, hier würde ich ihn finden, nicht weit vom Markt weg.«
»Wen?«, schreit der Alte.
»Vùlukà. Vom Clan der Leute vom Salzsee, aus dem Hause Kanyìki, Zweig ...«
»Ah, so!«, nickt der Alte – zuckt kaum merklich mit den Schultern. »Ich glaube, ich weiß, wen du suchst. Warte einen Moment!«
Einer Gruppe von Kindern, die ein wenig abseits vom Markt in ihr Spiel vertieft sind, ruft er zu:
»Kabata! Kabata!«
Als der näher kommt, sagt der stattliche Alte zu ihm: »Lauf zu Vùlukà und sag ihm, er bekommt Besuch, von einer jungen Frau aus ...?«
Er schaut vor sich hin und wartet. Die junge Frau antwortet rasch: »Aus Europa, eh, aus Belgien!«
»Aus Europa ... aus Belgien«, wiederholt der Alte, an Kabata gewandt.
Überrascht öffnet der den Mund, will wohl etwas sagen. Doch noch bevor der Junge auch nur eine Silbe herausbringt, sagt der Alte streng: »Sei still! ...« und setzt im selben Ton hinzu: »... und eil dich.«
Kabata will sich gleich auf den Weg machen, bemerkt aber, dass der alte Mann kurz inne hält und tatsächlich seine Meinung ändert:
»Nein ... warte! ... Ihr geht besser gemeinsam. Und du trägst ihren Koffer.«
Der jungen Frau erklärt er: »Der Junge, Kabata, wird dich begleiten ... Bis bald, mein Kind.«
Verblüfft wirft Kabata dem Alten einen letzten Blick zu, nimmt dann Anyas Koffer: »Komm, Yaya!« Der Silhouette des Mädchens, das heimgekehrt ist, um ein zweites Mal zur Welt zu kommen, schaut der Greis, noch immer auf seinen Gehstock gestützt, so lange nach, bis sie aus seinem Blickfeld verschwunden ist.
Die Straße, die vom Markt ins Dorf führt, ist sehr belebt. In unregel-

mäßigen Abständen begegnet man Männern und Frauen, die entweder zum Markt gehen oder vom Markt kommen. Sie lachen und führen lebhafte Gespräche. Von allen Seiten kommen kleine Jungen herbei, Anya ist im Nu von einem Tross aufgeregt schreiender Kinder umringt. Passanten rufen erstaunt »Oh!« und »Ah!« oder sehen einander fragend an. Andere grüßen Anya respektvoll, wagen es aber nicht, Kabata zu fragen, wer sie ist und wohin er sie begleitet. Anya ist tief in Gedanken versunken und reagiert geistesabwesend auf die freundlichen Begrüßungen.

Sie ist in V., 1991.
Das Café in dem Stadtviertel sah von draußen aus wie viele andere Cafés in belgischen Provinzstädten auch. Der Sommer in jenem Jahr war sehr heiß. Anya hatte sich an zu einer Mutter und ihrer wohl vierjährigen Tochter an den Tisch gesetzt. Als der Ober den beiden zwei große Gläser Orangensaft brachte, hatte Anya ihn angelächelt und gesagt: »Für mich bitte auch einen Orangensaft, Monsieur.« Der Kellner hatte nicht reagiert. Er hatte sie wohl nicht verstanden. Oder aber er würde ihr ihre Bestellung gleich bringen. Fünf Minuten, sieben Minuten.

Inzwischen war ein junges Paar hereingekommen, kurz darauf ein junges Mädchen und drei Jungen, offenbar nach einem gemeinsamen Spaziergang. Nur wenige Minuten, nachdem sie Platz genommen hatten, tranken sie schon das, was sie bestellt hatten.

Das kleine Mädchen an Anyas Tisch tauchte seinen Löffel in sein Glas Orangensaft, zog ihn wieder heraus, leckte ihn ab, schaute Anya an, lächelte. Und wieder wanderte der Löffel in den Saft. Die Mutter schien keine Freude an dem Spiel zu haben. Jedes Mal, wenn ihr Töchterchen den Löffel aus dem Glas zog, sagte sie: »Hör auf, das stört die Dame!«

Anya konnte den Ober deutlich sehen, nur wenige Schritte entfernt, ihr zugewandt, unterhielt er sich angeregt mit zwei Gästen, die ihm gegenüber auf Barhockern saßen, die Ellenbogen auf den Tresen gestützt, mit dem Rücken zu ihr. Die drei schienen sich gut zu amüsieren, sie lachten häufig. Dann und wann schaute der Kellner flüchtig in Anyas Richtung. Manchmal sah er sie sogar direkt an, hatte ein spöttisches Lächeln auf den Lippen. Durch Lärm und Gelächter hindurch konnte Anya Gesprächsfetzen hören, Wörter wie »Kleinigkeit von …«, »Abhauen! …«, »… bin hier Zuhause.«

Nur kurz noch hatte sie auf ihren bestellten Saft gewartet, war dann aufgestanden und zur Tür gegangen. Auf dem Weg nach draußen hatte sie eine Kinderstimme fragen hören: »Warum hat der Kellner der Dame ihren Saft nicht gebracht?«

»Wir sind bald da, Yaya!«, sagt Anyas junger Begleiter, weil es bis zum Dorf nicht mehr weit ist.

Kabatas Stimme und das Rufen und Schreien der Kinder reißen Anya aus ihren Gedanken. Sie hebt den Blick und schaut über die Straße hinaus: Kinder spielen hinter den Bäumen. Männer sitzen im Schatten. Frauen sind an ihren Kohlebecken beschäftigt. Es ist bald Essenszeit.

Plötzlich spürt Anya, Panik in sich aufsteigen. Sie bleibt stehen, wie angewurzelt, ihr Herz rast, sie bekommt weiche Knie, verliert den Boden unter den Füßen. Ihr kommen Tränen. Sie erkennt ihre eigene Stimme kaum wieder, als sie Kabata fragt: »Meinst du, Vùlukà ist um die Zeit zuhause?«

Der Junge, ratlos, antwortet mit Bedacht. »Gestern nachmittag hab ich ihn gesehen, er war unterwegs zum Landbesitzer. Der ist wohl zur Zeit in Kalunga.«

Für geraume Zeit hört Anya Gelächter, Schreie, Rufe nur gedämpft, wie aus großer Entfernung. Zwischen den Häusern tauchen Menschen auf, kommen näher, um Anya zu begrüßen oder um einfach nur zu schauen, was hier vor sich geht. Jeder möchte Anya gern die Hand schütteln, sie willkommen heißen. Mütter schicken ihre Kinder in jeden Winkel des Dorfes, um die Nachricht von der unbekannten Besucherin zu verbreiten.

Anya wird zwar begeistert, aber auch voller Neugier empfangen, denn Besuch ist hier selten. Alle möchten wissen, wer sie ist, was sie hierher führt, wo, bei welcher Familie sie wohl ihren Koffer abstellen wird.

Anders als Anya befürchtet hatte, empfindet sie die Hitze hier nicht als unerträglich. Doch über Kalunga liegt ein leichter Schleier aus Dunst und Staub, unter dem die Gegend ein wenig trostlos wirkt. So ist das während der Trockenzeit.

Sobald sich die Aufregung gelegt hat und alle wieder ihrer Arbeit nachgehen, setzt Anya sich unter die große Akazie mitten im Hof, umringt von Kindern, die schweigend im Kreis hocken oder sitzen: Sie betrachten sie. Es ist später Nachmittag.

In dieser ungewöhnlichen Stille hört Anya in einiger Entfernung ein Baby weinen, das jemand wohl in den Schlaf wiegt, sie hört Ziegen meckern, die nach Drinnen geholt werden, und sie hört ausgedehntes Jaulen, eine streunende Katze. Vielleicht.

In diesem Moment löst sich all ihre Anspannung. Anya hält nicht länger an sich.

Sie weint.

Der geraubte königliche Säbel

Antoine Tshitungu-Kongolo

Königlich ist der Platz jenes historischen Augenblicks, der sich ins kollektive Gedächtnis eingebrannt hat. Kolossal das Schweigen, das den »Dieb«, der den Untiefen des Vergessens anheim gefallen war, lange Zeit umgab. Warum eine solche Tat, die da Zweifel säte, wo man angetreten war, die magische Saat des unabhängigen Kongo aufgehen zu lassen?

Belgisch-Kongo, Sie erinnern sich? Sogenannte Modell-Kolonie, eifrig bemüht, den nagelneuen Rock ihrer lang ersehnten Unabhängigkeit zu besudeln.

Bwana Kitoko ist der Mann, der 1955 jene als »Triumphzug« bezeichnete Reise in den Kongo antrat, um den König seines Säbels zu berauben, was gewissermaßen hieß, ihn, zumindest symbolisch, zu entmannen. Baudouin zu entblößen, ihm die königliche Aura zu nehmen und ihn nackt und machtlos an die freudestrahlenden Kongolesen zu übergeben.

Der Kopf, der dieses Projekt ersonnen hatte, war von *Dipenda tertiana*, vom Hochfieber der Unabhängigkeit befallen, einer Krankheit, die zur Umkehrung der Verhältnisse führte, zu Kühnheit, Unverschämtheit, zum Gesetzesverstoß.

Mit dieser Tat konnte ein Kind des Landes sich lustig machen über den König eines Volkes, der auf seine weiße Haut und seine feinen Manieren zu stolz war, um inmitten eines populären Viertels von Kinshasa *Chikwangue*[17] mit seinen schwarzen Mitbürgern zu teilen.

Denn der Säbel macht die Macht aus. Jene Macht, die man einst dem schwarzen Monarchen entzogen hatte.

Geraubt aber hat der Säbel nichts Königliches mehr. Er gehört fortan in kongolesische Hände, in die Hände derer, die sich ihn unerschrocken griffen. Direkt vor den Augen der stocksteifen Soldaten der *Force Publique*, vor der Nase der belgischen Kolonialbeamten und der allge-

---

[17] Manjokbrot.

genwärtigen Missionare, die den Frevel nicht hatten verhindern können.

Verblüfft zwar, doch hocherfreut, haben die Kongolesen dem »Helden« nicht applaudiert, aus Furcht vor der berüchtigten *Force Publique*, deren Kommandant sich durch einen knappen, unmissverständlichen Satz hervortat, welcher der Nachwelt erhalten bleibt: Vorher = Nachher. Die Unabhängigkeit ist nichts als eine Illusion. Unter dem Himmel von Leopoldville verkörpert ein geraubter Säbel, an jenem 30. Juni 1960, den Moment einer Illusion von wiedergewonnener Freiheit und Unabhangigkeit mit tropischem Geschmack.

Colton oder Coltan

Muepu Muamba

Colton oder Coltan! Wie auch immer! Die Verwirrung regt die Fantasie an!

Da es in jedem Fall um Diebstahl und Betrug geht, um vorsätzlich begangenen. Doch das Diebgesgut, um das Harris-Moore Colton, auch »barefoot Dieb« genannt, seine Opfer erleichtert, ist mir eher sympathisch! Ich ziehe ihn dem Netzwerk der US-amerikanischen Africom vor, der den Kontinent aufmischt, vom Golf von Aden, über die dezimierte Region von Zentralafrika bis hin zum Tafelberg. Und das Coltan? Für den Kongolesen, der ich bin, weckt dieses Wort schmerzliche Bilder: geköpfte Haushunde, unsere vergewaltigten Kinder und unsere Schwestern, unsere Frauen, unsere Mütter und unsere Großmütter.

Kindersoldaten, Soldateska, Avantgarde einer internationalen Elitadeska. Piratokratie. Und was die Blutdiamanten anbelangt: Warum wünschen sich Schöngeister, dass die Chinesen ehrlicher sind als alle anderen »Freibeuter«, die ihnen vorausgingen? Aber sind die Wege des MENSCHEN nicht unergründlich für die kleinen Kongolesen, die wir sind…

Der Aufstand
Muepu Muamba

Wir wollen niemandes Liebkind mehr sein
    weder von Washington
    noch von Moskau
    auch nicht von Paris
    nicht einmal von Peking
wir wollen nur ganz einfach s e i n
das heißt
    vollwertige
    völlig freie
    voll verantwortliche Menschen sein
das heißt
    volle Wahrhaftigkeit
    in unserem täglichen Bewusstsein
    nicht Verlogenheit wie das Politiker-
    Geschwafel des tagtäglichen Lebens
das bedeutet
    wir wollen dass unsere Frauen etwas zu
    beißen zwischen den Zähnen haben
    wie die eurigen
das bedeutet
    wir wollen dass unsere Kinder
    ein Recht aufs Glück haben
    wie die eurigen
das bedeutet
    wir wollen eigenhändig die Architektur
    unserer Zukunft entwerfen
    und selbst unser Schicksal
    in die Hände nehmen
das bedeutet
    nicht mehr Treibhausrose
    für fremde Ziele sein

      nicht mehr Stückvieh für
      Schlachthäuser der Macht
das heißt
      wir wollen niemandes
      Lieblingsmarionetten mehr sein
      weder von Bonn
      noch von London
      auch nicht von Brüssel
      nicht einmal von Rom
wir wollen nur ganz einfach in Würde leben
das heißt
      voller Unschuld zu lieben
      voller Hoffnung zu lachen
      voll Großmut zu singen
das bedeutet
      wir wollen nicht mehr dass unsere Tage
      aus schrecklichen Alpträumen und
      bedrückender Angst gewoben sind
das bedeutet
      wir wollen dass unsere Nächte erfüllt sind
      von Träumen die vor Freude überschäumen
      und uns bis zur Seele streicheln
das bedeutet
      wir wollen die Erbauer
      unserer Freude sein und ganz und gar
      Sorge um unsere Zukunft tragen
das bedeutet
      wir wollen unser legitimes Recht
      gebrauchen um jene zu bekämpfen
      die den mörderischen Haien helfen
      unser Leben in südlichen Meeren
      zu zerstückeln
das heißt
      wir sind wirklich zu dieser Reife
      des entschiedenen inneren Aufruhrs
      unserer selbst angelangt.

Cotonu, 18. September 1982

Die wunderbare Macht und Ohnmacht der Dichtung

Antoine Tshitungu Kongolo

In Balufu Bakupa-Kanyindas Film *Le Damier* gibt es eine herrliche Metapher über die Konfrontation eines Dichters mit einem Autokraten. Auf sie werde ich mich beziehen, und sie wird mir als Aufhänger dienen bei dieser kurzen Überlegung zur Dichtung, die sich gern auf Buschpfade begibt. Von vorneherein weise ich jeden Vorwurf der Indoktrinierung zurück, die überdies dem Geist der Dichtung zuwiderliefe. Doch stelle ich fest, dass nie zuvor in der Geschichte die Stimme des Dichters so kraftvoll gewesen sein wird, so deutlich wahrgenommen wird, so klar erkannt worden sein wird wie in den großen Tragödien, die die Menschen in Nacht und Nebel gehüllt haben. Warum?

Weil bei Nacht und Nebel die Bezüge verschwimmen bzw. nicht vorhanden sind; wenn Menschen mit dem Finger die unheilvolle Macht einer Nacht berühren, die kein Ende zu nehmen scheint, wenn die Last der Unterdrückung zunimmt, wenn schaurige Ketten klirren, wenn ihre Träume zerplatzen, einer nach dem anderen, wie eine Schnur Perlen, die brutal aufreißt, wenn die Menschen sehen, wie Lichter verlöschen und sich um sie rings herum Mauern erheben.

Das Gegengift zur Nacht, zur betäubenden Stille liegt auf der Zunge des Dichters. Doch gegen den Tod vermag er nichts auszurichten. Der Dichter ist ein Mensch und kein Gott.

Seine Stimme erhebt sich gegen den Besatzer, der die Zeichen seines Triumphs sogar in den Leib der erschrockenen Jungfrauen eingraviert. Der schmähliche Verrat des Besatzers besteht auch darin, sich als Retter aufzuspielen. Da er stets der Thronräuber ist, möchte der Schänder eine neue Ära einleiten. Der Thronräuber hat sich stets als Hüter der Wahrheit ausgegeben. Mit Pickelhaube und Hakenkreuz ließ er die Welt in ihren Fundamenten erzittern und beanspruchte ein Tausendjähriges Reich für sich.

Die Sprache ist eine Macht. Keine Macht ohne Sprache. Auf diesem Terrain haben der Dichter und der Autokrat stets die Klingen gekreuzt und einen unbarmherzigen Kampf ausgefochten. Das Hauptziel ihrer Auseinandersetzung ist die Inbesitznahme der Sprache. Jede Diktatur ist darauf erpicht, die Sprache und Worte in ihrem Sinne zu benutzen. Die Unterwerfung der Völker beginnt bei deren Zustimmung zu den Diskursen der Verführung. Die Kontrolle der Medien, die Produktion eines Diskurses, der auf der Klaviatur der Propaganda spielt, sind wohlbekannte Techniken, die diejenigen Regime hervorragend beherrschen, die ihrem Wesen nach implizit oder explizit autokratisch sind.

Die Klaviatur des Dichters hat eine dissonante Note in die homogene, ritualisierte Propaganda eingeschleust. Deshalb zeigt man mit dem Finger auf sie als Störenfriede der Ordnung und der am Tropf verabreichten Rhetorik, mit der die Masse eingelullt wird. Sein Wort zirkuliert nicht im Dunstkreis der Macht; er schlägt den von oben erlassenen Normen ein Schnippchen, er tendiert dazu, alle Arten von Normen (Grammatik, Rhetorik, was auch immer) zu verspotten.

Der Dichter stört die Codes, indem er eine Art Gegencode aufstellt. Er führt die Worte von ihrem schrägen Gebrauch weg, verleiht ihnen wieder eine Aura, die aufgrund ihrer unglücklichen, ja trägen Verwendung verblichen war. Verspottung bleierner Diskurse. Die persönliche Wahrheit eines Menschen, die der intimen Erfahrung und Verletzung, die der Emotion.

Der Dichter vor dem Diktator. Eine sattsam kommentierte Gegenüberstellung, deren Symbolik nach wie vor gültig ist und die die Kommentatoren längst nicht ausgeschöpft haben. Eine Gegenüberstellung, die häufig zugunsten des Letzteren ausgegangen ist, zumindest dem Anschein nach.

Der Autokrat will den Menschen unterwerfen, den ganzen Menschen. Seine Sprache, seine Imagination, seine Wünsche, ja sogar seine Träume. Es ist die Aufgabe des wahren Dichters, die Ketten abzuschütteln, die Unterdrückung zu entlarven, auf alles zu spucken, was den Menschen herabwürdigt, seinen Mut anzufeuern, ihn zu Heldentaten anzuspornen, wobei die Vordringlichste die Verteidigung seiner Würde und seiner Freiheit ist.

Das Wort des Dichters kollidiert mit dem Chor der Lobhudler, mit dem Choral der Spitzel und Anhänger, die dem Autokraten zu Diensten sind. Wie ein Nadelregen fällt es auf das Standbild des Monarchen, dessen göttliche Aura mit einem Schlag trüb und unansehnlich wird.

Manchmal taucht es blitzartig auf, zieht den versierten Rednern den Boden unter den Füßen weg, die stets bereits sind, das Rennen gegen die schmerzlichen Realitäten aufnehmen. Bei Nacht und Nebel erschließt das Wort des Dichters Wege; ein Einschuss entsteht aus leuchtenden Fäden; die Hoffnung, die in verlassenen Winkeln verkümmerte, kommt über das Licht wieder zu Kraft, um der Finsternis die Stirn zu bieten.

Dichtung im Kongo – im Land des »Totem-Flusses«

Entstellende Klischees und falsche Behauptungen über die Völker Afrikas aus dem 19. Jahrhundert, dem Zeitalter der Entdeckungen und Eroberungen, sind zählebig. Hatten bestimmte Reisende nicht die Vorstellung verbreitet, Schwarze verbrächten ihre Tage mit Palaver und Märchenerzählen? Solche karikierenden Behauptungen ließen völlig außer Acht, dass es in Schwarzafrika sogar das Verbot gab, tagsüber Märchen zu erzählen, welches überall eingehalten wurde. Und der »Entdecker« H. M. Stanley war seinerseits davon überzeugt, dass die Bewohner des Reichs der Finsternis keine Dichter hatten, die selbst die Stimme hätten erheben können, um die Schrecken der Versklavung zu brandmarken. Ein zweifacher Irrtum: An den Ufern des großen Flusses gab es genügend Dichter! Der orale Korpus war reich an Epen, Lobreden und Satiren und einem ganzen Arsenal lebendiger Texte. Außerdem denunzierten die kongolesischen Könige in ihrem Reich die Schmach der Sklaverei von Anfang an, will sagen seit dem 17. Jahrhundert, und zwar in der Sprache von Camões, die sie über ihre Kontakte zu den Portugiesen erlernt hatten.

Ahnte der Forscher, dass diese Primitiven, über die er so verächtlich redete, unübertrefflich im Erfinden von Spitznamen waren. Sie nannten ihn: »Bula Matari« (Der, der die Sterne bricht), was für sich spricht. Stanleys Interpretation und die Tatsache, dass er den Namen tatsächlich übernahm, bezeugen das ganze Ausmaß des Missverständnisses und der Täuschung, die daraus resultierten. Diese bedauerlichen Scheuklappen, geerbt aus dem Zeitalter der Eroberungen, erwiesen einem kulturellen Dialog, der diesen Namen verdiente, einen schlechten Dienst.

Die orale Literatur fasziniert durch ihren blühenden Reichtum: Lobreden, Beerdigungsgesänge, Initiations- und Hochzeitslieder, Satiren, Epen, Genealogien, Gebete und Anrufungen, Sprichwörter, Ratespiele, Scharaden, Rätsel, Wiegenlieder, Kriegslieder...

Dieses mündliche Erbe entzieht sich hartnäckig allen Versuchen, es in aristotelische Formen zu pressen oder zu sperren. All diese Gattungen bezeugen den Kult des Wortes, die Bedeutung des Rhythmus und den Vorrang der Symbole und Bilder in einer beeindruckenden zeitlichen Kontinuität, die das Schubladendenken zu Fall bringt. Das Wort an sich ist das Herz der Poesie und ihr Lieblingsgegenstand. Die Dichter betonen unermüdlich seine Vieldeutigkeit und seine durch nichts auzuhaltende Kraft. Die Herrlichkeit und Feinheit der Riten in seinem Umfeld bekräftigen seine Bedeutung im Kreis der Gesellschaft.

Die Sprache ist der Sitz dieser Macht; daher feierten frühere Dichter das Organ der Sprache als Metonymie des Worts. So liefern sich in dem Märchen *La Langue* (Die Zunge) der gehörnte Ehemann und sein Rivale ein einzigartiges Wortgefecht mit Sprichwörtern.

Im Zyklus von *Moni Mambu* (Das fürchterliche Kind) legt der gleichnamige Held eine solche Meisterschaft an den Tag, die die krummsten Schläge rechtfertigt und seinen Ruf als »enfant terrible«, das mit der Moral und den Konventionen bricht.

Wie bereits oben erwähnt, existieren zugunsten der Rhetoriker in der oralen Literatur keine Trennung der Genres. Man findet oft Sprichwörter in Märchen und Erzählungen und anderen oralen Texten. Das liegt vor allem darin, dass das Sprichwort sich häufig einer poetischen Sprache bedient, sei es bei der Satzkonstruktion, den symbolischen Bezügen oder seinen häufigen Querverweisen auf Bilder.

Das *Palaver* – entstellt durch irrige und klischeehafte Vorstellungen – ist ein Duell, dessen Protagonisten mit Sprichwörtern wetteifern, die einige Weisen zum klingenden und bildreichen Leitfaden seines Vortrags macht. Sich in Sprichwörtern auszudrücken, ist der Gipfel der Weisheit. »Möge dein Wort das Palaver stützen, möge die Medizin die Krankheit heilen.«

Andere Sprichwörter wiederum bringen ihr Streben nach einer Universalität zum Ausdruck, die tief im menschlichen Geist verwurzelt ist: »Ein Vogel atmet in den Händen eines Menschen ganz anders, als wenn er auf dem Zweig eines Baumes sitzt.«

Das Sprichwort spielt mit dem Klang der Worte und den Ähnlichkeiten im Satzbau: »kiaku kiaku, kingana kingana« (Was dir gehört ist dir, was dem anderen gehört, gehört ihm).

Es ließe sich schon mit der Poesie der Sprichwörter ein ganzes Buch füllen.

Außerdem bedienen sich die Dichter in ihren modernen Schöpfungen auch der Sprichwörter, die sie sowohl auf Französisch als auch in den lokalen Sprachen geschrieben haben, so, als wollten sie dadurch ihren Aussagen noch mehr Schärfe verleihen. Die auf *Lingala* singenden Sänger profitieren davon und bekräftigen so den lebendigen Charakter uralter Vermächtnisse, deren Fortführung, entgegen bestimmter vorgefertigter Meinungen, keineswegs das Monopol von Intellektuellen und Akademikern ist.

Der Mythos, das Epos, die Legende, die Symbole gehen in die heutige kongolesische Literatur auf verschiedene Weisen ein. Gleichzeitig ist sie offen für alle möglichen Einflüsse in einer Welt, in der Abspaltung, Abschottung immer heikler wird. Im Bereich der kongolesischen Lyrik sind verschiedene Einflüsse wirksam, die man aufmerksam verfolgen sollte. Man kann neben oralen Schichten die Einflüsse der großen Meister der zeitgenössischen Lyrik ausmachen.

Es ist gleichsam die Regel, wenn man sich in ein literarisches Gebiet vertieft, eine Periodisierung vorzuschlagen. Aber selbst wenn ein Kritiker wenig von der französischen Literatur weiß, wird er doch in Verlegenheit geraten, wenn er sich der kongolesischen Lyrik zuwendet, die sich in die französische Sprache ergießt, ohne jedoch ausschließlich und ganz den Normen und der Geschichte Frankreichs anzugehören. Eine weitere Eigenheit eurozentristischer Periodisierungen: Der Hang, das mündliche Erbe zu verschweigen oder Tabula rasa zu machen bei den gemeinhin vorgeschlagenen Periodisierungen.

»Eure Nationen sind jung«, hat man uns eingebläut. Daraus folgt, dass Kritiker oft dazu neigen, das mündliche Erbe auf die leichte Schulter zu nehmen oder überhaupt nicht zu berücksichtigen, wohingegen die Epen klar auf die Gründung von Königreichen und ihre Genealogien verweisen. Man tut so, als wisse man nicht, dass es in Europa vor Gutenberg, ja sogar vor der Erfindung des Alphabets, Lyrik gab. Dass Meisterwerke aus der Bibliothek des Westens zuerst von Barden rezitiert und dann schriftlich fixiert wurden. Dass sich darüber hinaus in Europa oder andernorts die mündliche Dichtung schlecht mit der Vorstellung von der individuellen Autorenschaft verträgt, so wie wir es meist verstehen.

Der kongolesische Dichter, aus einem uralten kulturellen Schmelztiegel hervorgegangen, ist Erbe einer überaus reichen und außerordentlich komplexen Geschichte, deren Archäologie uns Stück für Stück unbekannte Kapitel erschließt. Fakten, die der kongolesische Kritiker bei seiner Suche nach den kulturellen Fundamenten seines Volkes nicht verkennen darf. Und die überhaupt jeder Kritiker und jeder ehrliche Mensch berücksichtigen muss

Diesbezüglich fordert die Entdeckung des *Knochens von Ishango* zu einer Revision der Sicht auf die Kulturen Zentralafrikas auf, wobei sie zugleich einlädt, eine fruchtbare Interdisziplinarität zu berücksichtigen.

Im Kongo-Becken wie andernorts träumen, singen, komponieren Menschen seit urerdenklichen Zeiten, kurzum sie entwickeln Diskurse, die von hoher poetischer Qualität zeugen und zeitlos sind. Der »anonyme« Dichter der Vergangenheit ist bestens an seiner unverwechselbaren Stimme und seiner unersetzlichen Weisheit zu erkennen, auf die man gern zurückgreift und die somit dieses uralte, stets aktuelle Erbe bekräftigt.

Da es aber auch um schriftliche Literatur geht, ist der Manuskriptkorpus Afrikas– und im vorliegenden Fall der des Kongo – der Älteste, was man sich allzu oft gar nicht eingestehen will. Der Bezug auf 1482 in Georges Ngals *Lire le Discours sur le Colonialisme d'Aimé Césaire* (1994) stellt eine Einladung dar, die ersten, in europäischen Sprachen verfassten Schriften des Kongos stärker zu erkunden und die Verankerung der Schriftsprache im Kongo nicht länger als Begleiterscheinung der belgischen Kolonisation zu betrachten.

Mit dieser Elle sollte man die weit zurückreichenden Verbindungslinien der kongolesischen Literatur – ihre Kontinuität und Diskontinuität – messen, außerhalb der bisher verwendeten Chronologie und Kategorisierungen mit ihren Tendenzen zur Vereinfachung und Nivellierung.

Von Kimpa Vita, Beatrice vom Kongo, bis hin zu Simon Kimbangu sind die Verbindungslinien wesentlich, um zu verstehen, was sich entwickelt, nicht nur im Bereich des Religiösen, sondern viel allgemeiner, im Bereich des Imaginären auf mythologischer und symbolischer Ebene.

Einige Briefe von kongolesischen Königen handeln, über ihren großen historischen Wert hinaus, vom Sklavenhandel und seinen Folgen. Wichtige Themen, die in den Schriften von Paula Panda Farmana oder Zamenga Batukezanga wiederzufinden sind, die das Süße und das Bittere in ihrer Tonart ausmachen. Fordert der Dichter Matala Mukadi Tshiaktumba nicht eine derartige Verbindungslinie, indem er sich auf das kulturelle Erbe des Bas-Congo bezieht und auch auf das der Luba sowie das Lateinische und Romanische? Sein poetisches Vorgehen ist übrigens auch inspiriert vom entschiedenen Panafrikanismus, auch er ist hervorgegangen aus einer langen Geschichte, die sich auf drei Kontinenten zugetragen hat.

Der Austausch zwischen dem portugiesischen Königreich und Afrika hat schriftliche Spuren hinterlassen, die unter anderem den Beitrag der Söhne Afrikas an der Erstellung von Grammatiken und Wörterbüchern bezeugen.

Die Erneuerung sowohl der Sicht auf den Kongo von außen, als auch die Rezeption von Kunstwerken und Literatur, die aus diesem Raum hervorgegangen sind, macht es erforderlich, sich von einer ganzen Reihe von Klischees zu verabschieden. Hält man den Kongo etwa nicht immer noch für ein Land mit tausend Sprachen und »Stämmen« – zahllos wie Sandkörner? Für ein Land mit genau so vielen antagonistischen Widersprüchen, unerbittlich mit »inneren Kriegen« beschäftigt? Für die Frucht einer als »atavistisch« angesehenen Macht, die in der »Barbarei« verwurzelt ist.

Um zu hören, was der kongolesische Dichter sagt, muss man auf die Komplexität des Kongo hören, auf seine menschlichen Schätze und seinen ureigenen Geist. Sagt der kongolesische Dichter uns etwa nicht, »dass das Menschliche meine Muse ist«, Unterpfand eines Dialogs, eines Zuhörens und einer gegenseitigen Bereicherung.

Der Literaturwissenschaftler Pius Ngandu Nkashama hat diese erhellenden Worte verfasst: »Das Schreiben erschien mir zwischen meinen gebrochenen und schlecht vernarbten Fingern wie eine Mystik, die keine Macht der Welt mir je verbieten kann. Wenn ich die Tyrannen besiegen müsste, könnte ich es nur, indem ich schreibe.«

Diese gebrochenen und schlecht vernarbten Finger bezeugen die

Leidenschaft im christlichen Sinn des kongolesischen Dichters, ausgesetzt den Monstren der Enteignung und der Gewalt, wie sie totalitären Regimes eigen sind in ihrer Teleologie der Vernichtung des Menschen in seinem Streben nach Freiheit.

Diesem Willen muss man zweifellos den besonderen »Geschmack des Wortes« zuschreiben, der Vumbi Yoka Mudimbe zufolge charakteristisch für das Vorgehen des kongolesischen Dichters ist. Der verstünde sich als Pyromane, als einer, der verbotene Wahrheiten ausspricht, über heilende Worte verfügt…nie aber ein simpler Macher ist!

Der Usurpator hat sich stets als Besitzer der Wahrheit präsentiert. Der wahre Dichter widersteht dieser Sorte Mensch. Ihm obliegt es, einem erschöpften Volk neue Lebensenergie zuzuführen, den Sauerstoff himmlischer Wiesen für erstickte Lungen und abgestorbene Bronchien, wie frisches und grünes Gras unter welken, trockenen Grasbündeln, die der brennenden Sonne und der Gnade der Winde ausgesetzt waren.

Man musste nach Auschwitz weiter Gedichte schreiben. Das verlogene Wort von seinem Fleisch befreien. Nackt bis auf die Knochen. Einen Namen auf die Stirn des Unsagbaren setzen. Gewiss: Die Worte zerbrechen in den Mäulern der Wölfe, ehe sie an den dämonischen Orten der Krematorien zu Asche werden. Weil die Worte in den weit aufgerissenen Augäpfeln wenig Gewicht haben. Die Worte des Dichters jedoch sind wie Kieselsteine des kleinen Poucets[18] Es sind Spuren des Lebens.

---

[18] Petit Poucet; Anspielung an ein französisches Märchen (Der kleine Däumling).

»Diese Literatur ist unverkäuflich!«
Die kongolesische Literatur auf dem französischsprachigen Buchmarkt

Charles Djungu-Simba

Ich leite meinen Beitrag mit der Feststellung ein, die Romuald Fonkua 2006 in der Einführung in seine Gesamtbibliographie Schwarzafrikas südlich der Sahara gemacht hat.

> In Afrika verhält sich das Problem des Buchs umgekehrt proportional zu allen anderen ökonomischen Problemen des Kontinents. Während in der afrikanischen Wirtschaft meist ständig von Knappheit die Rede ist, spricht man bei Büchern paradoxerweise von Überschüssen. Wobei man dieses Phänomen nicht mit dem des Verlagswesens verwechseln sollte. Papier wird hier in Formen konsumiert, die nur wenig mit der Buchproduktion zu tun haben, was im Falle der verlegerischen Produktion in der Demokratischen Republik Kongo (früher Zaire) auf besondere Weise offenbar wird. Hier ähnelt der Buchmarkt noch zum Verwechseln dem, was in den 70er Jahren im nigerianischen Onitsha gängig war. Jeder, der sich mit diesem Phänomen befasst hat, hat schnell dessen Außerordentlichkeit festgestellt, hat auf Gutenbergs Erfolg und Segen für Afrika hingewiesen und betont, der schwarze Kontinent verfüge über eine echte Schreib- und Buchtradition. Auch wenn derlei soziologische Analysen durchaus ihre Berechtigung haben, empfiehlt es sich, darauf hinzuweisen, dass es hier weniger darum geht, Bücher einem Regelwerk, einer Rangliste entsprechend zu verlegen als darum, Gebrauchsgegenstände herzustellen.[19]

Diese Betrachtungen sollten uns dazu anregen, einige gängige Feststellungen über die Demokratische Republik Kongo ein wenig zu nuancieren: zweitgrößtes französisch-sprachiges Land nach Frankreich, auf Platz eins in Sachen Verlagswesen im frankophonen Afrika. Das gilt auch für die Berechnung des schmerzlich vermissten Albert Gérard

---

[19] R. Fonkoua, Introduction, in: Dominique Wolton (Hrsg.), *Mondes francophones. Auteurs et livres de langue française depuis 1990*. Paris, Adpf, 2006, S. 53-60.

aus dem Jahr 1989, der die Buchproduktion im einstigen Zaire mit der im frankophonen Westafrika insgesamt gleichsetzte. Dabei hat uns das Verlagsprojekt *Papier blanc, encre noir* (Weißes Papier, schwarze Tinte) von 1992, initiiert durch das *Fin de Siècle*-Projekt der französischsprachigen Gemeinschaft Belgiens, in Erinnerung gerufen, dass die frankophone Kultur, und in deren Rahmen die literarische Praxis, in der Demokratischen Republik bereits seit einem Jahrhundert Realität war.[20] Dennoch, und trotz der stetig steigenden Produktion guter literarischer Werke, von denen so manches hohe Auszeichnungen erhielt – Grand Prix Catholique de littérature 1973 für *Entre les eaux* (Vumbi Yoka Mudimbe), Grand Prix Radio France International (RFI) 1975 für *Le Fossoyeur* (André Lye Mudaba Yoka)[21], Grand Prix littéraire d'Afrique noire 1986, 1991, 2009 jeweils für *Cannibale* (Bolya), *La nuit des griots* (Kama Kamanda) und *Mathématiques congolaises* (In Koli Jean Bofane)[22] – haftet der Demokratischen Republik Kongo nach wie vor der Ruf an, zum einen kein Land von Schriftstellern zu sein und zum anderen Literatur zu produzieren, die nicht gelesen wird. Woher rührt ein solches Vorurteil? Ähnlich wie die Verfasser von Monografien zur kongolesischen Literaturgeschichte könnte man zur Begründung die politische und soziokulturelle Geschichte des Landes bzw. seine geografische Beschaffenheit ins Feld führen. Doch dieser Aufsatz möchte Erklärungen auf dem Literaturmarkt suchen, der sich, daran sei erinnert, als ein »sozialer Raum definiert, in dem Literatur zu Austausch führt: zum Verkauf von Texten, Büchern oder Aufführungen, aber auch zu Machtverhältnissen und Ideen, die miteinander in Beziehung oder einander entgegenstehen, sich also als ein Sektor des *Marktes symbolischer Güter* manifestiert, den es in jeder Gesellschaft gibt.«[23] Es sei gleich vorausgeschickt, dass unser Interesse, wenn wir von »kongolesischer Literatur« sprechen, nicht nur der Literatur im engen Sinne gilt, sondern auch der kongolesischen Metaliteratur und den mit ihr verbundenen institutio-

---

[20] M. Quaghebeur et al. (Hrsg.), *Papier blanc, encre noire. Cent ans de culture francophone en Afrique centrale*. Bruxelles, Editions Labor, 1992, 2 Bände, 690 Seiten. Reihe: Archives du Futur, Cellule Fin-de-Siècle.

[21] Er wird regelmäßig ausgezeichnet: Prix Neruda-Mistral Chile 1985 für *La Méprise*, Prix International de Poésie Nossido 2009, u. a.

[22] Dieser Roman erhielt auch den Preis der SCAM und den Jean Muno Preis.

[23] P. Aron et al. (Hrsg.), *Le Dictionnaire* du littéraire. Paris, PUF, 2002, S. 455.

nellen Strukturen (Bildung, Verlagshäuser, Akademien, soziale Netzwerke, Schriftsteller- und Kritikerverbände, Bibliotheken, Buchläden etc.), d. h. dem gesamten Literaturbetrieb.

Wer schon einmal in Kinshasa war,[24] der kennt den Satz, der allenthalben an Häuserwänden oder Umfriedungsmauern steht: »Dieses Haus ist unverkäuflich!« Meist in weißem Kalk und in den drei am häufigsten gesprochenen Landessprachen Französisch, Lingala und Kikongo zu lesen, macht er deutlich, dass das betreffende Haus Gegenstand eines Eigentums- oder Erbschaftsstreits ist. Potentiellen Käufern bedeutet dieser Satz: »Finger weg!« Dies erscheint uns der Art von Diskurs zu entsprechen, den die Mehrzahl kongolesischer Literaten, bewusst oder unbewusst, über all ihre Erzeugnisse führt, vom Inhalt über die Verpackung bis hin zu den Bedingungen für Transaktionen im sozialen Raum, in dem Austausch stattfindet.

Würde ein Theaterstück wie *Pitié pour ces mineurs* (Kinshasa, Bobiso, 1978) heute veröffentlicht, so bliebe es unbeachtet, und sein Autor fände schwerlich Aufnahme in das von kongolesischen Literatur-Institutionen offiziell anerkannte Repertoire. Meine Feststellung zum Werk von Latere Ama-Bulie gilt auch für *Cité 15* von Charles Djungu-Simba oder für *Le Gouvernement X ou le Mondial des savants* von Tungu-Mbaku Ansenzi (Kinshasa, La Grue couronné). Dass mit der Zeit traditionelle Orte künstlerischen Ausdrucks – Begegnungsorte zwischen Publikum und Leserschaft – weggefallen und Verbandsstrukturen verschwunden sind, die Schriftsteller einst förderten und ihnen zugleich als Resonanzkörper für ihre Werke dienten, hat nicht nur der Lesbarkeit, sondern der Sichtbarkeit unserer Literatur überhaupt einen schweren Schlag versetzt.

Viele der heute im In- und Ausland veröffentlichten Texte kongolesischer Autoren sind zur Anonymität verdammt, unabhängig von ihrer Qualität und den Strategien, derer sich Verleger und Autor (oft ein und dieselbe Person) bedienen, um die Texte zu verkaufen: So setzt man entweder auf jede Form von Skandal[25] wie Norbert Mbu Mputu in *Les Grenouilles incirconcis*, oder man kündigt, wie Marie-Louise Malubungi

---

[24] Seit einiger Zeit ist dieses Phänomen auch in anderen Städten des Landes zu beobachten.

[25] Siehe Claire Julliard, *Les Scandales littéraires*. Paris, J'ai Lu, 2009, Reihe: Librio.

Mueni im Internet mit viel Tamtam das Erscheinen eines Romans an, den es gar nicht gibt – der Coup der Rezension eines imaginären Buches wird sicher nicht der einzige gewesen sein – oder man nutzt bzw. missbraucht Werbung wie Basunga Banzaba, der Vorworte zu seinen Büchern von Politikern schreiben lässt und mit ganzseitigen Anzeigen in seinen Werken gern für die Produkte seiner Sponsoren wirbt. Indes: »Diese Literatur ist unverkäuflich!« Und wozu ist sie dann gut, wenn sie nicht verkäuflich ist? Dem Verständnis der kongolesischen Machthaber nach zu nichts! Vumbi Yoka Mudimbe zog vor dreißig Jahren bereits dieselbe bittere Bilanz:

> Früher war klar, dass ein Werk der Fantasie zu nichts nütze sein konnte, so wie man auch heute, in der Republik der Authentizität, glauben könnte, es sei dazu da, keinerlei triftige Botschaft zu vermitteln. Man vertritt also, einst wie heute, die gleiche Position, führt den gleichen Kampf: aus der Sicht der Machthaber sind gelesene oder gehörte Texte allein dazu da, die Illusion dieser Hirngespinste zu bestätigen: als nutzlose Ergebnisse von Auseinandersetzungen, der Fantasie von Menschen entsprungen, die unfähig sind, Konkretes aus ihrem Leben zu machen und sich in unvernünftige Wortübungen flüchten, zeugen derlei Exerzitien von Handlungsunfähigkeit (...).[26]

Heute sind wir kaum besser dran. In einer Gesellschaft, in der allein der Zweck, sprich materieller Erfolg zählt und in der offiziell alles, was mit Kultur, Kunst und sogar Bildung zu tun hat[27], gering geschätzt wird, hat die breite Öffentlichkeit sogar die vorherrschende Meinung verinnerlicht, derzufolge die Geisteswissenschaften im Allgemeinen und die (kongolesische) Literaturwissenschaft im Besonderen, zu recht wenig nütze sind. »Nfwalansé ki Nfualanga to«, lautet der im Kasaï beliebte Aphorismus, der das Desinteresse an Geistesdingen gut wiedergibt, weil

---

[26] Vumbi Yoka Mudimbe, La Culture, in: J. Vanderlinden (Hrsg.), *Du Congo au Zaïre, 1960-1980. Essai de bilan.* Brüssel, CRISP, 1980, S. 309-348.

[27] Wir nehmen hier Bezug auf den verschwindend geringen Anteil an Mitteln, die der Staatsaushalt für diese Sektoren vorsieht (knapp 10% nämlich: www.ministeredubudget.cd) und auf die unglaubliche hohe Zahl an Analphabeten, die mit der Leitung hoher staatlicher Institutionen betraut werden, obwohl ihre einzige Befähigung darin besteht, dieser oder jener politischen Clique anzugehören.

er feststellt: Das Französische ist keine bare Münze.[28] Damit ließe sich zweifellos erklären, warum die Hörsäle der geisteswissenschaftlichen Fakultäten und höheren Bildungseinrichtungen im Kongo heute leerer sind den je zuvor. Hierzu bemerken Goulemot und Oster zutreffend:[29]

> Eine Epoche kann Fiktionen in Form von Romanen oder Theaterstücken hervorbringen, es kann die mündliche oder die schriftliche Erzählung geben, auch in gedruckter Form, doch das heißt nicht, dass damit Literatur bestünde. Oder dass in einem solchen Mangel der Begriff der Qualität zum Tragen käme. Um von Literatur sprechen zu können, muss die Produktion schriftlicher Werke auf kultureller Ebene als vorrangig angesehen, entsprechend gewertet, akzeptiert, durch öffentliche Stellungnahmen gewürdigt und durch einschlägige Institutionen legitimiert werden.

Auf der Liste der aus dem Staatshaushalt finanzierten Institutionen findet sich auch ein Kanzleramt (393.915.000 kongolesische Francs (CFA) im Jahr 2009), in dessen Geschäftsbereich eine Abteilung für Auszeichnungen fällt: Man hätte erwartet, dass, wie in anderen Ländern üblich, öffentliche Gebäude oder Straßen nach so namhaften Schriftstellern wie Paul Panda-Farnana, Paul Lomami-Tshibamba, Antoine-Roger Bolamba, Zamenga Batukezange benannt würden, oder dass der Autor der *Mathémathiques congolaises* zu Lebzeiten, der Verfasser von *Cannibale* posthum einen Preis bekommen hätte. Nein, die Literatur steht im Lande aller möglichen »Baustellen« nicht auf der Tagesordnung- Vielleicht täten die kongolesischen Schriftsteller gut daran, sich als politische Oppositionsgruppe zusammenzuschließen, denn der Staatshaushalt sieht jährlich einen Sonderfonds zur Koordination und Intervention für die Institution »Politische Opposition« vor (der 2009 immerhin 236.333.000 CFA[30] enthielt).

Welchen Teil der Verantwortung tragen die kongolesischen Autoren dafür, dass sie das kongolesische Publikum nicht erreichen? Wer bedauert, dass die kongolesische Literatur als Ware keinen Gewinn

---

[28] Nachzulesen bei Kambayi Bwantshia & Mudinga Mukendi, *Le Citancisme. Au cœur de l'évolution de la société Luba-Kasaï. Sens et non sens d'une mentalité*. Kinshasa, im Selbstverlag der Autoren, 1991.

[29] J. M. Goulemot, D. Oster, *Gens de lettres, Ecrivains et Bohèmes. L'imagination littéraire 1630-1900*. Paris, Minerve, 1992, S. 37.

[30] Anfang 2013 entsprechen 1000 CFA ca. 1,50 Euro.

bringt, der läuft Gefahr, Ursache und Wirkung zu verwechseln. Die literarische Produktion im Kongo rechnet sich nicht, kann sich nicht rechnen, solange keine Bedingungen für ihre Ertragsfähigkeit herrschen. Diese Bedingungen sind in *vier* Bereichen zu schaffen:

1. Im Bereich der Politik

In der Demokratischen Republik Kongo hat die Politik bisher keinerlei Maßnahmen vorgesehen, die der Schaffung einer Buchkultur gedient hätten, wenn man von punktuellen Spontan-Initiativen, wie etwa den unter Mobutu veranstalteten Literaturwettbewerben absieht, die eher für die Liturgie der Selbstlegitimierung der Machthaber bezeichnend waren als Ausdruck eines echten Willens zur Förderung literarischer Aktivitäten an sich. Zudem sehen sich die ökonomischen Akteure (Druckereien, Buchhandel, Bibliotheken, Verlage) in ihrer Arbeit ständig durch Steuern und diverse Gebühren behindert, welche man ihnen unter Missachtung internationaler Vereinbarungen (Abkommen von Florenz u. a.) auferlegt, die auch der kongolesische Staat unterzeichnet hat. Heutzutage werden oft die Kolonialmächte und ihr bevorzugtes Bildungssystem dafür verantwortlich gemacht, dass unser Land (auch im literarischen Bereich) ohne Elite dastand, als es unabhängig wurde.[31] Dabei vergisst man kurioserweise, dass dieses geschmähte System sich mit den Interessen der Kolonialmacht in logischer Übereinstimmung befand. Vor allem übersieht man dabei, dass genau diese Kolonialmacht, die sich einheimischer Kräfte bedienen musste, um ihren

---

[31] Siehe Clémentine Madiya Faïk-Nzuji: »Bis in die jüngste Zeit hinein ist der Kongo Kinshasa aus literarischer Sicht kaum aufgefallen. In der Reihe von Gründen für diese Spätentwicklung spielen der Einfluss der belgischen Kolonisierung und das Fehlen einer Elite die bedeutendste Rolle. An der belgischen Mentalität, eher bodenständig und wenig bewandert in literarischen oder künstlerischen Dingen, hat sich das Interesse der Kongolesen über die gesamte Kolonialzeit hinweg orientiert.« Zitiert nach Alain Ricard, Clémentine Madiya Faïk-Nzuji. Une configuration zaïroise: poète, linguiste, anthropologue, in: Pierre Halen und Janos Riesz (Hrsg.), *Littérature du Congo-Zaïre. Actes du colloque international de Bayreuth (22-24 juillet 1993)*. Amsterdam-Atlanta, Editions Rodopi, 1995, S. 225-234, Reihe: Matatu.

Einfluss auf die Kolonie zu stärken, nicht gezögert hat, Strukturen zum Schutz der einheimischen Kultur und Kunst zu schaffen wie COPAMI, die 1935 vom Kolonialministerium gegründete *Gesellschaft zum Schutz der einheimischen Künste und des Handwerks*, oder, wenn auch zaghaft, die politische, kulturelle und literarische Bewusstseinsbildung zu fördern (*La Voix du Congolais*, 1945). Wie schön wäre es gewesen, wenn die postkolonialen Machthaber diese Politik im Interesse des eigenen statt des fremden Landes fortgesetzt hätten.

2. Im Bereich der Verlage

Auf dem Friedhof der kongolesischen Kultur liegen einige Verlage begraben, die zu ihren Lebzeiten nur ein einziges Buch herausgebracht haben. Dieses frühe Verschwinden ist sehr oft der Tatsache geschuldet, dass die Verleger die Erwartungen ignorieren, die man normalerweise an einen Verlag hat: Auswahl der Texte, Herstellung von Büchern und deren Vertrieb. Die Verleger ignorieren auch eine andere wesentliche Rolle des Verlagswesens, nämlich die, ein Teil einer Medienlandschaft zu sein, die Texte und Diskurse kontrolliert und reguliert. Sind es doch die Verlage, die einem Text eine »literarische Identität verleihen, ihn öffentlich machen und neben seiner Verbreitungsform auch dessen Format, den Peritext und den Preis festlegen.« Hier offenbart sich ein eklatanter Mangel an wirtschaftlichem Denken derer, die sich zwar als Verleger versuchen, in Wirklichkeit aber nur Druckereikunden sind.

Der Erfolg der *Bibliothèque de l'Etoile* erklärt sich dadurch, dass die Inhalte der schmalen Broschüren den Erwartungen der lesenden Zielgruppe der *Evolués* entsprachen, die eingeweiht werden wollten in das Wissen und die Techniken der Moderne. (Urspünglich bezog sich das Akronym BDE auf die *Bibliothèque des Evolués*.) Und heute? Verlage, die sich heutzutage überhaupt an die literarische Produktion wagen, interessieren sich nur für Werke, die im Schulunterricht Verwendung finden und lassen die Unterhaltungsliteratur, für die die Masse sich interessieren könnte, ganz außer Acht. Sie kümmern sich kaum um eine Bindung ihrer Leser (etwa durch Reihen) und schaffen keine Lesegewohnheiten. Schnell vergessen war der Erfolg der Büchlein des Verlags *Jeunes Pour Jeunes* in den sechziger und siebziger Jahren, mit denen sich unter anderem Freddy Mulongo und Achille Flor Ngoye einen Namen gemacht hatten; vergessen auch die Publikationen des Verlags der Missionare des Heiligen Paulus, wie etwa die Zeitschrift *Antilope*. Man ist so stark auf die »hohe Literatur« fixiert, dass jeder, der in der Demokratischen Republik Kongo schreibt, das Etikett des Schriftstellers für sich beansprucht; zudem werden Texte, die man gut ins Genre des Essays einordnen könnte, fälschlicherweise als Romane präsentiert. So zum Beispiel *Les Mystères de Kinshasa*[32], eine Darstellung der Ereignisse, die das Leben der Bewohner Kinshasas am 16. Februar 1992 und am 22. März 2007 überschattet haben und die der Autor als Roman bezeichnet. In dieser Form präsentiert, entzieht sich der Text sämtlichen Maßstäben für Genauigkeit, Objektivität und kritische Reflexion, die man an einen Essay angelegt hätte. »Dieses Werk ist rein fiktiv«, so schreibt der Autor. »Jede Ähnlichkeit mit Personen oder Orten, die existieren oder einst existiert haben, wäre rein zufällig.«

3. Im Bereich der Autoren

Im Rahmen unserer Recherchen gemeinsam mit Doktoranden ergab sich, dass nur zwei von rund sechzig befragten kongolesischen Autoren keinen Nebenberuf hatten: Achille Flor Ngoye und Sywor Kama Kamanda. Schenkt man ihrer Aussage Glauben, so heißt das, dass sie ausschließlich von den Einkünften aus ihrer Arbeit als Schriftsteller leben, in erster Linie von Einnahmen aus Urheberrechten. Wir haben es also mit einer Literatur zu tun, die im Großen und Ganzen von Amateuren geschaffen wird. Nun kann aber ein Künstler, der von seiner Kunst nicht leben kann und folglich gezwungen ist, einen oder mehrere andere Berufe auszuüben, schwerlich seine Unabhängigkeit beanspruchen bzw. vertreten. Was unter Umständen dazu führt, dass er für seine Kunst wertmindernde Vorgänge in Kauf nimmt und sich, um der Veröffentlichung willen, auf Praktiken – wie etwa den Selbstverlag, das Verlegen auf Kosten des Autors oder auf Verlagskosten – einlässt, die in der kongolesischen Literaturlandschaft leider sehr gängig sind und

---

[32] Magloire Mpembi Nkosi, *Les Mystères de Kinshasa*, Roman, MM Editions, Brüssel 2010.

zudem einher gehen mit vertraulich behandelten Auflagenzahlen, die tausend Exemplare selten übersteigen.

Zweifellos aus Verdruss schrieb Zamenga Batukezanga[33] eines Tages deshalb wohl den absurden Satz: »Verlegen auf Kosten der Autoren ist die einzige Rettung für Afrika. Klar kann man Bestseller auf Autorenkosten schreiben.« Fest steht, dass der Erfolg eines Buches weder von seinen ästhetischen Qualitäten noch von der Besonderheit seines Inhalts abhängt. Zudem muss man sich von dem Gedanken verabschieden, dass das Heil der Afrikaner in der Marginalität, im Informellen oder in der Kultur der Anomie läge. Das gilt auch für das Verlagswesen im Besonderen und für die Literatur im Allgemeinen.

Solcherlei Erwägungen können auch erklären, warum sich praktisch kein kongolesischer Autor findet, der durchgehend geschrieben hätte. Bei genauerer Betrachtung derer, die sich auf die Poesie konzentriert haben, stellt man fest, dass beispielsweise Bolamba nur acht Jahre lang aktiv war, von 1947, dem Erscheinungsjahr seiner *Premier Essays*, bis 1955, als *Esanzo* erschien. Ebenfalls über acht Jahre hinweg schrieb Clementine Faïk-Nzuji Lyrik, nämlich von 1968, als *Murmures* erschien, bis 1976, als sie ihre Arbeit als Lyrikerin mit *Gestes interrompues* unterbrach. Sywor Kama Kamanda, der seit seinen *Chants de brume* (1986) ununterbrochen Lyrik (und Erzählungen) publiziert, scheint im poetischen Repertoire des Kongo ein absoluter Einzelfall.

Manchmal wechselt ein Autor auch das Genre (Faïk-Nzuji, Kadima-Nzuji, Mateso Loch), oder er gibt die Literatur zugunsten anderer Genres auf. (Der Lyriker Ndaywel wurde Historiker).

Auch die Frage, was die kongolesischen Autoren zum Schreiben motiviert, verdient unsere Aufmerksamkeit. Im Grunde wäre hier wohl die Honorierung in Form von Literaturpreisen zu nennen, wenn man von der bekannten Tatsache ausgeht, dass viele literarische Stimmen aus Literaturwettbewerben hervorgegangen sind und ein großer Teil der kongolesischen Literatur ohne solche Wettbewerbe wahrscheinlich nie entstanden wäre. Schenkt man Jadot, einem der allerersten Historiker der kongolesischen Literatur, Glauben, so setzen unsere Literaten lediglich eine uralte kulturelle Praxis fort:

---

[33] Zamenga Batukezanga, *Pour une démystification. La littérature en Afrique*. Kinshasa, Zabat, o. D., S. 149.

Es ist [...] unbestreitbar, dass die Wettbewerbe, zu denen man sie aufrief, unseren jungen Kollegen unendlich viel Freude machten. Nicht ohne Grund übrigens, denn auch das Wetteifern bringt ja Fortschritte. Diese jungen Autoren hoffen, zu Recht, nicht umsonst gearbeitet zu haben. Ihre Griots, ihre professionellen Tänzer, ihre Musiker und auch ihre Standespersonen konnten in der Subsistenzwirtschaft der Clans von ihrer Kunst leben. Warum sollte die Wirtschaftsform, die wir als Ersatz dafür aufbauen, sie nicht ernähren? Sie haben keinen romantischen Grund, anzunehmen, dass tragfähige Werke nur aus der Not geboren werden. Die Bedeutung der von unseren Mäzenen verliehen Preise war natürlich umso verlockender, weil mit unseren Auszeichnungen für manche die Verheißung einer Veröffentlichung verbunden war.[34]

Man kann diesen Abschnitt nicht abschließen, ohne auf die Frage der Sprache eingegangen zu sein, in der unsere Autoren schreiben. Der in diesem Zusammenhang erhobene Vorwurf bezieht sich nicht ausschließlich auf die Kongolesen, da einige Literaturkritiker die Armut der literarischen Sprache angeprangert haben, das Gekünstelte an ihr und ihren Mangel an Originalität. Der senegalesische Literaturkritiker Pathé Diagne verglich literarische Texte in europäischen Sprachen mit Werken bildender Künstler und mit moderner Popmusik und stellte bereits in den siebziger Jahren fest:

> Das Englische oder das Französische, das der schwarzafrikanische Schriftsteller in der Schule erlernt hat, entwickelt sich in ihm zu einer Sprache, die durchaus Kraft und Wirkung hat. Sie ist klar, prägnant, doch – und hier liegt ein Vorbehalt – sie bleibt viel zu klassisch. Sie vermittelt, aus Mangel an konkreter Erfahrung, nicht mehr die ganze Fruchtbarkeit ihrer ursprünglichen Kultur. Es fällt ihr schwer, die ganze Urwüchsigkeit und den lokalen Reiz einzufangen.[35]

---

[34] J.-M. Jadot, *Les Evricaires africains du Congo belge et du Ruanda-Urundi. Une histoire, un bilan, des problèmes*. Gembloux, Duculot; Bruxelles, ARSC, 1959, S. 106, Reihe: Mémoires de l'ARSC, Sciences morales et politiques, N. S. T. XVII, fasc. 2.

[35] Pathé Diagne, Langues africaines, développement économique et culture nationale, in: Présence Africaine, 1971, S. 391-393, zitiert von Bernard Mouralis, *Littérature et développement. Essai sur le statut, la fonction et la représentation de la littérature négro-africaine d'expression française*. Paris, Editions Silex, 1984, S. 171.

Wie gerechtfertigt eine solche Feststellung ist, zeigt sich ja deutlich daran, dass wir es in der Demokratischen Republik Kongo mit Literatur zu tun haben, die in erster Linie von Intellektuellen geschrieben wird, die wiederum nicht nur Romane schreiben, sondern als akademische Literaturkritiker auch Metaliteratur verfassen: Ngal Mwil-a-Mpaang, Ngandu Nkashama, Tshisungu wa Tshisungu, Tshitungu Nkongolo, Mateso Locha, Kadima Nzuji, Makolo Muswaswa, Mutshipay Kalombo Cibalabala, Kangomba Lulamba, Mwamba Cabakulu, um nur einige zu nennen.

Und wenn wir von Literaturkritikern sprechen, besteht Anlass, ihr Desinteresse an der Beurteilung einheimischer Literatur zu beklagen, obwohl ihr Fachwissen ja gerade hier besonders wertvoll wäre. Wer keine theoretischen Abhandlungen über allgemeine literarische Themen verfasst, stellt seine Untersuchungen in der Tat auf anderen Gebieten der frankophonen Literatur an. Für die, die heimische Felder beackern, gibt es zunehmend weniger Möglichkeiten, sich innerhalb des Landes zu treffen, und auch die Zahl qualitativ hochwertiger Verbreitungsorgane, mittels derer sie ihre Leser an ihrer Arbeit teilhaben lassen bzw. ihre Recherchen bekannt machen könnten, sinkt.

4. Im institutionellen Bereich

Die Ausführungen in diesem Abschnitt, die uns auch als Schlussbemerkung dienen, beziehen sich sämtlich auf den Begriff der *Paratopie*, und wir zitieren hier natürlich die Textpassage, in der Dominique Maingueneau, der Schöpfer des Konzepts, es erläutert:

> Einen Schriftstellerverband kann man nicht mit einem Verband von Hoteliers oder Ingenieuren gleichsetzen. Zwar definiert die Literatur einen »Ort« in der Gesellschaft, doch es lässt sich ihm kein Territorium zuordnen. Ohne eine »Verortung« gibt es demnach keine Institution, die die Produktion oder den Konsum literarischer Werke legitimieren oder verwalten würde und folglich auch keine Literatur; ohne eine »Entortung« aber entsteht keine wirkliche Literatur. Die Anstrengungen, die einige totalitäre Regime unternehmen, um die Mitglieder von Autorenverbänden zu bezahlten Staatsdienern zu machen, erhalten zwar eine literarische Produktion aufrecht, schaffen jedoch keinerlei literarische Werke, es sei denn, der Autor entfern-

te sich von dem, was man von ihm erwartet, problematisiere genau seine Zugehörigkeit zu dieser Gruppe. Die Zugehörigkeit zur literarischen Welt bedeutet also nicht die Abwesenheit jeglichen Ortes, sondern vielmehr die schwierige Balance zwischen Ort und Nichtort, eine parasitäre Verortung, die ja genau von der Unmöglichkeit lebt, sich zu stabilisieren. Diese paradoxe Örtlichkeit nenne ich Paratopie.[36]

Auch wenn Mobutus Epigonen darauf beharren, ihn nicht abzuschreiben, ist es doch so, dass das totalitäre Regime in der Demokratischen Republik Kongo vorbei ist und auch, dass ein Schriftstellerverband nach Art der *Union des Écrivaines Zairois* (UEZA) nur geringe Chancen hätte, aus dessen Asche aufzuerstehen. Das ganze Problem, das sich tagein tagaus auch auf der politischen Bühne offenbart, besteht vielmehr darin, die entstandene Leere zu füllen, eine neue Ordnung zu schaffen, in der heutigen Gesellschaft des Landes einen neuen Ort zu entwerfen und zu definieren, der den vereinzelten und weit verstreuten literarischen Erzeugnissen die Möglichkeit gäbe, Sinn und Daseinszweck (wieder) zu finden. Es wäre unehrlich, zu verschweigen, dass die in der Diaspora entstandene Literatur dafür gesorgt hat, dass kongolesische Literatur weiterhin gelesen wurde (dank der Schriftsteller im Ausland, aber auch aufgrund von Initiativen und Projekten ausländischer Partner-Organisationen oder Freundeskreise), doch dieser Sichtbarkeit kongolesischer Literatur wird immer die Tatsache anhaften, dass sie für außerhalb des Landes entstandene Literatur gilt. Das ungesunde soziopolitische Umfeld, das durch die vielen Beutekriege im Land seit über zwei Jahrzehnten herrscht, hat die Bedingungen, unter denen eine neue literarische Sprache in der Demokratischen Republik Kongo wachsen und gedeihen könnte, zusätzlich verschärft und verkompliziert.

Man kommt kaum umhin, so manche Betrachtung zu geißeln, die sich fantasielose Literaturkritiker in ihren Schriften abringen, ohne auch nur das Geringste zu einem besseren Verständnis der kongolesischen Literaturgeschichte beizutragen. Allen voran diejenigen, die beständig auf der Suche nach authentischen kongolesischen Autoren sind und dabei vergessen, dass die Herkunft eines Autors nichts zu tun hat mit

---

[36] Dominique Maingueneau, *Le Contexte de l'œuvre littéraire. Enonciation, écrivain, société*. Paris, Dunod, 1993, S. 28.

den Angaben in seinem Pass, sondern dass der historische, und nebenbei geografische Ort, von dem aus er sich äußert, ausschlaggebend ist, gleichgültig, ob dieser Ort nun explizit existiert oder nicht, ob er vorgegeben ist oder nicht.[37] Gleichermaßen angesprochen sind hier diejenigen Kritiker, die Werken von im Lande gebliebenen Autoren einen gewissen Mehrwert zuschreiben.[38] Und schließlich diejenigen, die sich anhand veralteter, folglich mangelhafter, Statistiken auf die schlichte Berechnung unserer literarischen Erzeugnisse beschränken, um zu ergründen, ob nun die kongolesischen Autoren in der Diaspora mehr veröffentlichen oder die Autoren, die im Lande leben.[39]

Kongolesische Kultur- und Literaturschaffende im In- und Ausland sind aufgerufen, alle Widrigkeiten, die sie an der Ausübung ihrer Talente hindern, endgültig aus der Welt zu schaffen und Strategien zu entwickeln, mittels derer sich ihre Fantasien bündeln und die unterschiedlichen Orte, an denen kongolesische Literatur entsteht bzw. zum Ausdruck kommt, zusammenführen lassen – so kursiert etwa die Idee, eine gemeinsame Verlagsstruktur zu schaffen oder die, eine Datenbank einzurichten, die unsere jeweiligen Fachkenntnisse verfügbar macht – damit ein wirklich autonomer Raum für literarische Betätigung entsteht. Man wagt es kaum, sich auszumalen, wie der frankophone kongolesische Literaturmarkt aussähe, wenn man sechzig Millionen Kongolesen zu ebenso vielen frankophonen Lesern machen könnte.

---

[37] Dieses Spielchen treibt, wenn auch nicht als einziger, Mutshipayi K. Cibalabala in *Les romanciers congolais et la satire*. Paris, L'Harmattan, 2008.

[38] Unter anderem nachzulesen bei: T. Lukusa Menda (Hrsg.), *La littérature congolaise et sa critique. Etudes de textes*. Kinshasa, CALMEC, 2005.

[39] Mbuyamba Kankolongo: »Die konolesischen Autoren, die im Ausland leben, schreiben Werke von internationaler Qualität.« Warum? »Die Autoren, welche Funktionen innehaben, die ihnen die Grundbedürfnisse des Lebensunterhalts sichern, schreiben mehr als andere«, in *Renaître*, n°8, pp. 23-25, cité par T. Lukusa Menda, L'Année littéraire 2002, in: *Lettre de la Délégation Wallonie-Bruxelles en République démocratique du Congo*, n° spécial, S. 1f.

Der Kongo und seine Kulturen oder Dissonanzen und Heckenschützen

Toma Muteba Luntumbue

Die Frage der kulturellen Identitäten wird normalerweise im Hinblick auf Kontinuität oder Bruch mit »traditionellen« Werten, aber auch unter dem Aspekt einer gleichmachenden Globalisierung betrachtet. Seit einigen Jahrzehnten beschäftigt eine Bewegung zur Neubestimmung von Grenzen und zur Hybridisierung die Fantasien nachhaltig. Die Verteidigung kultureller Eigenheiten drückt sich in den heutigen Gesellschaften als kollektive Forderung aus. Die Bekräftigung gemeinsamer oder individueller Identitäten sorgt, im allgegenwärtigen Kontext regionaler wie nationaler Differenzierung, für Aufsehen und erhitzte Gemüter.

Der Kongo wird zwar seit jeher als ethnisches Mosaik dargestellt, doch diese Sichtweise, die die soziale, kulturelle und geografische Fragmentierung des Landes zum Ziel hat, scheint am wenigsten geeignet, den weiten, komplexen Raum zu definieren, in dem Fantasien, Vorstellungswelten ausgetauscht werden und der das heute als Demokratische Republik Kongo bezeichnete geopolitische Gebilde ausmacht.

Tatsächlich liefern weder der Bezug auf vorkoloniale Traditionen noch das Konzept der Ethnie – das ein kolonialsprachliches Konstrukt ist – brauchbare Antworten auf die Herausforderungen, vor denen die kongolesische Identität heute steht. Äußeres Wirrwar, freiwillige Migration, interne Verschiebungen der Bevölkerung als Folge der militärischen Konflikte der letzten Jahre haben die Bildung des soziokulturellen Kosmos Kongo beschleunigt. Die kongolesische Identität lässt sich mit einem gewaltigen Fluss vergleichen, der über seine Ufer getreten ist.

Weit davon entfernt, ein hermetisches Ganzes zu sein, war das vorkoloniale Zentralafrika eine riesige Wirtschafts-Welt, in der Individuen und Gruppen in produktiver Wechselbeziehung lebten. Und die kongolesischen Gesellschaften konnten die koloniale Belastungsprobe nur überstehen, indem sie ererbte Glaubensvorstellungen und aus der Vergangenheit übernommene Kulturmodelle an die neuen Bedingungen anpassten. Traditionen konnten nur weitergegeben werden, indem jede Generation, die sie übernahm, sie jeweils neu interpretierte. Folglich ist die kongolesische Kultur in ihrer Originalität und Vielfalt das Ergebnis einer neuen Alchimie.

Wenn, nach den Worten des Anthropologen Arjun Appadurai, die Welt-Wirtschaft zunehmend Darstellungsformen erfordert, die sich mühelos in den gewaltigen internationalen Markt der Unterhaltungskultur integrieren lassen, so entzieht sich der Kongo jeder beständigen Definition.

Die hegemonischen Kategorien des Westens stoßen an ihre Grenzen und offenbaren all ihre Widersprüchlichkeit, angesichts hybrider Schaffensformen, die aus der Reaktion auf koloniale Unterdrückung und Globalisierung entstanden sind.

Die Kolonialgeschichte liefert viele Beispiele für Bestrebungen, eine ungehinderte Übernahme künstlerischen Vokabulars von außerhalb zu unterbinden oder zu kontrollieren, um eine als rein afrikanisch und autochthon angesehene kulturelle Identität vor der Ansteckung durch äußere Einflüsse zu schützen.

Das deutlichste Beispiel hierfür sind zweifellos die Schirmherrschaften im Bereich der Kunst, die man erdachte, um den kongolesischen Künstlern den Stempel der folklorisierenden Ikonographie aufzudrücken und mit ihr die Leere zu füllen, die durch den stetigen Verlust von Werten und traditioneller Kunst entstand.

1943 gründete der belgische Missionar Frére Marc Wallenda in Gombe Matadi in der Provinz Bas-Congo eine Bildhauerschule, um traditionelle afrikanische Kunst zu fördern. Namhafte Künstler wie Mavinga, N'damvu und Chenge Baruti zählten zu seinen Schülern. Seine Lehrmethode verbot ihnen das Anschauen sämtlicher ausländischer Kunstbücher und förderte »afrikanisierende« Motive, angelehnt an das dörfliche Alltagsleben, die örtliche Fauna und Flora, im Stil des akademischen Realismus.

Laurent Moonens, Professor für Zeichenkunst, ebenfalls Belgier, gründete 1948 am Pool Malebo des Kongo-Stroms in Kinshasa eine Schule, um Afrikanern fachlich-technische und geistige Ausbildung in Kunst und Kunsthandwerk zu vermitteln. Die Werke, die aus dieser, damals als *Stanley-Pool-Schule* bezeichneten, Schule hervorgingen und die europäischen Kunden der einheimischen Hotels bedienten, beschränkten sich fast ausschließlich auf ein Thema: die Flusslandschaft. Folglich qualifizierte man sie völlig zu Recht als »Airport-Kunst«.

Neben diesen beiden Beispielen lässt sich ein weiteres, sehr anschauliches nennen: das des Ateliers *Der Hangar*, gegründet 1944 in Elisabethville, dem heutigen Lubumbashi in der Provinz Katanga, von Pierre Romain Desfossés, einem ehemaligen bretonischen Marineoffizier. Finanziert von den Kolonialbehörden und von Privatorganisatoren, zählte das Atelier einige Dutzend Kunstschüler und verstand sich als *Akademie für Einheimische Volkskunst*. Seiner Lehrmethode gemäß ließ Desfossés, selbst Kunstmaler, seinen Schüler vermeintlich alle Freiheit, die in ihrer Malerei zum Ausdruck kommen sollte; der Meister nahm angeblich keinen Einfluss. Doch die Ähnlichkeit zwischen den Themen der beiden berühmtesten Schüler, Pili-Pili und Bela, und Desfossés Arbeiten, der Unterwasserlandschaften mit Fischen und Korallen liebte, sind besonders verstörend. Mündlicher Überlieferung zufolge zerstörte der Meister Bilder, die ihm missfielen oder die er für uninteressant hielt.

Der koloniale Paternalismus hat tiefe Spuren hinterlassen in der Art, wie die Kongolesen ihr künstlerisches Erbe wahrnehmen. Davon zeugt auch der Aktivismus der unterschiedlichsten ausländischen Akteure im Kultursektor, der die Bedürftigkeit der lokalen Kulturpolitik betont. Ausländische Bevormundung garantiert die Existenz einer bestimmten Art von Kunstszene im Kongo, die sich mit dem Gefühl zu arrangieren hat, den Geschmack ihrer Geldgeber und Förderer befriedigen zu müssen. Die meisten Ausstellungsorte in Kinshasa (Centre Wallonie Bruxelles, Centre Culturel Français, Halle de la Gombe u. a.) entstanden aus Privatinitiativen oder im Netzwerk der kulturellen Zusammenarbeit. Der niederländische *Prince Claus Fonds für Kultur und Entwicklung* hebt sich dadurch hervor, dass er Preise an Künstler vergibt.

2005 geißelte der Kunstmaler Dikisongele die verächtliche Haltung des kongolesischen Staates gegenüber einheimischen Künstlern, denen man künstlerisches und technisches Können öffentlich abgesprochen hatte, indem man den staatlichen Auftrag für Denkmäler zu Ehren des Nationalhelden Patrice Lumumba und des verstorbenen Präsidenten Laurent-Désiré Kabila an einen ausländischen Auftragnehmer, das nordkoreanische Bauunternehmen *Mansudae Overseas Projects* vergab. Dass diese beiden Denkmäler, im Stil des sozialistischen Realismus gehalten, überhaupt errichtet wurden, verriet in Dikisongeles Augen vor allem den schlechten Geschmack der Neureichen und Emporkömmlinge, und war zudem symptomatisch für die Inkompetenz der öffentlichen Hand in Sachen Kultur.

Fünfzig Jahre nach der Kolonialzeit ist die Bilanz der Aktivität von Regierungsseite in Sachen Kunstförderung besonders niederschmetternd. Wer das kulturelle Erbe der DR Kongo erhalten will, muss unter anderem den illegalen Kunsthandel bekämpfen, wozu allerdings finanzielle Mittel erforderlich sind; Maßnahmen, die die Politik jedoch für überflüssig erachtet und sie folglich nicht auf ihrer Prioritätenliste stehen hat. Dabei wäre ein nachhaltiges Problembewusstsein erforderlich, vor allem müsste für Information und Bildung gesorgt werden, um eine öffentliche Meinung zu schaffen, die schließlich Veränderungen bewirken würde.

Der Rückgriff auf die Authentizität *(Recours à l'authenticité)*, ein von Präsident Mobutu 1971 eingeführtes Programm und eine politische Doktrin, leitete eine Kulturpolitik zur Förderung aller Kunstrichtungen ein. In diese Zeit fiel auch die Gründung des *Mobutu-Fonds zur Förderung der zairischen Kunst*. Das *Institut des Musées nationaux du Congo,* 1970 mit Hilfe des *Musée Royal d'Afrique centrale* in Tervuren, Belgien im Auftrag der kongolesischen Regierung gegründet, erlebte seine Blütezeit zwischen 1970 und 1975, da es direkt der Aufsicht des Präsidialamtes unterstand. Paradoxerweise bleibt die Mobutu-Diktatur als eine Epoche in Erinnerung, in der Künstler, insbesondere die Absolventen der *Akademie der Schönen Künste* in Kinshasa, höchstes Ansehen genossen.

So zierten etwa Werke zairischer Bildhauer die Gärten der Regierungspaläste oder auch Mobutus private Gärten. Das *Monument du Militant* in Nsele und auch *Bouclier de la Révolution* (Der Schild der Revolution) auf dem Mont Ngaliema gehörten zu den Auftragsarbeiten, die von Hofkünstlern des Präsidenten wie Alfred Liyolo, dem Direktor der *Akademie der Schönen Künste*, geschaffen wurden. Zairische Kunstmaler, Bildhauer, Mosaik-Künstler und Kunstschmiede genossen damals über Zaire hinaus in ganz Afrika einen guten Ruf.

Vor 1960 gab es zwar mehrere Museen im Lande, die jedoch ausschließlich von Kreisen der Kolonialgesellschaft frequentiert wurden, die diese Einrichtungen ja gegründet hatten und sie auch verwalteten. In der Hauptstadt Leopoldville gab es vier solcher Museen. Das älteste unter ihnen, das *Musée de la vie indigène*, gegründet 1935, auf Initiative des *Vereins der Freunde einheimischer Kunst (Association des Amis de l'art indigène, A. A. I.)* umfasste eine reiche Sammlung etwa 7.000 ethnographischer Objekte. Es verfügte über ein ethnologisches Labor, einen Lesesaal, finanzierte sich selbst aus dem Verkauf von Kunstobjekten (Elfenbein und geschnitzte Kalebassen), die in den eigenen Werkstätten entstanden. 1953 brachte man es im ehemaligen Postgebäude, später im Erdgeschoss eines Restaurants im Stadtzentrum sowie auf dem Gelände einer Stofffabrik (TEXAF) unter.

Die Universität von Lovanium in Kinshasa besaß ihr eigenes Museum für Vorgeschichte und ein Ethnographisches Museum, das gelegentlich als Anthropologisches Museum des Unicampus Kinshasa bezeichnet wurde. Und nicht zuletzt ein heute nicht mehr bestehendes Museum für Geologie unter der Leitung des Geologischen Dienstes der kongolesischen Generalregierung.

Mitte der achtziger Jahre erhielt die Unesco, im Rahmen des Entwicklungsprogramms der Vereinten Nationen (PNUD), den Auftrag zur Schaffung des Nationalmuseums von Kinshasa. Man empfahl den staatlichen Behörden, statt eines Museums für Kunst und Traditionen ein multidisziplinäres Museum zu schaffen, mit Abteilungen für Geschichte, Archäologie, Geistes- und Naturwissenschaften und mit entsprechend qualifiziertem Fachpersonal. Die Empfehlungen von einst warten noch heute auf ihre Konkretisierung, in einem Land, das kulturell und sozial ausgeblutet ist, vor allem angesichts der Gleichgültigkeit der langen Reihe von Regierungen, die es kommen und gehen sah.

Mit Ausnahme des *Musée National von Lubumbashi*, als dessen Mäzen seit Jahren der Unternehmensverband *Forrest Group* auftritt, gerieten Museen im Kongo nie in den Genuss nennenswerter staatlich geförderter Aufbauprogramme. Dabei sollte ein Museum nicht nur an die Realitäten seines Landes angepasst sein, sondern es als seine Hauptaufgabe betrachten, sich als echte Forschungs- und Bildungseinrichtung zu positionieren, durch kulturelle und künstlerische Bildung Kreativität zu fördern und dafür zu sorgen, dass alle Gesellschaftsschichten Zugang zu Kultur haben.

Solange der Staat und alle mit der Kulturförderung Beauftragten sich ihrer Pflicht und Aufgabe gegenüber der Gesellschaft und den Kunstschaffenden nicht bewusst sind, bleiben kulturelle Vielfalt und die Verteidigung nationaler ästhetischer Werte leere Worte. Man erwartet von der Regierung der DR Kongo große Fortschritte im Bereich der künstlerischen Bildung und der Entwicklung des künstlerischen Ausdrucks.

Die *Akademie der Schönen Künste* in Kinshasa, eine ruhende Einrichtung, weil keine regelmäßige Mittelprüfung stattfand, konnte, dank der Beharrlichkeit ihres derzeitigen Generaldirektors und dank einiger Gefälligkeiten im Rahmen des internationalen Austausches, eine heilende Häutung durchmachen, die zu einer wirklichen Erneuerung pädagogischer Inhalte und zu einer besseren Ausbildung neuer Lehrkräfte führen könnte.

Trotz der fehlenden staatlichen Mittel zur Ausbildung von Künstlern ist eine neue selbstbewusstere Generation von Künstlern herangewachsen, die sich auf weniger akademischen Feldern versucht. Immer mehr jungen Künstlern gelingt es aus eigener Kraft, ihre Ausbildung zu vervollkommnen, im Ausland, in Disziplinen und Techniken, die ihnen vor Ort verwehrt sind. Manche kehren zurück und versuchen, dem Land sozusagen als »kulturelle Heckenschützen« neue Impulse zu geben, künstlerischen Forschungsgeist einzuhauchen.

Verschiedene Kräfte unorthodoxer Gegenströmungen versuchen, die Straßen des Kongo mit paradoxen, dissonanten und verwirrenden Stimmen aufzumischen, sie fruchtbar zu machen, um die urbane Vorstellungswelt neu zu erfinden. Symbolträchtiges Beispiel auf dem Gebiet des modernen Tanzes ist der Choreograph Faustin Linyekula. Gründer des Studios *Kabako*, Labor für Tanz und visuelles Theater, der so berühmte Stücke wie *Spectacularly Empty, Dinozord, The Dialogue Series III* oder auch das *Lügenfestival* erschaffen hat, das als Totenwache für die kongolesische Geschichte, vom Leoparden Mobutu bis hin zum Löwen Kabila konzipiert ist. Das Labor steht heute in Kisangani, weit entfernt von der brodelnden Hauptstadt, doch näher am Herzen des Landes. Faustin Linyekula geht weltweit auf Tournee mit seinen Stücken, die sich speisen aus der Entortung, dem Zerfall des städtischen Raumes und entstehen aus der direkten Auseinandersetzung, sozusagen im Nahkampf mit der Gegenwartsgeschichte des Landes.

Ein Kollektiv bildender Künstler der *Akademie der Schönen Künste* in Kinshasa, *Eza Possibles*, unter ihnen Mega Mingiedi, Freddy Mutombo, Kennedy Dinanga, Patsy Tshindele, Kura Shomali, versuchte seit 2003, die Straßen von Lingwal, einer populären Gemeinde Kinshasas, mit unterschiedlichen künstlerischen Ausdrucksformen neu zu beleben, doch die Gruppe musste ihre Arbeit einstellen, weil Mittel fehlten, vor allem aber der Gleichgültigkeit der Behörden wegen.

Es gibt viele Beispiele für solche Kulturschaffende, sichtbare und unsichtbare Träger eines neuen Wissens darüber, wie man sich in der Welt von heute verhält, die uns daran erinnern, dass das Recht auf Teilhabe am kulturellen Leben und Kunstgenuss zu den in der Erklärung der Menschenrechte von 1948 verankerten Grundrechten zählt.

Im Kongo resultiert kulturelles Schaffen aus dem permanenten Zusammenprall von Subjektivitäten und Individualitäten und materialisiert sich in einer Lebenskunst der Existenz und Koexistenz. Als wahres, sich selbst befruchtendes Brachland schafft diese Kultur, fernab ausgetretener Pfade, ein Spannungsfeld, in dem soziale und politische Praxis jederzeit zu kritischer Energie werden können, die zu Veränderungen führt.

Echte Kulturpolitik müsste, sofern der kongolesische Staat sich entscheidet, dafür Mittel bereitzustellen, zugleich die kulturelle Teilhabe und kulturelle Vielfalt fördern. Das wäre der einzige Weg, sich zu rüsten, zum einen gegen die Auswüchse der gleichmachenden Globalisierung, zum anderen gegen die verheerenden Auswirkungen einer hegemonischen Importkultur, die Trennendes betont und isoliert ist, ohne Anbindung an andere Formen sozialen und symbolischen Schaffens vor Ort.

Fantasie, Bild und Vorstellungswelt
Zur Problematik einer kongolesischen Kinematografie
Balufu Bakupa-Kanyinda

»Welches Bild vom Kongo haben wir der Welt zu bieten?« Anders ausgedrückt: Im Hinblick auf die Darstellung unserer kongolesischen Vorstellungswelt sind wir aufgerufen, eine mehr als einhellige Entscheidung zu treffen, ein – dominantes – Bild zu wählen, eines, dem wir unseren Stempel aufdrücken, das uns darstellt. Welches Bild von uns als »menschliches Kollektiv« können wir Außenstehenden, Ausländern anbieten und erhobenen Hauptes erklären: »Dieses Bild repräsentiert uns, es steht für uns als Land, als Nation, als Volk?«

Im Juli 2007 hielt ich meinen ersten Film-Workshop in Kinshasa und stellte während der gemeinsamen Tage mit Kinoliebhabern und angehenden Amateur- und halbprofessionellen Filmemachern diese Frage gleich zu Beginn.

Sie schien die Teilnehmer zu verwundern. Die jungen Männer und Frauen, die davon träumten, einst Filmemacher zu werden, antworteten mit beredtem Schweigen. Für sie, so meine Erklärung, bedeutet Filme zu machen, sich schlicht und einfach auf den Umgang mit technischer Ausrüstung zu verstehen: Bilder zu machen, den Ton dazu, filmische Unterhaltung zu produzieren, von beliebiger Komik, die uns lächerlich macht, völlig unbekümmert im Hinblick auf die Qualität kritischer Inhalte. Hatten die jungen Leute Unrecht mit ihrer Sicht der Dinge? So mancher Filmemacher aus Afrika oder anderswoher vertritt ja dieselbe Auffassung. Es gibt schließlich, im Kino wie in den anderen Künsten auch, unterschiedliche ästhetische Richtungen und Schulen. Vielleicht dachte ich vor zweiunddreißig Jahren ja selbst so wie diese jungen Leute, bis mir klar wurde, was Kino wirklich ist und was es bewirkt, bei seinem Publikum, seiner Zielgruppe.

Die »siebente Kunst« ist ein entscheidendes Werkzeug, wenn es darum geht, die Vorstellungswelten eines Volkes zu erschaffen, zu beherrschen, sie sich anzueignen oder kulturell zu entfremden. Über sein Genre hinaus ist jeder Film eine Botschaft, die Denkweisen prägen kann, indem sie Teile einer anderen Weltsicht auf sie überträgt. In weit größerem Maße als alle anderen Kunstformen, aus denen das Kino schöpft und sie zugleich in sich aufnimmt, benutzt das Kino die Menschheit und zeigt sie »inszeniert«, auf einen Bildschirm projiziert und komprimiert, verdichtet ein ganzes Leben so stark, dass es in eine gute Stunde passt. Das Kino ist das Paradebeispiel für den Ort, an dem Vorstellungswelten aufeinanderprallen und geprägt, ja formatiert werden. Die Auswirkungen des Kinos auf unser Alltagsleben und seine kulturellen Einflüsse auf die Art, wie wir unsere Gesellschaften und folglich uns selbst wahrnehmen, als menschliche Wesen, denen die Gesellschaft das Gefühl gibt, auch ihren Platz im Universum gefunden zu haben, sind stark vom Bild bestimmt: Wer bin ich? Wer ist der Andere? Hier kreist tatsächlich alles um Sartres für alle greifbaren Ausspruch, »Die Hölle, das sind die Anderen«. Er strukturiert diese spannende »Heldenreise«, in deren Verlauf sich auch die mörderischsten Intrigen entwirren und die schließlich glanzvoll gekrönt wird vom glorreichen Triumph über alles Übel und alle Bösewichter der Welt – die niemand anderer sind als jene »Anderen«. Bestes Beispiel an dieser Stelle ist das Bild der Allmacht Amerika (USA), das alle Vorstellungswelten rund um den Globus berührt. Ein anderes Beispiel wäre die Darstellung von »französischer Eleganz und Schönheit«. Auch sie verdankt dem Kino viel.

Cineasten-Gespräch

Wer einen Film machen will, der muss sich auch als Produzent oder Regisseur auskennen, sprich: Er muss zum Einen die künstlerische und die technische Seite der filmischen Erzählkunst beherrschen, zum Anderen aber auch über die finanziellen Aspekte Bescheid wissen. Produzent sein heißt auch, genau jene Fragen zu beantworten, die dem Wunsch und den Beweggründen fürs Filme-Machen zugrundeliegen: Was produzieren? Warum? Wie?

Subjektiv wie objektiv betrachtet, bestimmen diese Fragen sowohl das gesamte kulturelle und kommerzielle Konzept als auch die Strategie, nach der sich jede Video- oder Kinoproduktion richtet.

Wer bedenkt, welcher Entfremdung der Kongo, und Afrika überhaupt, unterworfen ist, durch die ständige Übersättigung mit seltsamen, von außen kommenden und außerhalb Afrikas produzierten Bildern, der weiß nur zu gut, dass die Herausforderungen des Filme-Machens sich nicht auf Fragen nach erforderlichen Mitteln, fachlichem Können oder der Leidenschaft für die Kunst beschränken. Eine Filmproduktion zielt nicht allein auf kommerziellen Erfolg ab, der sich an Kinokassen oder Bankkonten messen lässt. Fernsehen und Film sind die geeignetsten Mittel zur Überlieferung der Erinnerung und der Kultur eines Volkes.

Filme machen heißt auch, den Lauf der Welt zu erkunden, dazu Stellung zu nehmen, die kollektive Erinnerung zu erfassen und zu erforschen. Filme machen heißt, Interesse zu wecken, zu unterhalten, zu informieren. Es geht auch darum, den Afrikanern bewusst zu machen, dass das Kino sich als höchst brauchbares Entwicklungsinstrument eignet.

Bereits seit der Erfindung des Kinos gehen Bilder rund um die Welt, die den Afrikaner in einer ganzen Palette von erniedrigenden Stereotypen und Klischees zeigen. Wir waren Gegenstand einer negativistischen Ideologie, die mit dem Kino (und dessen Nebenprodukt, dem Fernsehen) ihre effektivsten Propagandawerkzeuge hatte. Auf Leinwänden und Fernsehschirmen jeglicher Größe dominieren überall auf dem Kontinent westliche Filme. Im glanzvollen Licht der Unterhaltung entfaltet das Kino fabelhaft subversive Wirkung. Ohne Selbstspiegelung weiß Afrika nichts mehr über sich selbst. Nicht Mandela, Biko, Lumumba, Nkrumah oder Sankara sind die Helden der afrikanischen Jugend, sondern Schauspieler aus Hollywood.

Im Kongo oder in Afrika einen Film zu produzieren, ist ein Akt des Widerstands.

Seit der Unabhängigkeit hat keine Regierung des Kongo, und auch keine andere auf unserem kolonisierten Kontinent, je in Betracht gezogen, was beim Kino in wirtschaftlicher und kultureller Hinsicht wirklich auf dem Spiel steht. Macht unseren Politikern das Bild, ihr Schatten, ihr Spiegelbild Angst? Wäre diese Angst etwa der uneingestandene Beweis für Ignoranz, Unverstand, selbstsüchtige Gleichgültigkeit oder für generellen Bildungsmangel: für alles, was der Entwicklung einer menschlichen Gesellschaft schadet, sofern es die Entscheidungen derer negativ beeinflusst, die den Aufbau des Staatswesens in einem so bedeutenden Land wie dem meinen steuern?

Im August 2007 wurde die Problematik von Bild und Vorstellungswelt, die mich angesichts des Schweigens meiner Workshop-Teilnehmer so erstaunt hatte, noch verstärkt durch die Bitte eines Freundes, Mahamat Johnson Traoré,[40] der, mich in Kinshasa wissend, per Email um ein Poster von Patrice Lumumba bat. Ich klapperte Straßen und Märkte in ganz Kinshasa ab, vergeblich: nicht ein Bild von Patrice Lumumba, und auch sonst in den Straßen kein Bild einer anderen historischen Persönlichkeit des Kongo! Wer aber sind dann die Helden und Ikonen des Landes? Welchen Platz nehmen sie ein und welchen Einfluss haben sie auf das kollektive Imaginäre, die Vorstellungswelt aller Kongolesen? Vom Ausnahmefall Simon Kimbangu und der nach ihm benannten Kirche sei hier abgesehen.

Ich möchte von vornherein betonen, dass mein Projekt der Suche nach Bildern in der kongolesischen Vorstellungswelt weder auf Vollständigkeit noch auf absolute Wahrheit Anspruch erhebt. Es geht hier um ein Kino-Gespräch, ähnlich jenen, die man im Anschluss an eine Filmvorführung führt, um eine Verbindung zu knüpfen zwischen dem Publikum und den unterschwelligen, »unaufdringlich spielerischen« Bildern, die auf der Leinwand zu sehen waren.

Ich gehe schlicht als Cineast vor, der Drehbücher schreibt, Filme produziert und realisiert, und der auch als Dozent das Gespür für Kinoarbeit sowie technische und wissenschaftliche Aspekte des bewegten Bildes vermittelt. Dieses Gespräch, das vor echter subjektiver Neugier schier platzt, sich am Sucher der Kamera festsaugt, um die Menschen besser beobachten zu können, die mit den Bildern, welche sie produzieren oder konsumieren, konfrontiert sind, birgt auch meine Zweifel und meine Versuche der Annäherung an meine kongolesische Identität, die geprägt, formatiert ist durch das, was diese weite globale Welt des *Warou*[41] mit sich bringt.

Wie führt man ein bereicherndes Gespräch über die Bilder und das Imaginäre, ohne auf die Geschichte des Kinos zu verweisen, die keinen

---

[40] Filmemacher, geboren im Senegal, 1942-2010.
[41] Den Begriff der Verzauberung (Wolof) hat der senegalesische Filmemacher Djibril Diop Mambety geprägt.

geringen Anteil an der Entstehung unserer individuellen, kollektiven, einfachen oder komplizierten Weltbilder hatte?

Allein mit Begriffen wie Erzählung und Unterhaltung wäre das Kino nur unzureichend beschrieben. Es gilt zwar, das Handwerkszeug zu beherrschen, doch im Wesentlichen kommt es darauf an, den tieferen Sinn zu begreifen, warum bestimmte Filmelemente zum Einsatz kommen, wie die Grammatik einer Film-Sprache, die Semantik ihrer Bilder funktioniert.

Für meinen Dokumentarfilm aus dem Jahr 2002[42], ein »Manifest« des digitalen Geistes und der Hoffnungen, die die Digitaltechnik für den afrikanischen Filmmarkt verheißt, bin ich quer durch unseren Kontinent gereist, von Dakar auf die Insel Gorée, von Ouagadougou und Bobo-Dioulasso über Abidjan nach Accra, Lomé, Cotonou, Lagos, Libreville und Johannesburg, bis zum Kap der Guten Hoffnung und nach Robben Island. Um zu ermessen, welche Chancen, welches Potenzial die digitale Technik afrikanischen Filmemachern bieten könnte.

Während der vergangenen zwei Jahrzehnte unterwegs auf unserem Kontinent habe ich Hunderte von Filmen gesehen, produziert mit lokal verfügbarer Digitaltechnik, für Publikum vor Ort. Ich habe Kurse gegeben, gelehrt und Workshops veranstaltet, habe mit Produzenten, Technikern und Schauspielern diskutiert, mit Zuschauern, Kinobetreibern, Fernsehanstalten und anderen Akteuren auf dem Kinomarkt. Diese Begegnungen haben mich auf die unterschiedlichste Weise bereichert, meine Auffassung erhellt und meine Annäherung an die Filmproduktion in Afrika geschärft im Hinblick auf die Bedeutung, die der Digitaltechnik bei der Erschaffung unserer kinematografischen Vorstellungswelt zukommen soll.

Aus diese Erfahrungen haben sich Fragen und Probleme ergeben, die mich unablässig beschäftigen.

2009 habe ich meinen ersten Film in Kinshasa gedreht und produziert, in der Stadt, aus der ich komme, in meiner Heimat. Der Kurzfilm, *Nous aussi avons marché sur la lune* (*Auch wir haben den Mond beschritten*) war vom algerischen Kultusministerium finanziert worden, das für das zweite panafrikanische Kulturfestival in Alger, im Juli 2010, bei einem

---

[42] Afro@digital, Dokumentarfilm, 52 Min. Länge, zu dem im selben Jahr unter dem Titel: *Filme machen in Afrika: Stereotypen herausfordern* ein Artikel in *UN Chronicle*, der Zeitschrift der Vereinten Nationen, erschien.

knappen Dutzend afrikanischer Filmemacher je einen Kurzfilm in Auftrag gegeben hatte.[43]

Warum hatte ich meine Kamera erst so spät auf den Boden meines eigenen Landes gestellt?[44] Der algerische Auftrag war mit keinerlei Auflagen hinsichtlich des Produktionsortes verbunden. Hielt ich damals einfach den Moment für gekommen, war die Zeit für reif, meine Fantasie mit einer bestimmten kongolesischen Wirklichkeit zu konfrontieren? Ich schätzte vor Ort auch eine gewisse Bewegungs- und Redefreiheit, die es zur Zeit der unheilvollen »zairischen Neokolonisierung« und im darauffolgenden Chaos nicht gegeben hatte. Das Unterfangen war zwar kostspielig, aber bereichernd. Man sollte solche Erfahrungen wiederholen, vielfach, auch wenn unsere Regierenden kein Interesse daran haben, die professionelle Kinematographie landesweit zu etablieren.

Kolonisierung, Bild und Erfindung des »Anderen«

Seit seiner Schaffung stapelt unser Land Identitäten und mit ihnen Vorstellungswelten aufeinander: *kolonisierter Ureinwohner*[45] vor der Unabhängigkeit, *Kongolese* von 1960 bis 1971, schließlich *Zairer* von 1971 bis 1997, und seither wieder *Kongolese*.

Diese Identitätswechsel oder Übergänge von einem Aggregat-Zustand in einen anderen, wie man sie in der Physik bezeichnen würde, haben nie dazu geführt, dass die ihnen vorausgegangenen politischen Entscheidungen und ihre historischen Folgen oder auch die Konstruktion und Beschaffenheit der damit verbundenen Vorstellungswelt des Volkes öffentlich erörtert oder erläutert worden wären.

Im politisch-historischen Kontext der Zeit erreichte der Staat Belgien den Kongo bis zuletzt, sang- und klanglos, ohne eine Heldentat vollbracht, eine Eroberung gemacht zu haben, nachdem Leopold II, König

---

[43] Die Serie hieß: *Afrika, aus der Sicht von ...* [Name des Regisseurs]
[44] Obwohl ich seit Jahrzehnten außerhalb des Landes lebe und arbeite, bin und bleibe ich (noch) kongolesischer Staatsbürger.
[45] Während der Kolonialzeit bezeichnete der Begriff *Kongolese* allein den weißen Kolonialherren/Kolonisatoren, der in Belgisch-Kongo lebte.

der Belgier[46] 1908 gezwungen worden war, seinen Privatbesitz, den Unabhängigen Kongostaat, an den belgischen Staat abzutreten. Dieser Staat war ein gewaltsames merkantiles Unterfangen, wie es Belgisch-Kongo ja in vieler Hinsicht war. Selbst in Belgien hatten seit 1909 Belgier, die in den Kongo gingen, einen schlechten Ruf, galten als »Versager«. Wer Jahre später in die Heimat zurückkehrte, wurde als ein »Neureicher« betrachtet, der sich auf Kosten der »armen Neger« bereichert hatte. Gleichwohl ging die Kolonisierung mit gewaltsamer Ausbeutung der Kolonisierten und mit der Vergewaltigung ihrer Vorstellungswelt einher. Folglich war die Kolonialverwaltung des belgischen Staates, als sie das Territorium des Kongo übernahm, darauf bedacht, einen guten Eindruck zu machen, die brutalen Methoden der Vorarbeiter Leopolds unter den Soutanen ihrer christlichen Missionare zu verharmlosen, zugleich jedoch dieselben Ziele des kommerziellen Profits fest im Blick zu behalten. Deshalb musste Belgisch-Kongo für Propaganda sorgen und Mythen erfinden, die die Vorstellungswelt des Kolonisierten verwirren und ihn dauerhaft unterjochen würden. Man kann den Anderen nur kolonisieren, indem man ihn seines Selbstbildes beraubt, ihn von sich selbst, seiner alltäglichen Wahrnehmung, seinem Mensch-Sein, seiner Geschichte, seiner Kosmogonie entfremdet: den Ureinwohner erst erniedrigen und ihn dann vollends aller Wertigkeit berauben, das ist die wirksame Waffe jedes kolonisatorischen Unterfangens.

Wie sah der Belgier den »Eingeborenen« des Kongo?[47] Er, der Kolonisator, der Zivilisator, der Weiße Belgier, der sich selbst als der einzige nach dem Ebenbild Gottes erschaffene Mensch sah, hatte sich als »das« neue Modell eingeführt. Die phonetische Anpassung des Wortes

---

[46] Verbrechen an der Menschheit (gemeinhin als Verbrechen gegen die Menschlichkeit bezeichnet) war der Begriff, den George William Washington, Amerikaner mit afrikanischen Wurzeln, bei seinem Besuch im Unabhängigen Staat Kongo gebrauchte, den Leopold II ihm als ein »Paradies« beschrieben hatte. Überrascht von Elend, Armut und der Gewalt, die er dort vorgefunden hatte, schrieb er 1890 den berühmten »Offenen Brief an die Königliche Majestät, Leopold II von Belgien«, in dem er dessen Untaten im Kongo anprangerte.

[47] Bakupa-Kanyinda, Balufu, Jean-Pierre Jacquemin, Hrsg.: Zaire 1885-1985: *Einhundert Jahre belgische Blicke*, CEC, Brüssel, 1985.

»Modell« ergab den Begriff *Mondelé*[48], mit dem man die Kolonisatoren bezeichnete.

Den »guten Negern« bot der Kolonisator, in seiner paternalistischen Großmut, eine schmale Stufe zwischen dem Wilden und dem Menschen an und schneiderte ihnen den Status des »Entwickelten« (*évolué*) auf den Leib. Die unterste Stufe der Kolonialgesellschaft blieb den *Bashenji* vorbehalten, der verachteten Mehrheit der Ureinwohner.

Kolonialherrschaft ist, wie wir wissen, ein Gewaltakt, eine Vergewaltigung. Sie vereinnahmt die Vorstellungswelt des Kolonisierten vollständig, verstört Herz und Verstand, vernichtet das Wesen des Anderen, indem sie alles auf den Kopf stellt, woran er bisher geglaubt hat. Man wird dem Kolonisierten so lange sagen, Nord sei Süd, die Sonne gehe im Osten unter, bis er aus diesen Postulaten die absolute Wahrheit seiner neuen Wirklichkeit macht, auch wenn er im Grunde seines Herzens vom Gegenteil überzeugt ist.

Wie jede andere Kolonialmacht hatte auch Belgien zu diesem Zweck das ideale Werkzeug zur Hand: die Filmkamera, von den Brüdern Lumière 1895, zehn Jahre nach der Konferenz von Berlin, erfunden. Sie wird der Kolonialverwaltung und ihren christlichen Missionaren als das Propaganda-Werkzeug schlechthin dienen, um Dokumentar- und Spielfilme zu drehen, in denen wir »große Kinder« sind, Wilde, unheilvolle Schattenwesen, die man vor der Hölle bewahren muss, indem man sie christianisiert. Einige dieser Filme werden in europäischen Kirchengemeinden gezeigt, um moralische und finanzielle Unterstützung zu mobilisieren, für die nebulöse »zivilisatorische und göttliche Mission«[49].

In dieser großen Kolonialepoche, zwischen dem Ende des neunzehnten und der ersten Hälfte des zwanzigsten Jahrhunderts, gab es in Europa nicht ausschließlich Befürworter des Kolonialismus. Doch mit Hilfe von vor Ort in den Kolonien gedrehten Filmen über die »Wilden« gelang es der Propaganda schließlich, sogar Antikolonialisten davon

---

[48] *Mondelé* bezeichnet in keiner der Sprachen des Kongo eine Hautfarbe. Der Kolonisierte war *Mu-shenji* (Plural: *Ba-shenji*), abgeleitet von frz. *singe* (Affe) oder *Makak* im allgemeinen Sprachgebrauch des Kolonialherren. In Ki-Suaheli wird der Weiße *Mu-zungu* genannt, abgeleitet von *Ki-zungu-zungu*, Schwindel(gefühl).

[49] Das Fundraising ist keine Erfindung der Hilfsorganisationen von heute.

zu überzeugen, dass der brutale und oft tödliche Merkantilismus des »kolonisatorischen Werks« seine Berechtigung habe. Andere Filme, wie etwa von den *Pères blancs* (Weiße Väter)[50] aus Belgisch-Kongo gedreht, waren zur Zivilisierung des Eingeborenen gedacht und gut gemacht. Durch ihre Erzählstruktur und die suggestive Bildgestaltung wirkten Inhalt und Aussage unschuldig, auf Information und Bildung bedacht. Nach den neusten Regeln filmischer Propaganda produziert, entfalteten diese Filme eine so nachhaltige Wirkung, dass sie das Bewusstsein des Kolonisierten durchdrangen, es prägten und ihn von sich selbst entfremdeten. Bis er schließlich seine eigene Minderwertigkeit akzeptierte, als »göttlichen Willen«.

Als sei es von Gott gegeben, wurden den Einheimischen Filme über Europa und dessen Zivilisation gezeigt, von ihrer besten Seite. Durch solche Projektionen geriet die Vorstellungswelt der Zuschauer aus den Fugen, sie führten zu schizophrenem Verhalten und sehr geschickt dazu, dass der Kolonisierte den Kolonisator imitierte. So verstärkten die Bilder aus den Kinofilmen die Entwürdigung des Kolonisierten zusätzlich, und er bemühte sich umso mehr, dem Modell des *Mondelé* nachzueifern.[51]

So spielte das Kino, diese junge »Siebente Kunst«, von Beginn an eine wichtige Rolle bei der Entstehung des Bildes vom negativen, minderwertigen Schwarzen und aller Menschen, die unter Kolonialherrschaft leben. Diese Rolle spielt es noch heute, in vielen europäischen und amerikanischen Filmen.

Fünfzigjahr-Feier und Fantasie

Haben wir heute ein intellektuelles Gespräch, einen Diskurs eingeführt, um den wahren kulturellen Inhalt dieses Modells *Mondelé* zu hinterfragen? Ein halbes Jahrhundert nach der Unabhängigkeit beherrschen die Tatsachen der kolonialen Entfremdung noch immer einen beträchtli-

---

[50] Römisch-katholische Ordensgemeinschaft.
[51] In Belgisch-Kongo entstand, insbesondere in der Region, in der Lingala gesprochen wird und in den von einheimischen Kongolesen bewohnten Vierteln Leopoldvilles (Kinshasas) der Begriff des Mondele Ndombe, des weißen Negers, der Initiator des Modells.

chen Anteil der kongolesischen Vorstellungswelt. Ist eine nationale Vision, eine Bildungsoffensive für unsere Bevölkerung gescheitert? Gibt es eine solche Vision überhaupt? Sind Unbildung oder die Gleichgültigkeit unserer Amtsträger die Ursache für ihr Fehlen? Oder die Tatsache, dass es gar kein wirkliches kulturelles Leitschema gibt, dessen das Land so sehr bedarf?

Die Kolonisierung ist in der kongolesischen Bevölkerung in vielen Erscheinungsformen noch lebendig, in jedem Einzelnen, der einen Minderwertigkeitskomplex hat.[52] Welcher sich sogar zu verstärken scheint und den einfachen Mann auf der Straße ebenso betrifft wie den Akademiker. Je nach Art und Ausmaß der sozialen Schwierigkeiten sind die meisten Kongolesen auch heute, zunehmend, davon überzeugt, dass »der Schwarze verflucht ist«. Unterschwellig steckt dieser Fluch im biblischen Diskurs und wird verbreitet von einer Schar selbsternannter Pastoren und Propheten in ihren kommerziellen Tempeln, von denen es in allen Städten des Landes wimmelt. Dieser Merkantilismus Gottes verschärft die Fremdbestimmung, täglich neu, und führt dazu, dass das Imaginäre, die Vorstellungswelten der Mehrheit der kongolesischen Bevölkerung, immer weiter verfälscht werden, was übrigens für die Menschen in allen anderen Ländern südlich der Sahara ebenfalls gilt.[53]

2009 war ich Mitglied im Generalkommissariat der Fünfzigjahr-Feier. Eine wertvolle, weil aufschlussreiche Erfahrung, bei der ich unmittelbar spüren konnte, dass die Kolonisierung bis heute nachwirkt, sich unauslöschlich ins Bewusstsein des Volkes eingeprägt und insbesondere bei manchen führenden Akademikern ihre Spuren hinterlassen hat.

Als er die Kleidung vorstellte, die während der Jubiläumsveranstaltungen getragen werden sollte, betonte Präsident Joseph Kabila Kabange klugerweise, dass diese Feier »weder ein Moment der Freude noch ein Moment der Opposition sein solle, sondern vielmehr ein Moment des Gedenkens, um die Helden unserer Geschichte zu feiern, und ein Moment, um sich gemeinsam Gedanken zu machen: Woher kommen wir, wo stehen wir jetzt, wohin wollen wir gehen?«

---

[52] Festzustellen bleibt, dass fünfzig Jahre zugleich eine lange Zeit und doch zu kurz sind, um fünfhundert Jahre der Verdummung, der Erniedrigungen, der Versklavung und der Kolonisierung auszulöschen.

[53] Mit ihrem Kommerz verfolgen diese Pastoren und Propheten ihre Mitbürger sogar bis nach Europa und nach Nordamerika.

Doch allein die Ankündigung, dass der belgische König an den Feierlichkeiten teilnehmen würde, wurde zum Hauptthema der politischen Regierungsopposition, versetzte eine ganze Reihe von Intellektuellen in helle Aufregung, verursachte schizophrene Störungen. Die Wortführer hatten, in seltsamen und von starkem Medienrummel begleiteten Analysen, aus unserer postkolonialen Geschichte allein pessimistische Befunde, Misserfolge und materialistische Bitterkeit in Erinnerung. Dachten sie etwa, der belgische Monarch käme, um sich den einstigen »Privatbesitz« seines Großonkels zurückzuholen? Erhofften sie sich etwa, durch ihre akademischen Grade und ihren Status als »gute Christen« prädestiniert, man würde ihnen den höchsten Posten des neuen Vorarbeiters anvertrauen, so wie einst Diktator Mobutu?

Die größte Sorge der mit der »wissenschaftlichen« Ausarbeitung der Gedenkveranstaltung Betrauten bestand darin, den einstigen Kolonialherren – die dies gar nicht verlangten – zu gefallen. Die Zuständigen zögerten nicht, die Nationalgeschichte, der bereits von anderen Märchenerzählern in der jüngsten Vergangenheit so übel mitgespielt worden war, zu verfälschen, sie durch Unwahrheiten und allerlei Verdrehungen so weit zu beschönigen, bis sie aus einem Henker einen Helden gemacht hatten!

Nicht zu dekolonisierende Geister zerbrachen sich ihre Köpfe auf der Suche nach Möglichkeiten, der Fünfzigjahr-Feier jeglichen politischen Sinn zu rauben, um eine von biblischen Propheten getragene »Jubelfeier« aus ihr zu machen!

Dabei wurde die Unabhängigkeit des Kongo in ruhmreichen Kämpfen errungen, von Männern, die das höchste Opfer gebracht und ihr Leben für unsere Freiheit gegeben haben. Unsere tapferen Kämpfer verdienen es, als die wahren Schöpfer der Menschenrechte gefeiert zu werden, denn die Unabhängigkeit bedeutet auch und vor allem den Triumph der Menschenrechte: Unsere Unabhängigkeit hat den Kolonisator humanisiert, hat einen Menschen aus ihm gemacht, indem sie ihn, den »Vergewaltiger«, von seiner Gewalt erlöst hat. Denn die Kolonisierung ist nichts anderes als Diebstahl und Vergewaltigung, begangen von organisierten Banden.

Anlässlich der Fünfzigjahrfeier hätte sich hier die Chance einer Katharsis geboten, die Gelegenheit zu einfachen Gesprächen des kongolesischen Volkes mit seiner Vergangenheit, im Spiegel des Gedenktages – die zwar einen außergewöhnlichen, einzigartigen Rahmen bot – jedoch ohne jegliche kulturelle Ambition und kritischen Blick auf die Geschichte, zu einer Folge belangloser Routine-Darbietungen von himmelschreiender Armseligkeit missriet. Welche Vergeudung, welch eklatanter Mangel an kreativer Fantasie!

Bilder, Vorstellungswelten und kongolesisches Kino

Wie soll man von Filmkunst sprechen in einem Land, im dem es keine Institution für das Kino gibt, und in dem nie daran gedacht wurde, eine Politik des Bildes zu etablieren? Wie soll man Kino – oder andere audiovisuelle Produktionen – ins Auge fassen in einem Land, in dem Dutzende lokale Privat- oder Staatsfernsehsender Bilder verbreiten, ohne sich Gedanken über deren Inhalt, Qualität oder Urheberrechte zu machen? Die sehr unzulängliche kritische Lesart der Bilder im Kongo bedeutet eine starke Herabwürdigung der intellektuellen Fähigkeiten der Bevölkerung.

Welches Bild des Kongo flimmert über die Bildschirme der Welt? Ist es das Bild von vergewaltigten Frauen in der Kivu-Region? Ist es das Bild eines irrationalen Landes? Sind alle Kongolesen tanzende Clowns?

Überall in der Welt zeigt man unser Land fortwährend in negativen Bildern, zeigt Verzweiflung, Trostlosigkeit, Katastrophen und Unfälle, Krieg … Sind das die wahren Bilder unseres Kongo? Den Kongo von AIDS und Armut nicht zu vergessen. Muss diese Armut wirklich absolut sein, sich sogar in unserer Vorstellungswelt einnisten? Was haben wir nur aus uns gemacht?

Wie alle Völker der Welt sind auch die Kongolesen große Bildkonsumenten. Eine Filmindustrie aber gibt es in der Demokratischen Republik Kongo nicht. Dabei stellen Produktion und Verbreitung von Kinofilmen und anderen audiovisuellen Werken weltweit einen der dynamischsten Wachstumsmärkte dar, weil der Bildkonsum stetig wächst. Um einen Vergleich zu wagen, betrachten wir das Beispiel Südafrika, wo die Erträge rund ums Kino auf 550 Millionen US-Dollar geschätzt werden und etwa 30.000 Menschen Arbeit finden.[54]

---

[54] http://ibpn.co.uk/creative.asp

Durch das »nigerianische Home Video«, für das pro Jahr rund eintausend Filme gedreht werden, ist eine lokale Produktions- und Vertriebsindustrie mit einem ganz eigenen Wirtschaftsmodell entstanden. Diese Industrie hat es geschafft, einen Binnenmarkt mit mehr als 120 Millionen Einwohnern zu reaktivieren und zu dynamisieren. Heute entstehen wieder Kinos in Nigeria und auch in vielen anderen englischsprachigen afrikanischen Ländern (Multiplex-Kinosäle in Ghana, Kenia, Sambia, Tansania, etc.), die enorme Gewinne machen und oft in die Geschäftsmodelle von Einkaufszentren integriert sind.

In den acht Mitgliedstaaten der westafrikanischen Wirtschafts- und Währungsunion (UEMOA) schätzte man den direkten Umsatz des Bildsektors im Jahr 2002 auf rund 94,7 Millionen US-Dollar und die Zahl der Arbeitsplätze auf 8.000 bis 16.000.[55]

Dennoch sollte man das ökonomische Gewicht dieser Industrie nicht allein im Hinblick auf den Film und audiovisuelle Medien analysieren. Denn beide sind eng verzahnt mit anderen Sektoren in der Wirtschaft (Import und Vermarktung von Fernsehgeräten, Recordern, DVD-Spielern etc.) und in der Kultur (Dienstleistungen in den Bereichen Musik, Design, zeitgenössische Kunst, Verwertung des kulturellen Erbes, Tourismusförderung etc.). Unter dem Aspekt dieser Querverbindungen betrachtet, hätten der Film und audiovisuelle Medien viel größeres ökonomisches Gewicht, als es die selten verfügbaren Zahlen besagen.

Der Kongo besitzt menschliche Reichtümer, ungemein viele und kreative Menschen, die zu seiner Entwicklung beitragen sollten. Dieser Reichtum ist dauerhaft verfügbar, nachhaltig und wertvoller als jedes Erz.

In den letzten Jahren ist, dank der neuen Digitaltechnologien, zwar ein Anstieg im Bereich der Videoproduktionen zu verzeichnen, doch er bleibt geringfügig und liegt unterhalb der professionellen Norm. Amateur-Videofilmer mühen sich mit der Produktion einiger weniger Filme ab, denen man zwar ein gewisses Maß an Kreativität und Talent, aber auch die fehlende Schulung und mangelnde professionelle Ausrüstung ansieht. Da es keine übergeordnete Institution für das Kino gibt, die entsprechende Berufszweige rund um das Medium unter-

---

[55] Studie aus dem Jahr 2002, über Produktion und Umlauf des Bildes in den Mitgliedstaaten der UEMOA.

richten würde, herrscht im Kongo eine gewisse Verwirrung in Sachen Genre-Bezeichnungen: Sketche, Szenenspiele und andere »gefilmte«, im Fernsehen übertragene Volkstheaterstücke gelten als »Kino«.

2007 war ich Gast im Abendjournal von *Antenne A*, einem der maßgebenden Sender in der audiovisuellen Medienlandschaft des Kongo. Im Laufe des Gesprächs wies ich darauf hin, dass es in Kinshasa keine Kinos mehr gibt. Die junge Journalistin widersprach mir vehement: »Doch, es gibt Kinos in Kinshasa.« Ich fragte sie erstaunt, ob wir eines besuchen könnten. Und sie sagte stolz: »Ja, in meiner Straße ist eines, ein Hinterhofkino. Dort gehen die Leute hin und zahlen Eintritt für Filmvorführungen im Fernsehen!«

Das Bedürfnis der Kongolesen nach Bildern ist so stark, dass in einzelnen Stadtvierteln öffentliche »Schauplätze« für Videovorführungen im Wildwuchs entstehen, die Eintritt verlangen und sich dadurch auszeichnen, dass sie kleine Fernsehbildschirme bieten. Doch selbst dort, wo »Heimkino« geboten wird, ist das noch weit von einem »Kinosaal« oder einem »Filmspektakel« entfernt.

Wir brauchen eine staatliche Einrichtung für Filmkunst

Heutzutage gibt es in meinem Land keine professionelle Filmindustrie. Natürlich gibt es kongolesische Filmemacher.

2006, während seines Wahlkampfes, hatte Präsident Joseph Kabila Kabange die Schaffung einer staatlichen Einrichtung für das kongolesische Kino versprochen. Dieses Versprechen bleibt nach wie vor umzusetzen.

Im April 2011 legten kongolesische Filmemacher dem Minister für Kultur und Kunst »Beschlüsse und Empfehlungen« zur Schaffung dieser Einrichtung vor.[56] Grundausbildung und Fortbildung in Filmberufen sind wesentlich für die Lebensfähigkeit, das Wachstum und die Nachhaltigkeit einer Filmindustrie. Während man Talent und Kreativität nicht vermitteln kann, gilt das für die technischen Aspekte durchaus: Der Umgang mit dem Handwerkszeug erfordert Lehre und Aus-

---

[56] Seit den siebziger Jahren haben Filmemacher nie aufgehört, die Einrichtung dieser Institution von allen bisherigen Regierungen unseres Landes zu fordern.

bildung. Die Filmindustrie hat einen großen Bedarf an Arbeitskräften und kann eine Menge an Arbeitsplätzen schaffen. Sofern der Staat sie dabei nach Kräften unterstützt. Ist diese Schaffung von Arbeitsplätzen nicht eine der Säulen der »fünf Baustellen«, deren Realisierung die gegenwärtige Regierung sich vorgenommen hat? Desinteresse und mangelndes Engagement seitens des kongolesischen Staates aber schaffen zahlreiche Hindernisse, die die Entwicklung des Films und der audiovisuellen Medien stark beeinträchtigen, während in den Ländern des Nordens entsprechende Regelungen bestehen und finanzielle Unterstützung für Film und audiovisuelle Medien, auch durch die liberalsten Regierungen, an der Tagesordnung ist.

Hierzulande aber, weil selbst ein Mindestmaß an Organisation fehlt, weil die Politik keine Anreize schafft, und weil es kein konsequentes Angebot an bedeutsamen Fernsehprogrammen und Filmen besserer Qualität gibt, geht der kulturelle Nutzen, der aus dem Filmkonsum gezogen werden könnte, an ausländische, größtenteils raubkopierte Bilder verloren. Das hat die Entfremdung und Verfälschung der nationalen Vorstellungswelt zur Folge, die fremdbestimmt ist und sich in Fremdbildern widerspiegelt. Der Blick des Kongolesen auf sich selbst und auf die Welt wird in der Tat vorrangig bestimmt durch Bilder, die von außen in seine Kultur hineingetragen werden. Das führt weder dazu, dass unsere Völker einander kennenlernen, noch dazu, dass eine nationale Bild-Industrie entstehen könnte. Wenn eines der Probleme unseres Volkes, wie mir scheint, eine Identitätskrise ist, die sich in mangelndem Selbstvertrauen und mangelnder Zuversicht ausdrückt, dann trägt die Unzulänglichkeit des Selbstbildes ihr Teil dazu bei. Das Kino, und mit ihm das Fernsehen, sind die Parade-Medien zur Übermittlung und Wahrung der kollektiven Erinnerung – wichtige Faktoren für die soziale Entwicklung, mächtige Werkzeuge von grundlegender Bedeutung für die Rekonstruktion unserer Identität, unserer Nation.

Deshalb hat unser Land eine *Staatliche Einrichtung für die Filmkunst* dringend nötig, um der Entwicklung des Kinos eine Richtung zu geben.

Wie sieht die kongolesische Vorstellungswelt aus?

Das Bild heißt *Tshi-didimbi*, Schatten, Reflex, Spiegelbild.[57] Das Bild ist natürlich oder künstlich, visuell oder nicht visuell, greifbar oder erdacht, metaphorisch. »Unsere Zugehörigkeit zur Welt der Bilder ist viel stärker, für unser Wesen viel bestimmender als unsere Zugehörigkeit zur Welt der Gedanken.« (Gaston Bachelard).

Der Alltags unseres Volkes besteht nicht allein aus Wörtern und Finanzaktionen, sondern vor allem aus Bildern, Utopien und Träumen. Sämtlich Dinge, derer es sehr wohl bedarf, um eine Wirklichkeit im Dienste einer menschlichen Entwicklung zu schaffen, die unserem Streben nach einer fortschrittlichen, gerechten Gesellschaft entspricht. Denn wie sollen wir ein Land aufbauen, »… schöner als zuvor«[58], wenn wir nicht zuerst die Bilder erzeugen, die uns dazu bewegen, uns selbst und unser gemeinsames Werk selbstbewusster wahrzunehmen?

Die schöpferische Fantasie ist selbst die Quintessenz der Kreativität und des Erfindungsgeistes. Sie ist auch in der Politik gefragt, wenn es gilt, aus einer zerfallenden Wirklichkeit etwas Neues zu schaffen, die Realität positiv zu revolutionieren, in den Dienst aller zu stellen, mit guten Strukturen ausgestattet und im Sinne guter Regierungsführung für die Gesellschaft. Sollte ein Politiker Teil dieser Welt der Utopie sein, so wäre er seinem Volk zweifellos ein großes Oberhaupt. Haben wir einen solchen Politiker im Kongo?

»Wagen wir's, die Zukunft zu erfinden!«, sagte einst Thomas Sankara, der sein Volk aufgerichtet hat.

Im Jahr 2011, in seiner aktuellen Demokratisierungsphase, ist der Kongo noch weit von einer Gesellschaft entfernt, die sich die menschliche Entfaltung ihrer Bürger zum Ziel gesetzt, sie gar als Hauptzweck politischen Handelns überhaupt begriffen hätte. Weil die Verfolgung dieses Ziels zur Planung einer tiefgreifenden Neuordnung der sozialen Institutionen, der wirtschaftlichen, politischen und kulturellen Beziehungen, der Einstellung zu Staatsbesitz und -vermögen, aber auch der ebenso reformbedürftigen administrativen und technischen Produktionsprozesse und der Arbeitsorganisation führen würde. Denn alle

---

[57] In der Sprache der Luba.
[58] Zitat aus der Nationalhymne.

Strukturen für administrative Entscheidungen und zur Arbeitsorganisation sind noch dem Erbe des verheerenden neokolonialen Regimes von Zaire, der Epoche Mobutus, verhaftet. Die größte, dringendste und heilsamste Reform, derer das Land bedarf, ist die Erneuerung des Menschen, des Selbstverständnisses des Kongoleseseins. Das ist die einzige »Baustelle«, das große Werk, neben dem jedes andere materielle und materialistische Werk nur Mittel und Werkzeug für diese umfassende menschliche Revolution ist, die unser Kongo braucht.

Welches Image hat also der Kongo?

Angesichts der Konstruktion des *imaginaire*, der Vorstellungswelt, müssen die kongolesischen Intellektuellen unsere individuelle und unsere kollektive Entfremdung neu denken und dem Land ein, bisher ja fehlendes zuverlässiges kulturelles Gerüst anbieten, als wesentliches Fundament des gesellschaftlichen Aufbaus. Heute kümmert sich jedes Land, jede Institution, jeder Unternehmer, sogar jede Einzelperson um ein eigenes Image, legt Wert auf gute Außendarstellung, für die entsprechende Strategien erforderlich sind, aus denen die sogannte *corporate identity* resultiert.

Welches Bild von sich hat unser Land der Welt zu bieten? Großmütige Männer und Frauen müssten sich in einem intellektuellen unparteiischen Gremium zusammenschließen und es sich zur Aufgabe machen, die radikale Phase der echten Entkolonisierung und der »Entzairisierung« der Kongolesen einzuleiten. Nach den Worten von Professor Vumbi Yoka Mudimbe ist der Kongolese »ein irrationalistisches Wesen«, das gern im »widerlich Schönen« lebt.

> Wie aber kann man auf Dauer akzeptieren, dass das Schöne widerlich, das Paradies höllisch ist? Das funktioniert nur, solange eine Gesellschaft sich krampfhaft bemüht, die Tatsache zu ignorieren, dass sie ihr Unglück zum Teil selbst verursacht, ohne dessen Ursachen auf äußere Faktoren zu schieben: Gott, die Vorfahren, die Nachbarn, die ›weltweite Krise‹, den historischen Kontext, die Naturgesetze, etc.

Wie aber soll dieser bedeutsame soziale Wandel bewerkstelligt werden, wenn das Volk nicht mit eigenen Bildern versorgt wird, die seine Vorstellungswelt bereichern und erweitern?

Wenn es uns gelänge, in unserer kollektiven Vorstellungswelt das anzulegen, was uns gut tut, nicht im materialistisch eingeengten Sinne, allein auf die kleinen augenblicklichen Freuden des Lebens ausgerichtet, sondern zum Nutzen und Vorteil der Allgemeinheit gedacht und als Richtschnur für kommende Generationen – dann entstünden auf Dauer Bilder, die das Selbst- und das Weltbild der Kongolesen für immer in sich trügen. Damit hätten wir die wichtigste Veränderung ins Werk gesetzt, derer es zu unserer wirklichen Entfaltung bedarf: die kulturelle Entwicklung des Kongolese-Seins.

»Die Geschichte wird eines Tages urteilen«, hat Patrice Lumumba uns gewarnt. Doch welche Geschichte wird das sein, ohne Bilder, ohne unsere, von uns gemachte Bilder? Unsere Geschichte steckt voller Bilder, die auf ihre kongolesischen Konsumenten warten. Auch das ist auf lange Sicht die Rolle des Kinos: das Imaginäre und die Erinnerung ersinnen, bebildern, mit Bildern nähren. Und das Leben neu erfinden.

Um diese Änderung in der Vorstellungswelt der Gesellschaft zu bewirken, ist zu allererst ein kreativer Prozess notwendig. Wie alle Gesellschaften muss der Kongo seine eigene Bilder- und Vorstellungswelt erfinden und konstruieren: seine eigenen Institutionen, Gesetze, Traditionen, seinen eigenen Glauben und seine eigenen Verhaltensregeln. Wobei klar ist, dass es für die menschliche Gesellschaft kein einheitliches theoretisches Modell gibt.

Das kongolesische Theater – noch immer am Scheideweg

André Lye Mudaba Yoka

1977 schrieb ich in der Schlussbemerkung meiner Dissertation, dass das kongolesische Theater der Büchse der Pandora gleiche, mit dem Besten und dem Schlechtesten, was sie zu bieten habe. Ich schrieb, das kongolesische Theater zeichne die kongolesische Gesellschaft nach, ihre Widersprüche, ihre Mimikry, ihre Unentschiedenheit angesichts der Herausforderungen der Moderne, ihrer Neigung zu Improvisation und zum Informellen. Viel scheint sich nicht geändert zu haben, trotz einiger Fortschritte auf dem Gebiet der dramatischen Literatur oder was die Nutzung neuer Technologien anbelangt.[59]

Die Geschichte des modernen kongolesischen Theaters: Meilensteine

Im Folgenden seien die Entwicklungsphasen des kongolesischen Theaters aufgeführt, sowohl im Bereich der Dramatik als auch im Schauspiel:[60]

In der ethnographischen Phase schreiben zunächst nicht kongolesische, sondern belgische Autoren und Mäzene, Missionare nämlich, über biblische Themen. Unter ihnen der Jesuiten-Pater Ivon Struyf, der 1905 für die Schüler der Mission von Kisantu (Provinz Bas-Congo) das Stück *Die Geburt unseres Herrn* schrieb und aufführen ließ. *Katikiro*, eine Tragödie über die Märtyrer von Uganda (1925), stammt aus der Feder des Jesuitenpaters Polydore Meulenyseroder. 1930 entstand im Seminar

---

[59] Lye M. Yoka, *Les survivances de la littérature orale dans le théâtre africain contemporain*. Dissertation, Sorbonne Nouvelle, Paris III, Paris, 1977.

[60] Lye M. Yoka, Le théâtre congolais à l'époque colonialé, in: *Aspects de la culture à l'époque coloniale en Afrique centrale*, Archives et Musée de la littérature, Band 7, L'Harmattan, 2007 S. 151-164.

von Bolongo (Provinz Équateur) die *Mysterien*-Serie, mit Stücken zur Darstellung biblischer Szenen, wie man sie einst auch im Mittelalter auf Kirchenvorplätzen aufführte. Nicht zuletzt seien, zwischen 1951 und 1957, Stücke in französischer Sprache und in Lingala genannt, etwa die des Paters François Bontinck, der dem Scheutistenorden angehörte: *Emmanuel, La victoire sur la mort, Jeu de Marie, Quand Dieu appelle Mbombo, Liwa lye Songolo, Mampa ma bomoyi u. a....*

Die zweite Phase ist die des Kopierens, Nachahmens und will die Volkskunst auf die Bühne bringen. Die ersten kongolesischen Autoren an den christlichen Schulen und Seminaren sind fleißige und gelehrige Schüler im besten Sinne des Wortes, weil sie die weißen Lehr-Meister imitieren und Themen wählen, die vom indigenen Leben der »Ureinwohner« handeln. Unterstützt durch eine wachsende Zahl von Mäzenen im Umfeld der *Amis de la vie indigène (Freunde des Lebens der Ureinwohner)* oder in der *Association des Anciens Elèves des Ecoles Chrétiennes* (ASSANEF, *Vereinigung ehemaliger Schüler christlicher Schulen*) sowie mit Hilfe von Zeitschriften und Zeitungen, wie *La Voix du Congolais* oder *Présence congolaise*, machen kongolesische Autoren, christlich geprägt, in den Jahren zwischen 1950 und 1960 erste folkloristisch inspirierte Schreibversuche. In Leopoldville lassen sich erste Erfolgsautoren nennen, Albert Mongita etwa, mit seinen Stücken *Ngombe, Mangengenge, Soki Stanley te*; Pater Joseph-Albert Malula, der spätere Kardinal-Erzbischof von Kinshasa, mit *Jeu Marial* und *Makalamba*, oder Justin Disasi mit *Se motema* und *Arrivée tardive*. In Elisabethville ist Bondekwe zu erwähnen, mit seinem Stück *Le Professeur de Lumière*. In dieser Zeit entstehen auch die »Volksstücke«, auf Wanderbühnen gezeigt und kombiniert mit Musik-Variétés, Tänzen, folkloristischen und akrobatischen Darbietungen, Schönheitswettbewerben, Sketchen. Als Animateure sind hier Albert Mongita, Justin Disasi, Maitre Ngombe, alias Maitre Taureau, zu nennen. In diese Zeit, in der das Volkstheater auflebt, fällt auch die Entstehung der Hörspiele, des Radiotheaters.

Die dritte Phase ist die Phase der Theaterinszenierungen zwischen 1960 und 1970. Hier finden sich erstaunlicherweise nur wenige Werke aus der Feder kongolesischer Autoren. Vielmehr steigt, mit dem Exodus und den tragischen Ereignissen in der Zeit nach der Unabhängigkeit, die Zahl der Theaterensembles, in denen anfangs meist aus der Provinz Katanga eingewanderte Schauspieler aktiv sind. Zu nennen sind hier *Le Théâtre des Quatre Comédiens, Mwagazo Théâtre, Mwondo Théâtre, Union Théâtrale Africaine (UTHAF), Théâtre Mongita, le Théâtre des Douze, le Théâtre des Trois Nègres, La Jeunesse Théâtrale Kimbanguiste, l'Union Théâtrale de Kinshasa, le Théâtre du 30 Juin*. Eine Auswahl der besten Schauspieler dieser Truppen wird übrigens im Jahr 1966 den Kongo-Kinshasa auf dem ersten *Festival des Arts Nègres* in Dakar vertreten und das Drama *La mort de Shaka* des Maliers Seydou Badian aufführen. In dieser Phase entsteht die *Association des Théâtres Amateurs*, (ATHAZ, Vereinigung der Amateur-Theater).

In der *Phase des politischen Theaters und der politischen Mobilisierung in der Staatspartei*, während der siebziger Jahre, radikalisiert sich die »Revolution«, der die Einheitspartei, die Revolutionäre Volksbewegung (MPR), ihren Stempel aufdrückt, indem sie ideologische Vorgaben macht, mit ihrer »Rückkehr auf die Authentizität«, durch die Bildung von »Stoßtrupps für politisches und kulturelles Theater«. 1972 organisiert die MPR in Kinshasa das erste Theater-Festival, zu dem Ensembles aus allen Provinzen anreisen. Politische und kulturelle Veranstaltungen werden zu regelrechten Karnevalsparaden, mit volkstümlichen Tänzen, Gesängen, folkloristischen Riten, die auf Huldigung und Hymnen zu Ehren des »erleuchteten Führers« Mobutu Sese Seko und der Staatspartei hinauslaufen.[61] In jene Zeit fallen die Gründung des *Conservatoire National de Musique et d'Art Dramatique* (das spätere *Institut National des Arts*) im Jahr 1967, des *Théâtre National Congolais* (1969) und des *Ballet National* (1975).

Die Phase der audiovisuellen Medien und der Fernsehserien, im Jahrzehnt zwischen 1970 und 1980, ist von Bedeutung, weil zum Einen engagierte kongolesische Schriftsteller erneutes Interesse finden: Philippe Elebe Lisembe (*Prophète Simon Kimbangu*), Wembo Ossako (*Commandant Jésus*), Tambwe Mushapata (*Scandale*), Mikanza Mobyem (*Procès à Makala, Monnaie d'échange, Ngembo, Notre sang, Tu es sa femme*), Yoka Lye (*Kimpwanza, Tshira*), Mwamba Musas (*Muzang*), Latere Ama Bulie (*Pitié pour ces mineurs*), Tandundu (*Les Afriques s'affrontent*), Nghenzi Lonta (*La tentation de Sœur Hélène*)...

---

[61] Kapalanga Gazungil, *Les spectacles d'animation politique en République du Zaïre. Analyse des mécanismes de reprise, d'actualisation et de politisation des formes culturelles africaines dans les créations spectaculaires modernes*, Louvain-la-neuve, Verlag Cahiers-théâtre-Louvain, 1989.

Zum Anderen aber tritt in den Jahren von 1970 bis 1980 vor allem das – seit 1966 bestehende – nationale Fernsehen auf den Plan, das stark zur Theaterförderung beiträgt, weil es Aufführungen ins Programm nimmt. Und so verbindet man mit dem Fernsehen des Landes Namen von Theatergruppen wie *Salongo* (mit ihrem erfolgreichen Stück *Mwana Nsusu*, im Stil einer Telenovela, 1983) und *Théâtre Nzoi*.

In Lubumbashi, wo die Theatertradition noch ebenso lebendig ist wie zur Kolonialzeit, orientieren sich Stücke nach wie vor an lokalen Theater-Traditionen und werden zu festlichen Aufführungen nach Art des »Theater Total«. Das im Jahr 1967 vom Franko-Italiener Denis Franco gegründete *Mwondo Théâtre* war mit seiner Form der Darstellung besonders erfolgreich. Sie verfolgte zum Einen didaktische Ziele (behandelte, zum Beispiel in dem Stück *Uzazi Bora, so* drängende Entwicklungsfragen wie wünschenswerte Geburten), und verfocht zum Andern ethische und ästhetische Werte im Dienste des Allgemeinwohls (etwa in dem Stück *Tasifula, Kani Tomanga*). Auf Franco geht übrigens, im gleichen Stil, die wunderbare Bühnenfassung des Epos *Lianja* (1975) in Form eines Balletts mit traditionellen Wurzeln zurück. Ein wahrer Welterfolg!

In *der Phase neuer Experimente und neuen Engagements*, seit den neuziger Jahren, ist die Theaterlandschaft förmlich in verschiedene Richtungen hin explodiert: So versucht etwa das *Théâtre Maisha* des *Institut National des Arts*, mündliche Traditionen mit klassischer Dramaturgie zu kombinieren; ein anderes Phänomen sind die Theater in der »Cité«, in den populären Stadtvierteln, mit Truppen wie der *Compagnie des Intrigants, Ecurie Maloba, Marabout Théâtre, Tarmac des Auteurs, M Majuscules*, oder *Minzoto Wela*. Sie versuchen nun, auf ihr Publikum zuzugehen, nicht umgekehrt, und schaffen, unter anderem in populären Wohngebieten wie Ndjili, Bandalungwa, Kintambo, Ngaba, Kinshasa, eine Art partizipatives Theater, das Alltagsthemen behandelt und sich dadurch enger am Publikumsgeschmack orientiert.

Modernes kongolesisches Theater: Aussichten

Diese Themen und die neuen Tendenzen bei der Erarbeitung, Produktion und Verbreitung von Stücken fallen bei vielen der aufkommenden Autoren auf fruchtbaren Boden, die, wie Pierre Mumbere (*La dernière enveloppe*), Nzey Van Musala (*Zérocrate),* Thierry Nlandu *(Misère*), Yoka Lye *(La foire des Pharaons, Lettres du trottoir*), sozialpolitische Missstände vehement anprangern.

Zugleich gibt es erste Versuche in moderner Choreographie (deren Grundstein Absolventen des *Conservatoire de Musique et d'Art Dramatique* bereits 1971 mit ihrem Stück *La Geste des Vivants* legten; ähnlich Tshisungus Stück *Lisolo* im Jahr 1982). Diese Versuche im zeitgenössischen Tanz – noch in der Entwicklungsphase – schöpfen aus der kraftvollen Gestik der Kongolesen; sie sind inspiriert von Leidenschaft, Liebe und von der Zerrissenheit einer Gesellschaft, die in der Krise steckt. Hier sind Choreographen wie Faustin Linyekula zu nennen, mit seinem Ensemble *Kabako* und seinem Stück *Lisapo* (1882), Patrick Haradjabu mit *Anneaux II*, Didier Ediho und sein Stück *Losanganya*, Jacques Baba und seine nach ihm benannte Truppe, auch Akim und das Nationalballett ...

Noch ist es natürlich zu früh, zu sagen, ob diese Experimente ihr Publikum finden werden, denn noch steht das diesen, seiner Ansicht nach »ausgefallenen Innovationen« eher zurückhaltend gegenüber ...

Ausdrücklich bleibt jedoch festzuhalten, dass sich das kongolesische Theater, sowohl im Hinblick auf die literarische Produktion als auch auf die Darbietung, noch in der Phase des Informellen und der Improvisation befindet, auch schlicht deshalb, weil Infrastrukturen veraltet sind, weil Möglichkeiten der Verbreitung fehlen, weil das Showbusiness voller Hindernisse steckt, weil nur mangelhafte Strukturen zum Schutz der Urheber- und anderer Rechte bestehen, und nicht zuletzt, weil man sich in einer Kulturlandschaft bewegt, in der Brauerei-Betriebe als »Sponsoren« auftreten, in der eine Vielzahl religiös oder kommerziell geprägter Privatfernsehsender sich nicht die Kulturförderung zur Aufgabe machen, und weil auch die nationale Kulturpolitik nicht über nennenswerte Ressourcen verfügt, die den Enthusiasmus und die Kreativität der Kulturschaffenden fördern würden.

Wir möchten mit den Worten von Mukala Kadima-Nzuji schließen:

(...) die (kongolesischen) Autoren haben, wenn auch in unterschiedlichem Maße, ihren Willen bekräftigt, sich am Aufbau der kongolesischen Nation zu beteiligen. (...) Jedenfalls aber war das kongolesische Theater – Amateure und Profis gleichermaßen – angetreten, nicht nur das umzusetzen, was Pius Ngandu Nkashama als »das tragische Bewusstsein der fortgesetzten Krisen, die das Land erschüttern« beschreibt, sondern auch den Willen, jenen Ort zu etablieren, an dem die große Frage nach einer gemeinsamen Zukunft gestellt wird.[62]

---

[62] Mukala Kadima-Nzuji, Jalons pour une histoire du théâtre congolais moderne: espaces de création dramatique et spectaculaire, in: *Congo-Afrique*, Nr. 381, Januar 2004, S. 23-37.

Ganz Afrika tanzt nach den Rhythmen kongolesischer Musik

Iseewanga Indongo-Imbanda

Die Geschichte der heutigen DR Kongo ist durch entmenschlichende Herrschaft und politischen Verfall gekennzeichnet, denen die Bevölkerung dieses Landes zu Zeiten der Herrschaft Leopolds II, der brutalen belgischen Kolonisierung, und des Mobutu-Regimes ausgesetzt war – und noch ist, wenn man die andauernde, nicht enden wollende Unsicherheit und ihre sozialen, wirtschaftlichen und humanitären Folgen im Land in Betracht zieht.

So erstaunlich es auch sein mag: Die Bevölkerung der Demokratischen Republik Kongo hat trotz der oben erwähnten Lage eine weltweit erfolgreiche Tanzmusik hervorgebracht, die »verschiedene Arten der mit unterschiedlichen von außen kommenden kulturellen Einflüssen vermischten kongolesischen volkstümlichen Musik wiederspiegelt«[63]. Seit Jahren tanzt ganz Afrika nach den Rhythmen der kongolesischen Musik. »Kinshasas Musikszene ist legendär, kongolesische Stars (…) sind internationale Superstars, nach ihrer Musik tanzt man in Nairobi, Lusaka, Johannsburg (…)«, schreibt Andrea Böhm in ihrem kürzlich erschienenen Buch.[64]

Dieser Erfolg geht auf die Gründung des ersten Aufnahmestudios, *Loningisa*, in Zentralafrika in Léopoldville (heute Kinshasa) im Jahre 1939 zurück. Es folgten *Ngoma* (1941) und später weitere, darunter *Opika* (1950) und *Ecodis* (1955). Ausgestattet mit modernen Musikinstrumenten gehörten einige dieser Tonstudios griechischen Kaufleuten. Eine entscheidende Rolle spielen die in der Hauptstadt von Belgisch-Kongo ansässigen Westafrikaner. Sie führten Musikinstrumente ein,

---

[63] Iseewanga Indongo-Imbanda: Die Rhythmen der unabhängigen Afrika, in: *Kongo, Geschichte eines geschundenen Landes. Weltmission heute*, Nr. 55, Evangelisches Missionswerk in Deutschland, Hamburg, März 2004, S. 45-51.

[64] Andrea Böhm: *Gott und die Krokodile. Eine Reise durch den Kongo.* S. 41. Pantheon Verlag. München. Februar 2011.

die den Kongolesen nicht bekannt waren: Mundharmonika, Akkordeon und Gitarren.

Obwohl die ersten mondänen Vorführungen in den von Afrikanern bewohnten Teilen Léopoldvilles zu dieser Zeit den Westafrikanern, die der autochthonen Bevölkerung nahestanden, zugeschrieben werden, war die lokale musikalische Tradition sehr reich. Jede ethnische Gruppe hatte ihren eigenen Stil des Musizierens und des Tanzes. Der kosmopolitische und multikulturelle Charakter der Hauptstadt Léopoldville ließ daraus etwas Neues entstehen. Wie im Dorf versammelte man sich um den *Tamtam*-Meister, um zum Beispiel Geburt, Hochzeit, Todesfall oder das Ende der Trauerfeier zu zelebrieren. Im Gegensatz zum Dorf aber waren das Repertoire der Gesänge und die Tanzschritte in der Hauptstadt vielseitiger und abwechslungsreicher. Man fügte den Gesängen neue Melodien, die man bei den Missionaren gehört oder von ihnen gelernt hatte, und den traditionellen Tänzen die lateinamerikanischen, westafrikanischen und europäischen Schritte hinzu. Vorausgesetzt, dass sie rhythmisch waren und das Tanzfieber weckten.[65]

Hinzu kam, dass das von Thomas A. Edison (1877) erfundene Grammophon als Mittel für eine blitzschnelle Diffusion des musikalischen Ausdrucks diente, mit der Folge, dass es gerade afrikanischen Gesellschaften, die auf oralen Traditionen, also auf mündlicher Überlieferung basieren, neue Möglichkeiten eröffnete. Man kann also sagen, dass das Grammophon damals der heutigen mobilen Diskothek entsprach. Es wurde von Dorf zu Dorf transportiert, um die Freizeit der Bevölkerung zu gestalten. Außerdem wurde das *Radio Congo Belge* (1942) in Betrieb genommen. Es besiedelte mit seinem starken Sender die zentralafrikanische Region.

Mit »kongolesischer Tanzmusik« meine ich hier den *Kongo-Rumba*, in dem »der Gesang eine besondere Bedeutung, eine ganz bestimmte Art des Tanzes zur Folge hat und ein musikalischer Ausdruck ist«[66], der einen der essentiellen Aspekte des politischen, kulturellen und sozialen Lebens der kongolesischen Bevölkerung darstellt. Charakterisiert wird der Kongo-Rumba durch zwei Determinanten: a) den Gesang (seinen verbalen Inhalt) und b) den Tanz (seine gestuelle bzw. gestikulierte Botschaft).

Im Folgenden werde ich mich mit dieser Musik beschäftigen, und zwar unter Berücksichtigung ihres Einflusses auf die politische Ent-

---

[65] Vgl. Iseewanga Indongo-Imbanda: a. a. O., Seite 46.
[66] Iseewanga Indongo-Imbanda: a. a. O., Seite 45.

wicklung des Landes vor und nach der Unabhängigkeit. Versucht wird dabei zu zeigen, wie weit diese Musik bzw. ihr Inhalt mit der politischen Entwicklung des Landes zu tun haben.

Erste engagierte kongolesische Musiker

An dieser Stelle sind – stellvertretend für viele Musiker, die sich von der kolonialen Situation und ihren Folgen inspirieren ließen –, Antoine Mundanda und Adou Elenga zu nennen.

In seinem Lied *nzela ya Ndolo* (frz.: *chemin de la prison de Ndolo* / dt.: Der Weg zum Gefängnis von Ndolo) beschreibt Mundanda die Geschichte eines jungen Fischers, der nach Léopoldville (heute Kinshasa) kommt, um seine Chance zu suchen. Dort erlebt er aber nur Enttäuschungen: Prostitution, Misstrauen, Vorurteile und als Ausgang das Gefängnis von Ndolo:

> Poto-Poto est une grande cité / Mais Kinshasa c'est vraiment l'Europe en Afrique / Je viens de Banningville, une de ces cités des Blancs / A peine ai-je voulu me marier / Qu'il me fallait affronter une dizaine de témoins / Si je suis mal tombé, c'est à cause des filles de rue / Oui, les amis, méfiez-vous de ces filles / Si vous vous y attachez, vous finirez par la prison / Vous connaissez Maluku, petit village teke / En quittant Maluku, j'ai pris ma petite pirogue' ndeke luka' / J'ai ramé et glissé dans l'eau comme dans un poisson sans arête / Ayant pris la direction de la Sabena, j'ai tourné à nouveau pour atteindre le port de Ndolo / Arrivé à destination, j'ai amarré mon ndeke luka / Puis je suis descendu au marché pour vendre ma marchandise / La marchandise vendue et après avoir fait mes comptes / Je me dirige pour faire les achats mais j'entends derrière moi »Out«! / Je me retourne et on m'exige des papiers / Je veux m'expliquer mais déjà la gifle siffle / Je veux m'échapper mais déjà la matraque m'écorche le dos / Vraiment, les amis, le coup a la vigueur d'une décharge électrique / Je tombe à terre, me retourne en tous sens et invoque ma mère en me tordant sur le sol / Que mes pensées soient pour toi que j'aime ! / A la prison de Ndolo, on m'enlève les habits et m'enfile d'autres qui ressemblent à ceux qu'on porte pour jouer au ballon / Ah ! Les amis, évitez le chemin de la prison / En prison on vit comme dans une cale de navire / Moi qui voulais me marier, me voilà en prison, ne sachant plus que faire / Que mes pensées soient pour toi que j'aime![67].

---

[67] Isidore Ndaywel è Nziem: *Histoire générale du Congo. De l'héritage ancien à*

Mit *nzela ya Ndolo* beschrieb Mundanda die Folgen des Lebens in der Stadt – die Regellosigkeit des traditionellen Lebens, die dort herrschende Rassendiskriminierung, die unmenschliche Behandlung, die Prostitution –, und hatte zugleich eine »neue musikalische Sprache, eine neue Tonart« eingeleitet, die von einigen Musikern imitiert und großen Erfolg haben wird. In seinem Lied *Ata ndele...* sagte der kongolesische Musiker und Sänger Adou Elenga die Möglichkeit des Sturzes der kolonialen Macht voraus. *Ata ndele...*, das kurz vor der Veröffentlichung

---

la République Démocratique. S. 486. De Boeck & Larcier s. a., 1968. Département Duculot, Paris, Bruxelles. Übersetzung durch Iseewanga Indongo-Imbanda: Poto-Poto ist eine große Stadt / Aber Kinshasa ist wie Europa in Afrika / Ich komme aus der Stadt Banning (Genannt nach dem Namen eines Mitarbeiters von Leopold II: Banning.), eine der Städte, die von Weißen bewohnt wird / Gerade erst wollte ich heiraten / Ich musste aber ca. 10 Konkurrenten die Stirn bieten / Wegen der Bekanntschaft mit den Straßenmädchen habe ich viel Zeit verloren / Ja, Freunde, Sie sollen sich vor diesen Mädchen hüten / Wenn Sie an ihnen hängen, werden Sie im Gefängnis landen / Kennen Sie Maluku (ein Dorf flussabwärts von Kinshasa), ein kleines Teke-Dorf (Teke: Singular; Bateke: Plural; eine Volksgruppe, die sowohl in der DR Kongo als auch in der Republik Kongo (Brazzaville) sowie in Gabun lebt.) / Ich habe Maluku mit meinem kleinen Einbaum namens *ndekeluka* (fliegender Vogel) verlassen / Ich habe gerudert und mich im Wasser wie ein Fisch ohne Gräten bewegt / Da ich auf Sabena (ein Quartier von Kinshasa) zugesteuert bin, musste ich wieder abbiegen, um den Hafen von Ndolo zu erreichen / Am Ziel angekommen, habe ich meinen Einbaum verankert. / Ich bin dann zum Markt gegangen, um meine Waren zu verkaufen / Nachdem ich sie verkauft und abgerechnet hatte / Ging ich zu den nahe liegenden Geschäften, um einzukaufen, aber hinter mir rief man »Out« / Ich drehe mich und man verlangt meine Ausweispapiere / Aber bevor ich mich rechtfertigen konnte, bekam ich eine Ohrfeige / Ich will ausweichen, aber der Schlagstock trifft auf meinen Rücken / Aber, Freunde, der Schlag hat die Wirkung einer elektrischen Ladung / Ich bin auf den Boden gefallen, habe mich hin und her gedreht und die Erinnerung an meine Mutter wachgerufen / Sollen meine Gedanken für Dich sein, Dich, die ich liebe / Im Gefängnis von Ndolo wurde ich entkleidet und bekam Wäsche wie die, die man beim Fußballspielen trägt / Ah! Freunde, gehen Sie dem Gefängnis aus dem Weg / Im Gefängnis lebt man wie in einem Schiffsbauch / Ich, der heiraten wollte, befindet sich nun im Gefängnis, ich weiß nicht mehr, was ich machen soll. Sollen meine Gedanken für Dich sein, dich, die ich liebe!

des »30-Jahresplans zur Unabhängigkeit Kongo« des belgischen Professors Jef van Bilsen (1955)[68] herauskam, kam einer Prophezeiung[69] gleich:

> Tôt ou tard, il sera renversé, il sera renversé le pouvoir blanc / Tôt ou tard, le monde sera purifié /Tôt ou tard, le monde basculera / Tôt ou tard, le monde sera purifié.[70]

Zwei große Schulen

Herkömmlicherweise wird die kongolesische moderne Tanzmusik von zwei großen Schulen getragen: *African Jazz* von Joseph Kabasele (»alias Grand Kallé«) und *O. K. Jazz* von Luambo Makiadi (»alias Franco«), die das soziale und politische Leben berücksichtigen. Sie wurden Vorbild für zahlreiche andere Orchester.[71] Sie spielten keine Jazz-Musik. Die Vokabel »Jazz« wurde angehängt, um zu zeigen, dass ihre Musik modern, kultiviert und äußerst unterhaltend ist.

»Grand Kallé« und African Jazz

Joseph Kabasele, bekannt unter dem Pseudonym »Grand Kallé«, hatte das Orchester *African Jazz* im Jahre 1953 gegründet, mit dem er die kongolesische moderne Tanzmusik revolutioniert hatte, indem er den Rumba elektrifizierte und Tuba und Trompete einsetzte. Die Grundlage seiner Musik schöpfte er aus dem Repertoire kubanischer Tänze: Charanga, Bolero, Cha-Cha-Cha, Mambo usw. »Grand Kallé« und African-Jazz-Musiker zählten zu den bekanntesten Musikern Afrikas.

Auf der politischen Ebene war Belgisch-Kongo das Zentrum ver-

---

[68] http://www.kongo-kinshasa.de/geschichte/geschichte2.php
[69] Isidore Ndaywel è Nziem: a. a. O., S. 488.
[70] Übersetzung aus dem *Lingala* ins Französische durch Isidore Ndaywel à Nziem: a. a. O., S. 488 und ins Deutsche durch Iseewanga Indongo-Imbanda: »Früher oder später wird die weiße Macht gestürzt / Früher oder später wird die Welt geläutert / Früher oder später wird die Welt umgeschwenkt / Früher oder später wird die Welt geläutert«.
[71] Iseewanga Indongo-Imbanda: a. a. O., Seite 49.

schiedener Massenunruhen[72]. Die kongolesischen Nationalisten hatten mit den belgischen Kolonialkräften zu kämpfen. Die Situation in der Hauptstadt, Léopoldville, war unhaltbar: Politische Kämpfe und Verhaftungen vermehrten sich. Um Ruhe in die Stadt zu bringen, wurde eine Konferenz mit der Bezeichnung »Table Ronde« (dt.: Runder Tisch) im Januar 1960 in Brüssel[73] einberufen, mit dem Ziel, über die Zukunft der belgischen Kolonie zu befinden. Teilnehmer waren Vertreter aller Schichten der kongolesischen Bevölkerung, die im Parlament vertretenen belgischen politischen Parteien und die Regierung. Aufgrund seiner Popularität gehörte »Grand Kallé«, Lumumbas Partei nahestehend, der kongolesischen Delegation an, die an der Konferenz von Brüssel in 1960 teilnahm. Hierbei komponierte er zwei Musikstücke, unter denen das berühmte und unwiderstehliche *Indépendance Cha Cha,* in dem die Namen aller wichtigen kongolesischen Akteure und der an diesem Gipfeltreffen teilnehmenden kongolesischen politischen Parteien nacheinander aufgelistet wurden:

Indépendance Cha Cha tozui e / O kimpanza Cha Cha tubakidi / O Table Ronde Cha Cha ba gagner o / O Dipanda Cha Cha tozui e / 1) Assoreco na Abako bayokani moto moko / Na Conakat na Cartel balingani na Front commun / Bolikango, Kasa-Vubu mpe Lumumba na Kalonji, Bolya, Tshombe, Kamitatu / O Essadja, Mbuta Kanza / 2) Na MNC, na UGECO, ABAZI na PNP / Na PSA, African Jazz / Na Table Ronde ba gagner.[74]

---

[72] http://www.kongo-kinshasa.de/geschichte/geschichte2.php
[73] http://www.kongo-kinshasa.de/geschichte/geschichte2.php
[74] Übersetzung (Isidore Ndaywel è Nziem: a. a. O., S. 549): »*L'indépendance cha cha nous l'avons eue / Oh! L'indépendance cha cha nous l'avons eue / C'est à la Table ronde cha cha qu'elle a été gagnée / Oh! l'indépendance cha cha nous l'avons eue / 1) Assoreco et l'Abako se sont entendues telles un seul homme / Et la Conakat et le Cartel au sein du Front commun / Il en est de même de Bolikango et Kasa-Vubu, Lumumba et Kalonji / Bolya, Tshombe, Kamitatu / Essadja et le vieux Kanza / 2) Le MNC, l'UGECO, l'ABAZIi et le PNP / Le PSA, l'African Jazz / A la Table ronde ils l'ont aussi emporté.*« Auf dt.: »Die Unabhängigkeit chacha, wir haben sie / Oh! Die Unabhängigkeit chacha, wir haben sie / Sie wurde am Runden Tisch erkämpft / Oh! Die Unabhängigkeit chacha, wir haben sie/ 1) Assoreco und Abako haben sich glänzend verstanden / Und Conakat und das Kartell innerhalb der gemeinsamen Front / (Dies gilt) auch für Bolikango und Kasa-Vubu, Lumumba und Kalonji / Bolya, Tshombe, Kamitatu, Es-

In drei kongolesischen Nationalsprachen[75] (*Lingala*, *Kikongo* und *Tshiluba*) gesungen, diente das Lied später als Anschlusshymne aller antikolonialistischen Bewegungen in den Ländern des frankophonen Afrika, die 1960 in die Unabhängigkeit entlassen wurden. Das zweite Lied *Table Ronde* mit fast dem gleichen Inhalt erinnert an das Gipfeltreffen von Brüssel, das die kolonialen Behörden und die kongolesischen politischen Führer zusammenführte.

Übrigens wurden *Independance Cha Cha* und *Table Ronde* am Rande des »Runden Tisches« in Brüssel ausgezeichnet und anlässlich der Unabhängigkeitsfeier vor dem belgischen Monarchen, den kongolesischen Regierungsmitgliedern und Volksvertretern und den ausländischen Delegationen am 30. Juni 1960 in Léopoldville gespielt.

Politisch stand Joseph Kabasele, wie gesagt, Patrice-Emery Lumumba sehr nahe. Einige Tage nach der Ausrufung der Unabhängigkeit versank das Land im Chaos. Der Kongo wurde nach der Ermordung Lumumbas von einem Bürgerkrieg heimgesucht. Das politische Engagement Kabaseles erlebte einen schweren Rückschlag. Er fiel in politische Ungnade und durfte nicht mehr auftreten. *African Jazz* wurde 1963 aufgelöst und »Grand Kallé« ging ins Exil nach Frankreich. Dennoch verewigte der Sänger Rochereau Tabu Ley im Kongo den Musikstil der *African Jazz Schule*.

Franco und OK. Jazz

Historisch gesehen wurde das Orchester *OK Jazz* am 6. Juni 1956 gegründet. Aber realiter kam man unter der Leitung von Francois Luambo, alias »Franco de Mi Amor«, schon im Oktober 1954 zusammen. Wie Grand Kallé hatte auch Franco zur Erneuerung der kongolesischen Musik beigetragen, indem er moderne Instrumente und Technik einführte.

Aufgrund ihres Musikstils wird *OK Jazz* als eine Alternative zum sehr beliebten Orchester von Joseph Kabasele bezeichnet. In diesem Sinne wird *OK Jazz* von allen Musikwissenschaftlern als die zweite

---

sandja und den alten Kanza / 2) die MNC, die UGECO, die Abazi und die PNP / die PSA, African Jazz haben sie, die (Unabhängigkeit) beim Runden Tisch mitgenommen.

[75] Neben diesen drei Sprachen zählt auch *Suahili* zu den kongolesischen Nationalsprachen.

Schule der modernen kongolesischen Musik angesehen. Erst im Jahr 1970 konnte man die Geburt einer dritten Schule, auch die »Zaiko-Generation« genannt, erleben,[76] auf deren Musik ich später eingehe.

Franco begriff, dass er seine Zuneigung zu Lumumba verbergen musste, um nicht auch das Schicksal Joseph Kabaseles zu erleiden. Er wandte sich Moise Tshombe zu, der zwischen 1964 und 1965 Regierungschef war, bevor er sich Joseph Mobutu annäherte, der durch seinen zweiten Putsch (1965) an die Macht gekommen war. Dies erschien Franco als einzige Möglichkeit zu sein, um den Fortbestand seines Orchesters zu garantieren.

Wie gesagt, Mobutu stürzt Joseph Kasa-Vubu, übernimmt die Macht am 24. November 1965 und setzt schrittweise seine Diktatur durch, die auf der angefochtenen Autorität des Machthabers basiert, der sich wiederum auf die Einheitspartei stützt. Selbstverständlich werden dabei die Grundfreiheiten, wie die Meinungsfreiheit, mit den Füßen getreten.[77]

Mobutu leitet eine »neue politische Philosophie ein, »die sich im Begriff ›Authentizität‹ zusammenfassen lässt. Die ›Authentizität‹ (…) ist die Weigerung, eine aufoktroyierte, d. h. fremdbestimmte Ideologie, blind zu übernehmen, und ist Ausdruck des Willens, zur eigenen ›Ursprünglichkeit‹ zurückzukehren und die Werte der Vorfahren wieder zu entdecken«.[78]

Viele Beobachter der politischen Szene im Kongo sind der Meinung, dass die von Mobutu gerühmte »Authentizität« dazu diente, das Ego der »Zairer« zu betätscheln, während sich Mobutu und die Parteiwürdenträger bereicherten. Paradoxerweise aber brachte die »Authentizität« einen gewissen Gewinn auf der kulturellen Ebene – insbesondere für die »zairische« Musik. Die »zairischen Musiker eigneten sich den aus Kuba kommenden Rumba endgültig an, indem sie ihm die Phra-

---

[76] Vgl. Jean Maguru Chinyema: Lwambo Franco, Un Baobab de la Musique Congolaise, in: Entwicklung in der DR Kongo/Entwicklung in Politik, Wirtschaft, Religion, Zivilgesellschaft und Kultur, Manfred Schulz (Hrsg.). *Spektrum 100. Berliner Reihe zu Gesellschaft, Wirtschaft und Politik in Entwicklungsländern.* Lit Verlag Dr. W. Hopf Berlin 2008, S. 442.

[77] Graeme Ewans: *Congo Colossus. The Life and Legacy of Franco & OK Jazz.* Buku Press, North Walsham 1994.

[78] http://www.kongo-kinshasa.de/geschichte/geschichte4.php

sierung, die lokale Ästhetik und diesen unnachahmlichen Anschlag beigaben, die für ihn kennzeichnend ist«[79].

Unumstritten ist und bleibt, dass Mobutu in der Tat ein großer Liebhaber der modernen kongolesischen Musik war und die Interpreten der kongolesischen Rumba bewunderte. Den Politikern Kwaame N'Krumah (Ghana) und Sekou Touré (Guinea) folgend, begriff er schon früh, dass die Musik ein exzellentes politisches Propagandamittel sein kann. Folglich unterstützte er die Musiker finanziell, die dann ihrerseits Mobutus Lob sangen.

Nach der Machtergreifung Mobutus mussten die kongolesischen Musiker einen Kompromiss mit der neuen Macht schließen. Die Stars der kongolesischen Rumba nahmen sehr unterschiedliche Haltungen an. Während der Lumumba nahestehende Kabasele schrittweise aus seiner Gruppe, *African Jazz*, ausstieg, revidierte Luambo, der beliebte Chef von *OK Jazz*, seine Zuneigung zu Lumumba, dem er 1961 einen Song mit dem Titel *Patrice Lumumba und die MNC* (Mouvement National Congolais) widmete. Während der Regierungszeit der Einheitspartei machte er in der Nähe der Macht Karriere und wurde ein »Hofmusiker«, der die großen Präsidenten-Feiern animierte, an denen Mobutus Nomenklatura, im Volksmund »grosses légumes«[80] genannt, und die Hautevolée teilnahmen Er selbst wurde reich, an Sachgütern und an spirituellem Ruhm.

Die »Rückkehr zum Ursprung« war ein großer Wendepunkt in der Karriere von »Franco« Luambo Makiadi. Die von ihm bis dahin bevorzugten, kurzen und reißerischen Melodien wurden zu Gunsten von langen, eigenartigen, stärker moralisierenden und stärker in der Beschreibung der »zairischen« Gesellschaft ruhenden Kompositionen aufgegeben. Franco war ein Kritiker seiner Epoche, der die Entwicklungen in der Politik beobachtete und sie, wie Jean Maguru Chinyema[81] bemerkt, in der Art von de la Fontaine[82] oder Molière[83] anprangerte.

---

[79] Graeme Ewans: *Congo Colossus. The Life and Legacy of Franco & OK Jazz*, Buku Press, North Walsham 1994.
[80] »Das fette Gemüse«.
[81] Jean Maguru Chinyema: a. a. O., S. 444.
[82] Jean de La Fontaine (1621-1695), franz. Dichter.
[83] Jean-Baptiste Poquelin Molière (1622-1678), franz. Schriftsteller.

Die achtziger Jahre in der Republik Zaire, und vor allem in der Hauptstadt Kinshasa, waren durch einen zunhemenden Verfall der Sitten gekennzeichnet. Um diese Entsittlichung zu bekämpfen, nutzte Franco die Satire. So komponierte er das Lied *Mario*, um die jungen Männer zu kritisieren, die als »Gigolo« auftraten und sich von begüterten älteren Damen unterhalten ließen. Den verheirateten Frauen, die gegen die guten Sitten verstießen, widmete er den Song *Mamu*. Mit *Lettre au DG* (Brief an den Generaldirektor) sollte die Neigung der Verantwortlichen in der Öffentlichkeit bloßgestellt werden, die sich wichtig taten. *Kabaka* ruft zur Solidarität mit den Mittellosen auf[84]. Mit *Attention na sida* (Auf Aids achten) prangerte er die Gefahr dieser Epidemie für Afrika an. Was sein politisches Engagement anbetrifft, stellt man fest, dass Franco mit dem Modell der Einheitspartei verschmolz, indem er sich ihre »Ideologie« zu eigen machte und sie lobpreiste.

Das Lied *Kaful* (résurrection / Auferweckung) beschreibt die Situation im Land zwischen 1960 und 1965, als das Land vom Grauen der Aufspaltung und der Rebellion heimgesucht wurde. Brüder bekämpften sich gegenseitig, Freunde von einst führten Krieg gegeneinander und die Bevölkerung stürzte ins Elend. Francos Stück klingt mit der Verdammung der Gewalt und des Krieges aus. Nur der durch Mobutu »wiederhergestellte Friede«, wie es dem Lied zu entnehmen ist, führte zum Wiederaufbau der kongolesischen Nation.

Im Rahmen der Präsidentschaftswahl von 1984, bei der es nur einen Kandidaten mit Namen Mobutu gab, komponierte er den Titel *candidat na biso Mobutu* (Mobutu, unser Kandidat):

> Le candidat pour nous / c'est Mobutu / Mobutu tu es un envoyé du ciel / ouvrez l'œil, vous les membres du comité central / car les sorciers n'ont pas abandonné la lutte / quand vous retiendrez la candidature de Mobutu / regardez-vous dans le blanc des yeux / Mobutu sache qu'il y a encore des sorciers dans la famille.[85]

---

[84] Vgl. Jean Maguru Chinyema: a. a. O., S. 444.
[85] Dt.: Unser Kandidat ist Mobutu / Mobutu, Du bist ein Abgesandter des Himmels / Sie, Mitglieder des Zentralkomitees, machen Sie die Augen weit auf / da die Zauberer (Oppositionelle) den Kampf nicht aufgegeben haben / Wenn Sie für Mobutu stimmen / sollen Sie aufmerksam schauen / Mobutu, vergiss nicht, dass die Zauberer immer noch unter uns sind.

Franco hatte überdies viele Stücke komponiert, die die großen Ereignisse der II. Republik glorifizieren. Zu nennen sind: *régime etikali 4 ans* (das Regime hat noch 4 Jahre), *5 ans ekoki* (die 5 Jahre genügen), *votez vert* (»Grün« wählen – die Partei Mobutu wählen), *Mboka nkombo Zaire, MPR nkombo ya Révolution* (das Land heißt Zaire und die Revolution trägt die MPR).

Indes der Künstler, der darauf bestand, den Moralprediger zu spielen, hatte allerdings auch einige Parteiwürdenträger kritisiert. Er bekam Ärger und landete für kurze Zeit im Gefängnis. Nach langer Krankheit starb Franco am 12.10.1989 in Brüssel. Präsident Mobutu ordnete nach seinem Tod für vier Tage Staatstrauer an. Danach spaltete sich *O. K. Jazz* in zwei Gruppen, die den Stil Francos beibehielten.

»Die Zaiko-Generation«

Unter »Zaiko-Generation« bezeichnet man eine neue Generation kongolesischer Musiker, die Anfang der siebziger Jahre aufstieg. Ihr Musikstil, obwohl sie in Lingala singen, unterscheidet sich von dem ihrer Vorgänger. Der bekannte und typische kongolesische Gitarren-Sound bleibt erhalten. Aber die Musiker verzichten auf Blasinstrumente und legen Wert auf Shows. Sie lassen sich von Tänzern und Tänzerinnen begleiten, deren Kostümierung – insbesondere die der Tänzerinnen – sehr gewagt ist. Bald werden die Stimmen laut, die aus sittlichen Gründen die Zensur ihrer unmoralischen Darbietungen verlangen.

Charakteristisch für die »Zaiko-Generation« ist, wie sie betont, dass sie sich als apolitisch bezeichnet. In einem Interview mit dem französischen Sender RFI (*Radio France Internationale*) im April 2009 hatte der »Newcomer« der kongolesischen modernen Musik, Fally Ipupa, bestätigt, dass er als Musiker apolitisch sei. Vor ihm hatten viele kongolesische Musiker ihre politische Neutralität verteidigt. Zu nennen unter vielen wäre hier Koffi Olomide, der vor einigen Jahren in Johannesburg erklärt hatte: »Koffi ist ein Musiker, er ist kein Politiker«. Dies hat vor Kurzem auch Papa Wemba, ein Star der modernen kongolesischen Musik, am Rande des Würzburger Afrika Festivals in einem Interview mit der Berliner Tageszeitung *taz*[86] bestätigt.

---

[86] Vgl. Jean Maguru Chinyema: a. a. O., S. 444.

Die in diesem Zusammenhang zu stellende Frage ist zuerst die nach der Bedeutung des Konzepts »apolitisch« und danach nach der Funktion bzw. nach der Rolle der Musik in einer Gesellschaft. Die Gefahr des Begriffs »apolitisch« liegt darin, dass nahegelegt wird, Politik sei exklusiv den Politikern vorbehalten. Aber wenn die Politik sich als die Art des Regierens und der Staatsführung definieren lässt, ist es auch wahr, dass die Teilnahme an den Wahlen ein bedeutender politischer Akt ist. Unabhängig von der Position, die man (Politiker oder einfacher Bürger) in der Gesellschaft innehat, gilt, dass jede Bürgerin und jeder Bürger in einem Staat aufgefordert sind, eine politische Rolle zu spielen und folglich in Bezug auf die Art, wie ihr Land regiert wird, Stellung zu beziehen.

Über »politische Neutralität« in der kongolesischen Musik zu sprechen, kommt einer Flucht nach vorne seitens der Musiker gleich, die unfähig sind, das Streben des Volkes nach Demokratie, Freiheit und Frieden zu tragen. Gleichzeitig lobpreisen sie gegen klingende Münze einige korrupte Politiker. Man spricht in diesem Zusammenhang von »Libanga«, d. h. von »der Praxis der Musiker im Kongo, ihr Geld zu verdienen, dass sie öffentlich in ihren Liedern die Reichen und Mächtigen preisen«[87].

Zu kritisieren ist, dass die jetzige kongolesische Musik sozial kontraproduktiv ist. Sie ist unfähig, zum Erwachen des kollektiven Bewusstseins beizutragen und für den Kampf gegen die Unterdrückung, die Gewalt und die Vergewaltigungen von Mädchen, Frauen und, sogar, Männern zu mobilisieren.

Infolgedessen haben sich innerhalb der kongolesischen Diaspora verschiedene Gruppen – combattants (Kombattanten) oder résistants (Widerstandskämpfer) genannt –, gebildet, die nicht nur gegen die Auftritte der kongolesischen Musiker protestieren, sondern sie auch verhindern. Erwartet wird, dass die neue Generation der kongolesischen Musiker dem Beispiel von Miriam Makeba zur Zeit der Apartheid in Südafrika, dem Beispiel von Alpha Blondy und vielen anderen afrikanischen Musikern, die ihre Liedern zur Befreiung ihrer Völker beigetragen haben und immer noch beitragen, folgt.

---

[87] Ebda.

Die heutige Generation der kongolesischen Musiker muss die bisherige soziale Funktion ihrer Musik entscheidend ändern, die bisherige soziale Funktion, die sich auf die Unterhaltung beschränkt, auf Kosten des Bewusstseins und zur allgemeinen Entwürdigung der Gesellschaft führt. Die neue Generation muss ihre Musik in ein Instrument zur Mobilisierung, Bewusstmachung, Bewusstseinsvermittlung und Erziehung umwandeln.

Es ist an der Zeit, eine neue Generation von Musikern zu unterstützen – ich meine, eine neue Generation revolutionärer Musiker, die politisch und sozial engagiert ist, empfänglich für die Misere des kongolesischen Volkes und Träger des legitimen Willens der Kongolesinnen und Kongolesen.

Die Zeiten sind schwer für die kongolesische Gesellschaft, die eine engagierte Musik erwartet, die dazu aufruft, sich zu besinnen mit dem Ziel der radikalen Transformierung ihrer Gesellschaft. Bei der Veranstaltung im Rahmen der *Nuit Africaine* am Sonnabend des 11. Juni 2001 im Stade de France in Paris appellierte der franco-kamerunische Musiker Manu Dibangu an die afrikanischen Musiker, »neben der Unterhaltung auch Botschaften in ihren Liedern zu übermitteln«.

Literatur

Bemba, Sylvain: *50 ans de musique du Congo Zaïre.* Paris, P. A. 1984.

Böhm, Andrea: *Gott und die Krokodile. Eine Reise durch den Kongo.* S. 41 Pantheon Verlag. München. Februar 2011.

Graeme Ewans: *Congo Colossus. The Life and Legacy of Franco & OK Jazz.* Buku Press, North Walsham 1994.

Iseewanga Indongo-Imbanda: Die Rhythmen der unabhängigen Afrika, in: *Kongo, Geschichte eines geschundenen Landes. Weltmission heute*, Nr. 55, Evangelisches Missionswerk in Deutschland, Hamburg, März 2004, Seite 45-51.

Lonoh, M. B.: *Essai de commentaire sur la musique congolaise moderne.* Léopoldville, 1969.

Lonoh, M. B.: *Négritude, Africanité et musique africaine.* Kinshasa, 1990.

Maguru Chinyema, Jean: Lwambo Franco, Un Baobab de la Musique Congolaise, in: *Entwicklung in der DR Kongo. Entwicklung in Politik, Wirtschaft, Religion,*

Zivilgesellschaft und Kultur, Manfred Schulz (Hg.). Spektrum 100. Berliner Reihe zu Gesellschaft, Wirtschaft und Politik in Entwicklungsländern. Lit Verlag Dr. W. Hopf Berlin 2008, S. 442.

Ndaywel è Nziem, Isidore: *Histoire générale du Congo. De l'héritage ancien à la République Démocratique*. S. 486. De Boeck & Larcier s. a., 1968. Département Duculot, Paris, Bruxelles.

http://www.kongo-kinshasa.de/geschichte/geschichte2.php

http://www.kongo-kinshasa.de/geschichte/geschichte4.php

http://www.kongo-kinshasa.de/taz/taz2011/taz_110604.php

Das Leben der Shégués ist hart
Über die Straßenkinder in Kinshasa
Cikuru Batumike

Angeblich sind die Shégués die Hauptursache für die in Kinshasa herrschende Unsicherheit. Im Grunde jedoch sind sie das Ergebnis staatlichen Versagens oder verfehlter Familienpolitik. Ihre Lage wird auch durch die Bürgerkriege, die die Demokratische Republik Kongo in regelmäßigen Abständen überschatten, verursacht. Seit Jahren prangern Menschen- und Kinderrechts-Organisationen die Tatenlosigkeit des Staates in Bezug auf seine Kinder an. Ohne greifbares Ergebnis. Auf Kinshasas Straßen leben mehrere Zehntausend Kinder, Jungen und Mädchen, die *Shégues* genannt werden. Seit Bestehen des Phänomens der Straßenkinder hat die erste Generation nun ihrerseits Kinder bekommen, die zwischen vier und achtzehn Jahre alt sind. Straßenkinder sind eine Wunde, die die fortgesetzte Reihe von Diktaturen in der DR Kongo hinterließen. Doch nicht eine hat während ihrer Amtszeit daran gedacht, für eine Familien- oder Sozialpolitik zu sorgen, die diesen Namen verdient hätte, geschweige denn, insbesondere im Bildungsbereich angemessene Strukturen für ihre Jugend zu schaffen.

Tatsache ist, dass nicht nur in Kinshasa sozial benachteiligte Menschen leben, sondern in allen von Armut betroffenen Großstädten der DR Kongo, auch wenn Kinshasa hier, als der augenfälligsten und lebhaftesten aller betroffenen Städte, hier die Goldene Palme gebührt. Die Lebensgeschichten der Shégués ähneln einander. Viele Shégués haben in der Schule versagt, kommen aus Problemfamilien, sind lebendige Beispiele für die Unzulänglichkeit staatlicher Bemühungen, für mangelnden Einfluss von Eltern oder für Traditionen, die kein Gewicht mehr haben. Viele dieser Kinder stammen aus Beziehungen unverheirateter Paare oder sind Scheidungskinder, von ihren Familien verstoßen, der Hexerei bezichtigt. In manchen Stadtvierteln wird die Öffentlichkeit nicht selten Zeuge von Séancen, in denen man angeblich besessene Kinder von bösen Geistern befreit. Es gibt sogar Fernsehprogramme, die der Hexerei das Wort reden. Die Betreiber solcher Sender sind in entsprechenden Sekten aktiv und haben dieses Phänomen als Goldgrube für sich entdeckt.

Akteure, Handlanger und Opfer

Das Leben der Shégués ist hart. Sie sind extremen Witterungsbedingungen ausgesetzt, ständig gezwungen, strafbare Handlungen aller Art zu begehen. Unbeschreiblich elend ist das Leben der jungen Leute, denen man Tag und Nacht begegnet, in Autowracks, am Boulevard des 30. Juni, am Sieges-Kreisel, an Verkehrsampeln, auf den weiten Durchgangsstraßen, in Rohbauten vor Bürohäusern und auf den Wochenmärkten. Sie begehen Taschendiebstähle, wühlen im Abfall oder betteln, um sich durchzuschlagen. Viele werden Opfer von Vergewaltigungen. Junge, schwache Mädchen werden von Erwachsenen aus ihrem Umfeld oder von zugewanderten Männern ausgebeutet. Andere gehen der Prostitution nach, machen Leute an und riskieren Geschlechts- und andere Infektionskrankheiten. In diesem Dschungel, der sich nicht so nennt, haben sie weder Trinkwasser noch Strom, sind zu dauerhafter Untätigkeit verdammt, greifen zu Zigaretten, Gras oder harten Drogen und werden Opfer rivalisierender Straßengangs. Die optimistischsten unter ihnen halten sich als Haushaltshilfen über Wasser, arbeiten als Tellerwäscher oder Wäscherinnen, machen kleine Besorgungen. Andere verdienenials fliegende Händler, als Schuhputzer ein wenig Geld oder indem sie, Autos auf Parkplätzen bewachen.

Wenn sich die Politik einmischt

Politiker, und noch vor ihnen Sekten, haben dieses Vakuum bisher geschickt genutzt und ihren Nutzen daraus gezogen. Die Politik gewann dem Phänomen der Shégués Vorteile ab und ging sogar so weit, sie als Schutzschild zu instrumentalisieren, um Massendemonstrationen aller Art aufzumischen; so beispielsweise die politischen Demonstrationen in Kinshasa im September und im November 2006 sowie im Dezember 2011. Straßenkinder wurden zu Aktivisten gemacht oder gar in den Status junger Soldaten erhoben, die sich im Straßenkampf für den jeweils favorisierten Präsidentschaftskandidaten einzusetzen hatten. Auch während der jüngsten Wahlen standen diese Kinder an vorderster Front, um T-Shirts oder *Kalikos*[88] mit Wahlpropaganda zu verteilen. Auch mit heiklen Missionen betraute man sie, bis hin zur Beschattung von politischen Gegnern oder Mitbewerbern aus den eigenen Reihen. Je nach Bedarf wurden sie auch eingesetzt, um Auseinandersetzungen mit Ordnungskräften zu provozieren, Eigentum zu zerstören oder Steine und Flaschen zu werfen.

Eine Jugendbehörde

Erschwert wird dieses Leben in Anarchie und Jugendkriminalität durch die Tatsache, dass es den jungen Menschen an Schulbildung, Berufsbildung und an Betreuung fehlt. Da der Staat sich von ihnen abgewendet hat, suchen die Shégués Zuflucht und Hilfe bei den wenigen konfessionsgebundenen oder auch privaten Initiativen karitativer Einrichtungen. Diese karitativen Aktionen aber reichen bei Weitem nicht aus. Und so manche nichtstaatliche Organisation, so mancher Verein bedient sich der Kinder, um ausländische Hilfsgelder einzustreichen. Kinshasas Behörden stützen sich auf ein Gesetz aus Kolonialzeiten, demzufolge Kindern das Betteln verboten ist und sammeln sie von der Straße. Keine der Maßnahmen, mit denen bisher versucht wurde, das Problem zu lösen, hatte Erfolg. Keine Säuberungsaktion wird ereichen, dass man die Situation der Straßenkinder vergisst, solange das Problem nicht an der Wurzel gepackt wird. 1983 hat Pater Frank Roelants von der *Kongregation des Göttlichen Wortes* in Limete das *Werk zur sozialen Wiedereingliederung und zum Schutz von Straßenkindern* (Orper) zur Ausbildung und zum Schutz von Straßenkindern gegründet. Durch die Arbeit einiger Kinderhäuser besteht sein Werk über seinen Tod hinaus fort. Staatliche Unterstützung erhalten weder Orper noch andere Einrichtungen, die sich um Kinder in Not kümmern (Pam, Unicef, Crs, Société Orgaman).
    Um das Problem langfristig zu lösen, bedarf es dringend einer Rei-

---

[88] Transparente aus Baumwollstoff bei Demonstrationen

he von Maßnahmen: Es muss ein Sozialprogramm aufgelegt werden, zum Schutz und zur Wiedereingliederung von Straßenkindern ins Berufsleben; die Infrastruktur für Jugendliche muss komplett erneuert und wieder aufgebaut werden; es bedarf einer gut funktionierenden Gerichtsbarkeit für straffällig gewordene Jugendliche. Außerdem muss man Kriterien zur Identifizierung von Shégués und ihren Familien. Es gilt, sie nach Wiedereingliederung in die Gesellschaft möglichst mit ihren Familien zusammenzuführen. Im Vorfeld dieser Maßnahmen sollten nationale Beratungen stattfinden, die städtische Behörden, Sozialarbeiter, Elternvertreter und konfessionell gebundene und freie gemeinnützige Einrichtungen an einen Tisch bringen – in einem Umfeld, das echtes Interesse an der Frage hat und bereit ist, unter der Aufsicht einer zu diesem Zweck zu gründenden Jugendeinrichtung ein Arbeitsprogramm ins Werk zu setzen.

Der Feuerstern

Pius Ngandu Nkashama

In der Nacht ein stummer Schatten
Sie hält kühl die Hand
Deine Hand die zittert und fröstelt
Es gibt auch eine Silhouette
Sie berührt das Gesicht kalter Schweiß
Sie flüstert taube Ohren

In der Nacht die fette Fliege
grüner Leib schwarzer Leib
handförmiger Bauch Fruchtfleischbauch
Festleib dem das Kind geboren ward
Der Geschmack der Anopheles
Grüner Leib der Absinthblätter

Er wimmert in einem verlassenen Sumpf
Seine Mutter verbindet seinen blutenden Nabel

In der Nacht sind Eidechsen
Sie vergraben sich im Staub
auf den abschüssigen Hängen der Hügel
Büsche und Dornen
Bescheidene Grillen
die das GLORIA des Friedens wiederholen
der tiefste Abgrund
nie mehr FRIEDEN DEN MENSCHEN

    den Menschen die er liebt
    den Menschen die er nicht liebt
    mit oder ohne Blick
    guten Willens
    wo also Namen herbeirufen

  den Menschen die er liebt
  die er nicht liebt

vernichtet, zertrümmert, zerstückelt
mit Stiefelschlägen
mit Stockschlägen
mit KUNG-FU Schlägen
hingestreckte Hand
mitten ins Gesicht
zertreten zerstoßen
wund geschlagen bis dass sie
daran sterben Onyxaugen
Gummihäute
Viertel vor zwölf

  den Menschen die er liebt
  den Menschen die er nicht liebt

 düstere Wolken gerupfte
 Flügel unsere Luchsaugen

Lasst uns Halleluja jubeln
Die Freude wütender Insekten
Fülle höchste Freude
Unsere verstümmelten Freuden
Auf ihren Hörnern die Ocellen
Die durchsichtigen Deckflügel
Und unsere segmentierten Bäuche

An den Haken der einbalsamierte Körper
des koprophagen Propheten
Sein Körper ein Ei aus dem Legestachel
Die Eingeweide haben auf der Erde
mit der Picke den Umkreis der Säbel gezogen
Unsere Ängste im Visier

In der Nacht der ernsten Mäuse
Ein Netz aus tränenden Ängsten
Unter den Gräsern des Diadems
Seidenschuhe und hinkende Sehnen
aufgereihte Mäuse über den Lärm lachend
Auf unseren Zärtlichkeiten kniend
Von struppigen Haaren gefallen

Die Nattern kratzen sich den Bart
Die Vipern ihre obszönen Lieder
Ein Gähnen auf zerbrochenen Glasscheiben
Verzweiflung haben wir dort gelesen

In der Nacht ist die Nacht
Hymnen, Gebete murmelnd
Und die Geldbündel der Bank wieder zählend
Wischt sie ein leeres Gesicht ab
Mit einem großen karierten Taschentuch

    Wirst du mir das LARGO oder JUBILATE singen
    wenn die Sterne verglühen

Licht und Schatten

Kirchen und Politik in der Demokratischen Republik Kongo seit der »Unabhängigkeit«

Boniface Mabanza Bambu

Von den Kolonial-Kirchen zu kongolesischen Kirchen

In der Demokratischen Republik Kongo, wie in vielen anderen afrikanischen Ländern auch, waren die Missionskirchen Kolonialkirchen. Kirchen und Kolonialverwaltungen arbeiteten Hand in Hand und halfen sich gegenseitig. Als die Kolonialbehörde sich anschickte, Kunstobjekte im ganzen Land zu sammeln, begann die Plünderung des kulturellen Gedächtnisses des Kongo, denn heute sind die Sammlungen von allen Völkern Zentralafrikas nur noch im königlichen Museum von Tervuren in Belgien zu besichtigen.

Jeder kongolesische Student, der sich mit der Kulturgeschichte seines Landes beschäftigen will, hat keine andere Wahl, als nach Belgien zu gehen. Die Menschen wurden also nicht nur ihrer Errungenschaften beraubt, sondern auch das Recht, diese wieder herzustellen und ihre künstlerischen Traditionen weiter zu pflegen. Für diese Kampagne lieferten die Missionare die religiöse Begründung. Für sie ging es darum, die Schwarzen von ihrer Teufelkunst und von ihrem Götzendienst zu befreien. Allein an diesem Beispiel wird deutlich, dass die Kirchen während der Kolonialzeit, mit wenigen Ausnahmen, kaum eine emanzipatorische Rolle spielen konnten und wollten. Ihre Aufmerksamkeit galt nicht der von ihren Metropolen ausgeübten Unterdrückung der schwarzen Bevölkerung, sondern ihren Sünden und ihrem vermeintlichen Fluch.

Diese Haltung veränderte sich in den Jahren vor der Unabhängigkeit. Der Aufstieg kongolesischer Geistlicher im Rahmen der sogenannten »Indigenisierung der katholischen Kirche« zum Beispiel trug dazu bei, dass emanzipatorische Themen in den Inhalten und Strukturen der Katholischen Kirche Eingang fanden, wobei Kirche hier nicht als Hierarchie aufzufassen ist. Im katholischen Umfeld gründete 1951 der spätere Kardinal Malula, damals noch Priester, einen Verein ehemaliger katholischer Schüler mit dem Namen *conscience africaine*, der ab 1953 eine Zeitung unter dem gleichen Namen betrieb. Sie wurde zu einer Plattform für katholische kongolesische Intellektuelle, die auf ihrer Art versuchten, die Impulse des Panafrikanismus und des afrikanischen Nationalismus der fünfziger Jahre für den kongolesischen Kontext zu reflektieren. Am 30. Juni 1956 veröffentlichte die Zeitung eine Sonderausgabe »Le manifeste conscience africaine« mit einer Auflage von 10.000 Exemplaren. Das breite gestreute Manifest spielte eine zentrale Rolle für die Bewusstseinsbildung der Kongolesen im Hinblick auf ihre Befreiung[89]

Mobutu und die Kirchen: Eine facettenreiche Geschichte

Zu den tragischen Ereignissen, die zur Ermordung Patrice Lumumbas führten, wurden Stimmen der Kirchen kaum laut. Doch die Katholische Kirche begrüßte Mobutus Machtübernahme. Die Kirchenleitungen sahen darin einen effizienten Weg, das nach der Ermordung Lumumbas ausgebrochene Chaos zu beenden. Mobutu versprach, den Frieden zu konsolidieren, die politischen Institutionen zu stabilisieren und das Land wirtschaftlich voranzubringen. Dieser Diskurs schien die Kirchenleitungen zu überzeugen. In Mobutus Versprechen der Bildung einer starken Nation sah vor allem der charismatische Joseph-Albert Kardinal Malula die Möglichkeit einer Verwirklichung seiner persönlichen Vision einer starken kongolesischen Kirche bzw. afrikanischen Kirche.[90] Die Liebeserklärung an Mobutu schlug jedoch schnell in Kritik um. Gründe dafür waren die zunehmende Konzentration der Macht in Mobutus Händen und der unkontrollierbare Einfluss des Ein-

---

[89] Dazu Clément Makiobo: *L'Eglise catolique et les mutations socio-politiques au Congo-Zaire. La contestation de Mobutu*. Paris, l'Harmattan, Coll. Congo/Zaire Histoire et Société, 2004.

[90] Malula sprach von einer »starken kongolesischen Kirche in einem starken kongolesischen Staat«. Ausgehend von der Inkulturationstheologie leitete er ein ambitioniertes Programm der Afrikanisierung des christlichen Glaubens, das ihn auch in Konflikt mit der Amtskirche in Rom brachte.

parteiensystems, die Repressionen gegenüber den Studenten 1969 und 1971 und gegenüber den im Kongo gebliebenen oder den zurückgekehrten Anhängern Lumumbas, die Mobutu öffentlich ermorden ließ. Außerdem ließen zwei weitere Faktoren diese Auseinandersetzung zwischen Mobutu und Katholischer Kirche eskalieren. Zusammenhängend mit seinem wachsenden Personenkult verbot Mobutu Kruzifixe und christliche Symbole in katholischen Einrichtungen und ließ diese durch die Bilder von sich ersetzen. Als Mobutus Anhänger begannen, für ihn göttliche Attribute und für ihre Partei den Status einer Religion[91] zu beanspruchen, war für die Katholische Kirche eine klare Grenze überschritten. Auf ihre virulente Kritik reagierte Mobutu mit dem Verbot christlicher und europäisch klingender Namen, mit der in die Zairisierung eingebettete Verstaatlichung der kirchlichen Schulen und Universitäten, mit der Abschaffung kirchlicher Feiertage und öffentlicher Zeremonien sowie mit der Schließung theologischer Fakultäten an Universitäten. Der Konflikt mit der Kirche erreichte seinen Höhepunkt mit der Verbannung von Kardinal Malula 1972. Erst nach harten Verhandlungen zwischen der Römischen Amtskirche und Mobutus Regime durfte der Kardinal zurückkehren, aber nicht ohne Kompromisse gemacht zu haben. Diese fanden Ausdruck darin, dass Malulas politisches Wirken nach seinem Exil nicht mehr wahrnehmbar war, weil sich Mobutus Regime immer zunhemend festigte und das Land politisch wie wirtschaftlich einen unaufhaltsamen Abwärtstrend erlebte.

Während die Beziehungen mit der katholischen Kirche auf dem Prüfstand waren, suchte Mobutu die Nähe zur kimbangistischen Kir-

---

[91] Vgl. Cl. Makiobo, Ibidem, 96-97: Jésus est le prophète, Mobutu est notre prophète et notre libérateur, notre Messie. Le Christ est mort, il ne vit plus Lui. Il s'est dit Dieu. Mobutu n'est pas Dieu, il mourra (sic) aussi, mai il conduit son peuple vers une vie meilleure. Comment ne pas honorer, vénérer celui qui a fondé la nouvelle Église du Zaïre? Notre Église est le Mouvement populaire de la Révolution. Son chef est Mobutu, nous le respectons comme on respecte le Pape. Notre Évangile est le mobutisme, le »Manifeste de la Nsele«... Que vient faire le crucifix dans tous nos édifices publics? Il doit être remplacé par l'image de notre Messie. Et les militants auront à cœur de placer à ses cotés sa mère glorieuse, Mama Yemo, celle qui donna le jour à un tel fils. La sainte Vierge était aussi honorée comme mère du prophète Jésus.

che. Genauer gesagt: Mobutu und die kimbangistische Kirche brauchten sich gegenseitig. Mobutu unterstützte diese afrikanische Kirche finanziell und logistisch mit dem klaren Ziel, durch sie den Einfluss der mächtigen katholischen Kirche in Zaire zu schwächen. Obwohl Mobutu selbst immer beteuerte, katholisch zu sein, entsprach der Kimbangismus am besten seiner Philosophie der Rückkehr zur Authentizität. Geleitet von Diangenda Kuntima, einem der Söhne Simon Kimbangus, nutzte ihrerseits die kimbaguistische Kirche die ideologische Nähe zu Mobutus Partei, um sich zu etablieren. Dank Mobutus Großzügigkeit und dank der Mobilisierung ihrer Anhänger konnte sie Kirchen und große soziale Einrichtungen, wie etwa Schulen und Krankenhäuser bauen, die ihre Sichtbarkeit erhöhten und ihren Missionierungsgeist beflügelten. So ließ sich die einst im Kampf gegen die Kolonialmacht und gegen die Repression entstandene Bewegung von einem Regime instrumentalisieren, das selbst auf Repression setzte.

Es ist wichtig zu unterstreichen, dass die kimbangistische Kirche nicht die einzige war, die Mobutu mit großzügigen Geschenken versuchte, still zu halten. Der langjährige Vorsitzende der Evangelischen Kirche im Kongo, Pfarrer Bokeleale, lieferte ein Beispiel dafür, wie persönliche Beziehungen zum Diktator, verbunden mit großen materiellen Vorteile, die Haltung einer ganzen Institution bestimmten. Solange er die Evangelische Kirche leitete, war keine Kritik gegenüber dem Diktator erlaubt. Auch gegenüber einzelnen katholischen Bischöfen und Priestern setzte Mobutu auf Geld, um entweder Unterstützung für seine Politik oder zumindest das Schweigen gegenüber seinem Machtsmissbrauch zu erreichen. Kein Geburtstag, kein Jubiläum eines potentiell einflussreichen Bischofs verging, ohne dass Vertreter Mobutus einen Geländewagen, eine beträchtliche Geldsumme oder ein anderes wertvolles Geschenk [92] überreichten. So konnte der Diktator stets auf ein paar treue Bischöfe innerhalb der Bischofskonferenz zählen. Trotzdem blieb die Geisteshaltung der Nationalen Bischofskonferenz ihm

---

[92] Dies versuchte Mobutu auch gegenüber Kardinal Malula. Anlässlich des 25-jährigen Jubiläums seines Episkopats ließ ihm Mobutu eine großzügige Summe zukommen. Um den Verdacht der Käuflichkeit abzuwenden, verzichtete Malula auf eine persönliche Nutzung dieser Summe. Stattdessen wurde sie einer sozialen Einrichtung zur Verfügung gestellt. Dies gilt als Geburtsstunde des *Hôpital Saint Joseph* in Limete.

gegenüber kritisch. Dies belegen die zahlreichen Stellungnahmen der Bischofskonferenz zu verschiedensten relevanten Themen, auch wenn die meisten dieser Dokumente in ihren Analysen der Verantwortlichkeiten für die immer wieder kritisierte katastrophale Lage der Nation und vor allem in Bezig auf die einzuleitenden Schritten zur Ändreung der Situation um die Situation viel zu wünschen übrig ließen. Eine konkrete Strategie der Mobilisierung der mehrheitlich christlichen Bevölkerung des Kongo mit dem Ziel, die Machtverhältnisse und dadurch auch die Situation der Menschen zu verändern, war so gut wie nie erkennen. So blieben die Analysen der Bischöfe aufgrund ihrer allgemeinen Ausrichtung ungefährlich für den Diktator. Auch aus heutiger Sicht würden viele dieser Dokumente keine gefährliche Erinnerung im theologischen Sinne darstellen.

Kirchen im Kongo seit Beginn der »Demokratisierung«

Ende der Achtziger setzte Mobutu einen landesweit angelegten Konsultationsprozess über die Lage der Nation in Gang, an dem sich zahlreiche Berufsgruppen und Initiativen, einschließlich der Kirchen, beteiligten. Obwohl das in diesem Rahmen veröffentlichte Memorandum[93] der kongolesischen Bischofskonferenz nicht das radikalste war, stellte es alle anderen in den Schatten, weil die Bischöfe mit ihrer Erklärung offensiv an die internationale Presse gingen. Dagegen bestand Mobutu darauf, alle Stellungsnahmen zur Lage der Nation geheimzuhalten und dass sie nur ihm bekannt gegeben werden durften. Das Memorandum wurde von Mobutu als Grenzüberschreitung bewertet, und er nutzte jede Gelegenheit, die Bischöfe daran zu erinnern. Damit zeichnete sich ab, dass in dem sich anbahnenden Demokratisierungsprozess der Katholischen Kirche mit ihrem Machtgefüge und ihren landesweit etablierten Strukturen und Infrastrukturen eine große Bedeutung zukommen sollte. Die wichtige Rolle der Kirche in der Überwindung der Militärdiktatur wurde von der Bevölkerung erkannt, und die Katholi-

---

[93] *Memorandum des Ständigen Rates der Bischofskonferenz von Zaire* an Präsident Mobutu anlässlich der nationalen Beratung über die allgemeine Lage im Land und das Funktionieren der Institutionen, veröffentlicht in: *Jeune Afrique*, Nr. 1527(9. April 1990).

sche Kirche bekam in der Person des Bischofs von Kisangani, Laurent Monsengwo Pasinya, Anfang der neunziger Jahre die schwere Aufgabe, die zur Aufarbeitung der Vergangenheit einberufene Nationale Konferenz zu leiten.

Als Mobutu diese blockierte, stand die Katholische Kirche an erster Front der Proteste. Junge Priester mit Sympathie für die Befreiungstheologie organisierten die Proteste und setzten gegen den Willen des damaligen Kardinals von Kinshasa, Frédéric Etsou[94], dessen Nähe zu Mobutu allgemein bekannt war, eine starke Bewegung gegen Mobutu durch. So ging der 16. Februar 1992 als Tag der Märtyrer der Demokratisierung in die Geschichte der Kongolesischen Kirche ein; an diesem Tag gingen Mobutus Sicherheitskräfte mit Waffeneinsatz gegen friedlich protestierende Christen vor. Auch in der Evangelischen Kirche sorgte der Nachfolger von Bokeleale für frischen Wind. Mobutu hatte keine andere Wahl, als die Nationale Konferenz zuzulassen.

Dennoch entwickelten seine Anhänger viele Strategien, um die Ergebnisse der Konferenz zu boykottieren. Sie drohten unter anderen, die Situation eskalieren zu lassen. Daraufhin machte Bischof Monsengwo, der amtierende Erzbischof von Kinshasa, als Vorsitzender der Nationalen Konferenz und des darauf folgenden Parlaments, so viele Kompromisse gegenüber Mobutu, dass die Ergebnisse der Nationalen Konferenz jegliche Substanz verloren. Dies brachte Mobutu wieder ins Spiel; das Verspielen dieser historischen Chance belastet noch heute das Ansehen der Katholischen Kirche im Kongo. Dabei hilft es nicht, zu argumentieren, dass Bischof Monsengwo durch die Vermeidung der Konfrontation mit Mobutu ein Blutbad verhindern wollte. Dieses kam ohnehin, und es dauert an.

---

[94] Als direkter Nachfolger Malulas hatte Kardinal Etsou ein schweres Erbe anzutreten. Es war seine Freundschaft mit Mobutu, die sein Episkopat von Anfang an in Kritik und offene Proteste geraten ließ. Seine Haltung gegenüber Mobutus Regime bestätigte leider die Befürchtungen. Seine Ernennung wurde von vielen Beobachtern als Versuch des Römischen Amtes interpretiert, die befreiungstheologischen Bestrebungen im Erzbistum Kinshasa zu zerschlagen, was auch geschah. Erst nach Mobutus Sturz und Tod wurde Kardinal Etsou kritisch gegenüber der neuen Regierung.

Pfingstkirchen und Politik: eine neue Herausforderung

Ab Mitte der achtziger Jahre hatte sich die kirchliche Landschaft im Kongo stark verändert. Vor allem aus Nordamerika stammende Pastoren tourten durch den afrikanischen Kontinent und veranstalteten große emotional beladene *Events*, auch im Kongo. In einem beeindruckenden Tempo entstanden zahlreiche Pfingstkirchen, die schnell für die traditionellen Kirchen, deren Mitgliederstrukturen eine Erschütterung erlebten, zu einer nicht zu vernachlässigenden Herausforderung wurden.

Nicht nur in dieser Hinsicht waren und sind sie eine Herausforderung, auch im Hinblickm auf das Verhältnis von Religion und Staat waren und sind sie von einer besonderen Brisanz. Ob sie den Himmel versprachen/versprechen und das Leben auf Erden als vergänglich darstellen oder Reichtum, Gesundheit und Glück (ohne Arbeit und ohne Anstrengung) predigen, ihre Botschaft hatte und hat oft etwas Fatalistisches und Defätistisches. Eine gewisse Ergebenheit in die bestehenden Verhältnisse liegt oft nah oder die Erklärung des fehlenden Glücks wird in der »Sünde«, in den »bösen Geistern« und nicht in den existierenden Rahmenbedingungen gesucht. Für den Diktator und für sein Regime war diese Religion des Unterdrückten ein fruchtbarer Boden. Viele seiner in Ungnade gefallenen Anhänger fanden Zuflucht darin und vergaßen die Politik. Einige der treusten Anhänger, wie etwa sein Sicherheitsberater Ngwanda, finanzierten Freikirchen und betreuten selbst einige, weil sie darin einen Weg sahen, einerseits den Einfluss der traditionellen Kirchen einzudämmen und anderseits die Menschen von der politischen Agenda fernzuhalten. In dieser Landschaft der Freikirchen, die leicht dazu neigen, sich den bestehenden Verhältnissen zu unterwerfen und sich instrumentalisieren zu lassen, sind Geistliche mit emanzipatorischen Einsichten eine Seltenheit[95].

---

[95] Mit Kutino Fernando und Mokia sind zwei Pastoren von Pfingstkirchen zu erwähnen, die aufgrund politischer Überzeugungen Gefängniserfahrung haben.

Kirchen und Friedensbemühungen

Als der erste Kongokrieg 1996 im Osten ausbrach, war eines seiner ersten prominentesten Opfer Munziriwa, der Bischof von Bukavu. Während der kriegerischen Auseinandersetzungen waren die Kirchen immer an der Seite andere zivilgesellschaftlicher Akteure, wenn es darum ging, die Entscheidungsträger in Politik und Militär zu Friedenverhandlungen zu bewegen. Als das Land während des zweiten Kongokrieges, der 1998 beginnt, faktisch in vier verschiedene Einflusszonen aufgeteilt war, war die Katholische Kirche zum Beispiel die einzige Institution, die landesweit vertreten war und die die Menschenrechtsverletzungen durch die Kriegsparteien fast flächendeckend dokumentieren und anklagen konnte. Zugleich wurden Berichte über Bischöfe aus ostkongolesischen Bistümern bekannt, deren Rolle im Konflikt noch einer historischen Klärung[96] bedarf. Sicher ist: Spätestens mit den Parlaments- und Präsidentschaftswahlen 2006 offenbarten sich die Risse innerhalb der kongolesischen Bischofskonferenz. Während die Nationale Bischofskonferenz drohte, die Wahlen aufgrund begründeter Bedenken platzen zu lassen, ging der Erzbischof von Bukavu, Maroy, stellvertretend für alle, die Kabila nahe standen und die auf seinen Sieg setzten, in die Offensive und bekundete seine Unterstützung für den Wahlprozess und für Kabila. Die Spaltung galt auch für die evangelischen und für die Pfingstkirchen. Bei dieser Zuordnung spielen auch materielle Vorteile eine große Rolle, wie zu Zeiten Mobutus.

Schlussbemerkung

Licht und Schatten duchziehen die Geschichte der kongolesischen Kirchen seit der »Unabhängigkeit«. In den fünfzig Jahren der Unabhängigkeit hat ihr Verhältnis zur politischen Macht alle denkbaren Facetten abgedeckt: Kritik, Unterstützung, Gleichgültigkeit, Distanziertheit, Mitläufertum, Mitgestaltung, Ratlosigkeit... In diesem Sinne

---

[96] Über den ehemaligen Bischof von Uvirà, Gapangwa zum Beispiel, wird berichtet, er habe mit den Rebellen kooperiert und dadurch sein Bistum gespalten.

waren und sind die Kirchen ein Teil des kongolesischen Problems. Eine dieser Kirchen hatte die Chance aufgrund ihrer Mehrheit im Kongo eine entscheidende Rolle zu spielen: die Katholische Kirche. Sie blieb bis heute hinter ihren Möglichkeiten zurück. Eine der Gründe dieser Entwicklung ist in der Bischofsernennung und im Zentralismus der römisch-katholischen Kirche zu finden. Die Ernennung von Bischöfen als Mittel der Kirchenpolitik verfolgt andere Interessen als die Befreiung des Kongo. Das hat im Kongo fatale Wirkungen. Rom ist nicht an politischen Veränderungen im Kongo interessiert. Solange sich die kongolesische Kirche (hier als Volk Gottes und nicht als Hierarchie gedacht) binnenkirchlich nicht befreit, wird sie keine entscheidende und konstruktive Rolle für die Zukunft des Landes spielen.

Fünftes Gebet

Fiston Nasser Mwanza Mujila

Im Höllenlärm der Waffen der Polizisten und Milizen
Können wir nur noch Tränen trocknen, die aus unseren Seelen fließen.
Denn große Banditen führen das gefesselte Afrika
Nach Golgatha.
Herr, wann kommst Du, Herr.

Herr, die Maschinengewehre rattern überlaut
Seit langem haben unsere Zähne nichts mehr gekaut.
Das Lächeln ist seit zehntausend Jahren aus unseren Gesichtern
                                                              verbannt
Denn die Raketen machen ihr Geschwätz wutentbrannt
Herr, wann kommst Du, Herr.

Herr, Bomben werden gesetzt wie Chinakohl.
Deine Kinder müssen für eine Handvoll Mehl endlos Schlange stehen
Und unser Ruin ist auf den Titelblättern zu sehen.
Herr, wann kommst Du wieder, Herr.

Herr, Herr, Herr, Herr, Dämonen von jedem Kaliber
Zielen auf uns, schießen auf uns
Und wir, deine Kinder, krepieren Tag und Nacht.
Wann endlich ist deine Wiederkehr?
Herr, wann kommst Du, Herr.

Herr, wann kommst Du?
Herr, wann kommst Du?
Herr, wann kommst Du?
Herr, wann kommst Du?
Herr!

Die Schändung der Vagina

Vergewaltigung als Massenvernichtungswaffe

Désiré Bolya Baenga

(...) Der einzig sinnvolle Nothilfeeinsatz wäre der, der bemüht wäre, eine endgültige Lösung für das Problem der barbarischen Zuhälter zu finden, die sich an diesen »Poupée de sang« (Blutpuppen) vergehen, sich junge Mädchen als Sexsklavinnen halten, Kindersoldaten in Tötungsmaschinen und Vergewaltiger verwandeln, damit man nie wieder Worte lesen muss, wie die der einstigen Kindersoldatin aus Uganda, China Keitetsi, die im dänischen Exil lebt: »Die haben meinen Körper benutzt wie ein Stück Fleisch, erst gekaut, dann ausgespuckt, einfach so, schauen Sie.« [sagt sie und deutet an, dass sie sich übergibt].[97] »Namenlose Verbrechen«, wie Winston Churchill sie einst nannte, gibt es nicht mehr. Seit 1998 gelten Vergewaltigung, erzwungene Schwangerschaft und Zwangssterillisation als »Instrumente des Genozids«, der seinerseits im internationalen Recht als Verbrechen an der Menschheit gilt.

Diese große juristische Revolution verdanken wir dem Engagement von Frauenrechtlerinnen; unter ihnen die US-amerikanische Anwältin Catharine MacKinnon, Jahrgang 1946, Tochter eines republikanischen Richters, Absolventin der Yale Law School, wo sie mit Hilary Clinton, die auch diese Universität besuchte, in Kontakt war. MacKinnon lehrte Rechtswissenschaft u. a. in Chicago, Harvard, Stanford und seit 1990 an der University of Michigan. Sie kämpfte für einen Umbruch im Frauenrecht und damit für die Weiterentwicklung der US-amerikanischen Gesellschaft. 1996 erwirkte sie beim Obersten Gerichtshof – erstmals – die Einstufung der sexuellen Belästigung als Straftat. Seither [...] gilt der Tatbestand der sexuellen Belästigung nicht mehr als Privatsache sondern als Verstoß gegen den Grundsatz der Gleichbehandlung im Zivilrecht. Weil so aus diesem Tatbestand der der »Geschlechterdis-

---

[97] Marie-Laure Colson, Poupée de sang, in: *Libération*, Paris, 28. August 2004. http://www.liberation.fr/page.php?Article=234391

kriminierung« wurde, hat er das US-amerikanische Geschäfts- und Verwaltungsleben nachhaltig verändert. MacKinnons größte Errungenschaft als Aktivistin ergab sich jedoch aus ihrem internationalen Engagement nach dem Krieg zwischen Serben, Kroaten und Bosniern. Durch ihren Einsatz hat MacKinnon erreicht, dass Vergewaltigungen in Kriegszeiten heute als eine »Form von Genozid« eingestuft werden und hat für die Opfer dieser barbarischen Taten eine Entschädigung in Höhe von 745 Millionen Dollar erstritten.[98] Mit dem Gesetz und dem Wort als ihren einzigen Waffen, hat sich Catharine MacKinnon auch des Themas Pornografie angenommen. 1992 verabschiedete der Oberste Gerichtshof von Kanada ein Gesetz, das Frauen diskriminierende Bilder unter Strafe stellt.

Die Frauenrechtlerin, deren Arbeit ihr unterdessen Spitznamen und Attribute wie »Eierknacker«, »Feminazi«, »schlecht gefickt« oder »Lesbe« eingetragen hat, fasst ihr Credo in wenigen Worten zusammen: »Die Sexualität ist für den Feminismus das, was die Arbeit für den Marxismus ist: Nichts gehört uns mehr als sie, und doch nimmt man uns nichts mehr als sie.« Das ist der harte, zentrale Kern der Theorie dieser ungewöhnlichen Strategin, die sie in ihrem Buch *Feminism Unmodified* darlegt.[99]

Weil Massenvergewaltigungen in Kriegen als Massenvernichtungswaffe eingesetzt werden und weltweit Verbreitung gefunden haben, weil massive sexuelle Vergehen sich ausweiten und in allen Konflikten dieses 21. Jahrhunderts, des dritten Jahrtausends christlicher Zeitrechnung, zunehmend häufiger vorkommen, ist es mehr als zwingend geboten, diesem absolut bösen Übel ein Ende zu setzen, eine allgemeingültige Antwort auf eine der schlimmsten Tragödien zu finden, die sich weltweit abspielen.

Hier gebietet die Dringlichkeit, dass keinerlei Unterschiede gemacht werden, jeglicher Kulturrelativismus ist zu vermeiden: Massenvergewaltigungen in Kriegszeiten sind kein Erbe oder Vorrecht einer bestimmten Kultur oder Ethnie; Armeen und Milizen aller Kulturen praktizieren sie. Die Ablehnung jedweder »kulturell bedingter« Toleranz ist

---

[98] L'Express, Nr. 22, 2004.

[99] Hier liegt die französische Übersetzung des 1987 erschienenen Buches vor: *Le féminisme irréductible*, Paris, Des femmes, 2004. [Liegt nicht in deutscher Übersetzung vor.].

die Vorbedingung ür die Ausrottung dieses absolut weltweiten Übels
... Jedes andere Vorgehen, jede andere Auffassung käme der Erlaubnis gleich, Millionen Frauen und junge Mädchen zu zerstören statt ihnen beizustehen. Massenvergewaltigungen sorgen weder für die kulturelle Vielfalt der Welt noch bilden sie ein Bollwerk gegen die weltweite Gleichmacherei. Sexuelle Massenvergehen sind eine universale Konstante, ein wiederholt auftretendes Phänomen, das keine Kultur, keine Zivilisation, keine Religion ausspart.

Übte man Toleranz, so würde man sich schuldig machen, würde den Planeten in ein grenzenloses Bordell verwandeln; es entstünde ein Gulag weltweiten Ausmaßes, für Millionen Frauen und junge Mädchen. Selbst Männer wären betroffen, weil das neuste »strategische« Mittel dieser großen Räuber nun darin besteht, sogar junge Männer und Greise zu vergewaltigen. Auch die Barbarei macht Fortschritte!

Keinerlei kulturelle Abweichungen zulassen, juristische Ausnahmen streichen: Das ist der kategorische Imperativ, der für alle Menschen bindend sein muss, denn Massenvergewaltigung ist eindeutig ein Verbrechen an der Menschheit.

Die Lösung dieses Problems schließt ein, dass alle Länder das humanitäre Völkerrecht (insbesondere die Genfer Konvention von 1949 und vor allem das Urteil von Akayesu aus dem Jahr 1998[100]) anwenden. Solange asymmetrische internationale Rechtsprechung existiert, werden die Gewaltherrscher über die Vaginas dieser Welt auf allen Kontinenten weiter wüten, werden UNO-Resolutionen zu unverbindlichen Wunschlisten verkommen und für die Opfer wie platte Slogans klingen. Für Frauen, junge Mädchen und Männer jeden Alters wäre der Sicherheitsrat nichts weiter als ein Unsicherheitsrat.

Gewiss wird hier und da der Einwand laut werden, die weltweite, schonungslose Anwendung des Völkerrechts sei unmöglich, unrealistisch und gehöre ins Reich der Fantasie. Sie aber ist die einzige Waffe zur Bekämpfung von Sexualverbrechen an der Menschheit – zumal sich Täter im realen Leben leichter identifizieren lassen als Cyber-Pädophile oder Sextouristen. Das steht außer Frage ...

---

[100] Akayesu-Urteil: Entscheidung des Internationalen Strafgerichtshofs für Ruanda vom 2. September 1998. Darin werden erstmals Vergewaltigung und sexuelle Gewalt nicht nur als Verbrechen gegen die Menschlichkeit, sondern unter bestimmten Bedingungen auch als Völkermord definiert.

Die Bestimmungen internationaler Strafgerichte müssen unbedingt rasch harmonisiert werden, damit alle Opfer die Möglichkeit bekommen, Anklage zu erheben und – zumindest – eine Entschädigung einzufordern, wie im Fall der überlebenden Bosnierinnen geschehen.

Dennoch, damit kein Missverständnis aufkommt: Hier geht es nicht darum, im Krieg begangene Massenvergewaltigungen zu einem internationalen kommerziellen Unterfangen zu machen, sondern es soll ein Rechtszustand herbeigeführt werden, Gleichheit der Opfer vor dem Gesetz, damit das unrühmliche System des Messens mit zweierlei Maß, das zu einem infamen juristischen System gehört, endlich ein Ende hat […].

So soll daran erinnert werden, dass jedes Leben seinen Wert hat, dass ein Mensch überall ein Mensch ist. Ein Akt der Barbarei überall ein Akt der Barbarei. Vaginaschändung bleibt, überall auf diesem Planeten, die Schändung einer Vagina.

Ruhe, hier wird vergewaltigt!
Ruhe, hier wird getötet!
Stillschweigen tötet.

Offener Brief der zairischen Frauen: Wir wollen Frieden!

Kinshasa, am 7. November 1996

Unser mütterliches Herz ist zutiefst betroffen, und unsere Tränen trocknen nicht. Warum so viel Gewalt? Warum so viel verlorenes menschliches Leben? Wir schreien unseren Schmerz ins Angesicht der Welt: Haltet ein, hört auf zu töten und das Leben zu vernichten, das wir geboren haben! Wir und unsere Kinder haben ein Recht auf Leben, auf Frieden und auf Glück.

Krieg, Hass und Mord haben unser Land völlig destabilisiert. Verletzt und verstört irren wir Frauen mit unseren Kindern durch unser eigenes Land, wegen dieser diktatorischen Systeme, die sich unsere afrikanische Erde zum Aufenthalt erkoren haben.

In tiefer Trauer und im Namen des Schöpfers allen Lebens appellieren wir Frauen an Euch:

An die Autoritäten unseres Landes:

Ihr habt unser Volk seinem traurigen Schicksal überlassen. Ihr habt es wie eine Beute für den Rachen des Löwen geopfert. Ihr habt es ausgeraubt, verarmt und schwach zurückgelassen. Und nun haben wir einen Krieg, der uns und unseren Kindern zweifellos Hass, Massaker und Vernichtung bringen wird. Ihr habt wieder einmal eure totale Unfähigkeit bewiesen, dieses Land zu regieren. Wir Frauen und Mütter, deren Blut Euch das Leben gegeben hat, sagen Euch: Es reicht! Überlasst euren Platz in Würde anderen, die die Liebe zum Vaterland mit dem Verständnis für den langen Leidensweg unseres Volkes verbinden können.

An die Regierenden der afrikanischen Länder:

Was habt Ihr in der OAU[101] getan? Ihr habt unsere Länder zu Euren Dörfern und die Bevölkerung zu Euren Sklaven gemacht. Ihr habt un-

---

[101] Organisation afrikanischer Einheit.

seren Kontinent in einen riesigen Jahrmarkt verwandelt und ihn zum Gespött der ganzen Welt gemacht.

Wir Frauen sagen Euch im Namen unserer Kinder, deren Blut die afrikanische Erde tränkt: Macht von dem Palaver und der Weisheit unserer Vorfahren Gebrauch, um unsere internen Probleme zu regeln! Sucht nach unseren Erfolgschancen und achtet unseren Willen, aus den Schwierigkeiten herauszukommen, so wie es anderen Völkern gelungen ist. Vereinigt Euch, um ein neues Afrika zu bauen und zeigt der Welt, dass dieser Kontinent erwachsen geworden ist.

An die europäischen und nordamerikanischen Regierenden:

Wir, die afrikanischen Frauen, schreien auf: Wir wollen Frieden in unseren Ländern!

Um der Würde jedes menschlichen Wesens und seiner unabdingbaren Rechte willen, für die ihr ja »Experten« seid: Hört auf, Waffen herzustellen und uns zu schicken, die uns schwächen und die uns töten! Dies ist die vornehmste humanitäre Hilfe, die Ihr uns geben könnt. Hört auf, die Kultur des Todes unter der Menschheit zu verbreiten. Stellt Eure Technologie in den Dienst des Friedens und des Aufbaus einer menschlicheren Welt. Bemüht Euch, zwischen den Nationen Beziehungen ehrlicher Partnerschaft aufzubauen, ohne Hintergedanken.

An die Frauen Europas und Nord-Amerikas:

Wir brauchen Euch nicht daran zu erinnern, dass es – bei all unseren Unterschieden – einen Ort gibt, wo wir uns alle begegnen; der Ort der Hoffnung auf Leben: unsere Weiblichkeit. Um der kostbaren Gabe des Lebens willen, die der Schöpfer in unsere Hände gelegt hat, schließt Euch unserem Aufschrei des Schmerzes an! Kämpft gegen die politisch-ökonomischen Systeme eurer Staaten, die das Leben überall bedrohen, und ganz besonders auf unserem Kontinent.

An die afrikanischen Frauen:

In der schwierigen Situation, die uns erdrückt, bleiben wir die einzigen Zeuginnen des Geheimnisses des Lebens, Verkünderinnen des Sieges des Lebens über den Tod. Nach dem Vorbild vieler Frauen in der Geschichte, die mit ihrer ganzen Kraft das Leben ihrer Völker retten wollten, lassen auch wir uns in unserem Kampf nicht beirren. Der Gott des Lebens will es schon seit jeher, dass wir als Beteiligte zum Gelingen der Geschichte, zur Heilung der Menschheit beitragen. Lassen wir das Leben, das durch uns geboren wird, nicht zerstören! Setzen wir unsere ganze Kraft ein, bis wir ein gerechteres, freieres, befreiteres Afrika gebären, das auf den Werten der Menschlichkeit gründet. Wissen wir doch aus Erfahrung, dass das wahre Leben bisher nur im Kampf und mit Leiden und Tod errungen wurde.

An unsere Schwestern im Kivu, in Ruanda, Burundi, Angola...:

Ihr seid Opfer von Hass und Gewalt, Opfer der politischen Manipulation unserer Staaten, Opfer des neo-liberalen Systems, das die Welt regiert. Gemeinsam sagen wir Nein zum Krieg in jeder seiner Form; Nein zu Waffen aller Art!

An unsere Brüder Soldaten:

Ihr habt geschworen, euer Blut für unser Land zu vergießen (»Makila na bisompo na ekolo«). Erinnert Euch an diese Verpflichtung!

An die gesamte Bevölkerung des Zaire:

Seien wir mutig und wachsam. Lassen wir uns weder manipulieren, noch teilen von einer Politik der sinnentleerten Diskurse, die der Grund für all das ist, was wir heute erleben. Sie sorgt weiterhin für Verwirrung, um uns abzulenken. Dies nützt nur einer Minderheit und ist zum Schaden der großen Mehrheit. Der Gott der Geschichte, der die Kinder Israels aus den Händen des Pharaos erlöst hat, ist mit uns auf unserem Weg. Er geht uns voran, wo immer wir kämpfen für das Leben, für die Gerechtigkeit, für Frieden und das Glück aller.

Mouvement des Femmes pour la Justice et la Paix (M. F. J. P.)
B. P. 724 Limete, Kinshasa, Zaire, 7. November 1997[102]
Schwester Kayiba Petonille, Frau Nkanka Rose, Schwester Lefebvre Jeannine, Frau Nyunga Rachel, Schwester Cembranos Felicitas, Frau Bolili Blandine, Frau Iyeli Brigitte

---

[102] Frauenbewegung für Gerechtigkeit und Frieden.

Antwort auf den Offenen Brief der zairischen Frauen

Muepu Muamba

Verehrte Schwestern, meine Damen!

Ihr bewegender Aufschrei ist bis zu uns, Frauen und Männern im Exil, durchgedrungen. Ein Brief, der die schrecklichen Leiden eines Landes, eines Kontinents, schildert. Er erinnert uns daran, dass man immer wagen muss, zu hoffen, und vor allem, dass man den Mut haben muss, an die Verwirklichung unserer Hoffnung zu glauben.

Es ist ein Brief voller Würde, weil er nicht an das Mitleid appelliert; durch die Erzählung unserer Leiden zieht sich die Frage auch nach der Verantwortung und der Komplizenschaft. Die Menschenwürde ist ein Recht, und Gerechtigkeit hat nichts mit Mitleid zu tun.

Die Frauen in Südafrika standen in der vordersten Linie in diesem gnadenlosen Kampf gegen die Apartheid. Sie haben einen hohen Preis an Fleisch und Blut dafür bezahlt, wie heute die Frauen in Algerien. Aber die afrikanische Frau hat noch andere Kämpfe auszufechten und hat noch andere schmerzliche Tage vor sich. Unsere formale Unabhängigkeit entspricht an keiner Stelle des Kontinents der Respektierung der Würde der afrikanischen Frau und des afrikanischen Mannes. Das muss man feststellen; und es ist tragisch und unerträglich.

Unter der Regierung von Mobutu und seinen Anhängern erlebt unser Land eine der schrecklichsten Perioden seiner neueren Geschichte. Zwei Generationen von Zairern – diejenige, die die Unabhängigkeit gefordert hat und diejenige, die jener bei der Führung des Landes beigestanden hat – sollten in sich gehen, sofern sie dazu fähig sind, um die Tragweite ihrer eigenen Verantwortlichkeit zu erkennen. Sind wir in der Lage, aus allen Lektionen unseres gegenwärtigen Dramas zu lernen, um uns gegen weitere Überraschungen dieser Art zu wappnen? Diese Frage verdient es, gestellt zu werden, im Lichte der Erfahrungen anderer Länder, anderer Kontinente.

Mobutu – obgleich er ein Geschöpf ist, entstanden aus der Böswilligkeit der Interessen, die uns völlig fremd sind – ist trotzdem zum Teil ein Sohn unserer gemeinsamen Verantwortung, ein legitimer Sohn der Verantwortungslosigkeit der kriminellen Mittelmäßigkeit jener neuen »Elite«, die von den »évolués« aus der Kolonisation hervorgegangen ist. Eine elende Elite und ihre schlecht erzogenen Nachkommen, die immer noch nicht erfasst haben, was das allgemeine Interesse fordert. Sie hat die ganze kollektive Energie gelähmt, indem sie der Bevölkerung ihre Mündigkeit nahm. Eine Elite, die keine andere Vision von der Welt hat, als mit allen Mitteln Berge von Geld anzuhäufen.

Aber ein Land kann man weder mit Gold, noch mit Silber aufbauen. Die Zukunft eines Landes liegt zu allererst in der Fähigkeit der Frauen und Männer, sich eine Utopie zu erfinden, die diese Zukunft tragen kann, und wirklich daran glaubt.

Zukünftige Historiker werden sich wundern, wenn sie feststellen, dass unser Kontinent vom Norden bis zum Süden fast halbes Jahrhundert lang von Mittelmäßigen und inkompetenten Staatsmännern regiert worden ist, mit drei oder vier Ausnahmen. Ich füge zugleich hinzu, dass das weder eine historische Neuheit ist, noch ein Makel unseres Kontinents. Jede Kultur, jedes Volk hat solche Leute hervorgebracht und bringt sie noch heute hervor. Auf unserem Planeten gibt es viele solche Beispiele.

Es handelt sich keinesfalls darum, uns durch diesen Komplex, unterlegen zu sein, vergiften zu lassen, den gewisse Leute, Fachidioten, überall auf der Welt, versuchen als Erklärung für unsere Tragödie auszugeben. Wir müssen einfach wissen, dass der Aufbau von Staaten solche dramatischen Phasen durchläuft.

Ein anderer Gemeinplatz, den man uns oft als unverzeihliches Argument aufwartet: Zaire sei zu groß. Unser Land ist nicht so groß wie Brasilien, China oder die Vereinigten Staaten von Amerika noch so multiethnisch wie Indien und das gegenwärtige Russland. Die Afrikaner müssen endlich begreifen, dass es kein Land auf der Welt gibt, das aus einem einzigen Volksstamm besteht und dessen Grenzen natürlich sind. Das ist eine wohl gehütete Mystifikation, welche die Spezialisten der Desinformation um der Sache willen aufrechterhalten. Und die intellektuelle Unterentwicklung der Elite, »die Stimme seines Herrn« hat uns alle diese Albernheiten schlucken lassen.

Wir konnten nicht von der Geschichte unserer Spezies profitieren, diesem Buch aus Tränen und Blut, weil wir von Lügen überschwemmt wurden. Deswegen konnten wir Gewalt und Grausamkeit nicht Einhalt gebieten. Sind nicht die Völker, Stämme selbst ein Produkt der Kultur, ein Produkt der Geschichte unserer Spezies, so eitel, im Lauf der Zeitalter? Wir müssen uns neu entfalten, uns als Land, als Kontinent annehmen und pro-afrikanisch handeln – und das nicht nur in unseren schönen und intelligenten Reden.

Alle Länder, die heute auf unserem armen Planeten existieren, sind das Produkt der langen Geschichte ihrer Reifung. Sie wurden aufgebaut durch Blut und Eisen, bevor die Völker, aus denen sie zusammengesetzt sind, im Lauf der Jahre, im Lauf der Geschichte, gelernt haben, zusammen zu leben. Und das neuste und künstlichste unter allen Ländern, ist das nicht jenes Amerika, dessen Fundamente aus Gewalt und Sklaverei hervorgehen? Hätten wir uns nicht diesen langen Weg der Schmerzen und Tränen ersparen können? Wir hatten doch schon bei der Gründung unserer Länder in der Kolonialzeit unserer Tribut an Blut entrichtet.

Verehrte Schwestern, meine Damen, der Frieden, den Ihr in Eurem Brief fordert, kann nur erreicht werden, durch totale Respektierung der menschlichen Würde. Unser Kontinent ist noch weit davon entfernt. Aber die Welt, die gesamte Welt ist ebenfalls weit davon entfernt – und das trotz aller Absichtserklärungen, die seit Jahrhunderten proklamiert werden.

Die politische Elite benutzt überall Lüge und Manipulation als Mittel der Regierung. Sie sind gelehrige Schüler von Aristoteles, diesem alten Theoretiker des Betrugs in der Politik: Er rät den Regenten, die Desinformation dazu zu benutzen, um die Völker in Atem zu halten. Aber ist das nur die politische Elite?

Haben die Kirchen nicht häufig auch auf aktive Weise an diesen Lügen teilgenommen, die die Herrschaft einer Handvoll von Männern über die Majorität sichern?

Es gibt keine Rassen, Völker, Stämme, keine Frauen, keine Männer, die andern überlegen sind. Das sind Mystifikationen, die immer mörderisch sind, böse und grausame Geister erfinden, um die Ausbeutung zu rechtfertigen, die sie anderen menschlichen Wesen zufügen. Dieser unversöhnliche Kampf zwischen Menschenwürde und Idiotie, manchmal nur um der Sache willen, scheint nie ein Ende zu nehmen. Wir hatten darauf gehofft, dass im Lauf dieses Jahrhunderts, die Gewalttätigkeit ein Ende haben würde. Diese Hoffnung ist zu einem Alptraum geworden. Der Mensch ist und bleibt immer verantwortlich für den Menschen, für den besten und für den schlechtesten. Wir müssen uns dessen bewusst werden und jederzeit wachsam sein.

Diese Wachheit des Gewissens hat uns gefehlt, am Morgen nach unserer Unabhängigkeit. Wir haben gutgläubig ein goldenes Zeitalter erhofft. Es gab nie ein goldenes Zeitalter, selbst nicht in unserer Vergangenheit, in die wir uns in unseren Träumen zurückversetzen. Der Mensch ist voll zügellosen Strebens nach Macht. Und die Macht ist und bleibt der erste Feind der Frauen und Männer; ich möchte sagen, des Lebens.

Die Macht ohne Kontrolle, versteht sich. Unsere Vorfahren wussten es: Sie dachteten sich einige Mechanismen aus, mehr oder weniger geheim, um sie unter Kontrolle zu halten. Wahrscheinlich hatte kein ehemaliger Fürst, kein Häuptling des früheren Afrika, so viel Macht in den Händen wie die Monarchen unserer modernen Tyranneien, als Folge der Kolonisation. Sie stehen über unseren Verfassungen, wie sie im gegenwärtigen Afrika üblich sind. Hier liegt das absolute Übel. Und wir haben uns gebeugt!

Immer noch zu unserer Zukunft: Die Zukunft unsere Spezies scheint sehr belastet durch unsere Eitelkeit. Durch diese Länder jenseits des Meeres, entstanden durch das Christentum und den Rationalismus, die triumphieren, worüber ich geschrieben habe, sind wir schon fast in die Ära der geklonten Frauen und Männer eingetreten, virtueller Wesen: sichere Sklaven, von ihrer Natur her. Was die Tiere betrifft, so sind diese allen Arten von Manipulation ausgesetzt. Aber sind die Tiere nicht unsere Brüder wie alles, was lebt? Es stimmt, dass irgendwo in der Bibel der Gott der Heerscharen befohlen hat, alles unserem Willen unterzuordnen. Er kann zufrieden sein, der Allmächtige, denn wir sind immer fleißiger damit beschäftigt. Ein weiteres absolutes Übel.

Der Widerstand, ebenso wie die Entwicklung, das ist zunächst eine Frage des Geistes. Die Zukunft des Kongo-Zaire, die Zukunft von Afrika, hängt von uns ab, von unserer Fähigkeit, unser Schicksal selbst in die Hand zu nehmen.

Etwas ist ganz gewiss: Diese Zukunft geschieht zwangsläufig durch die Einheit unserer Länder, durch die Einheit Afrikas. Die Achtung vor den aktuellen Grenzen der afrikanischen Staaten ist das einzige Pfand, das uns noch bleibt, um mehr oder weniger die Stabilität auf dem Kontinent zu garantieren, in dieser Zeit gefährlicher Unruhen, in der auf der ganzen Welt Völker und Staaten ins Wanken geraten.

Afrika muss sich auf den Weg machen zu einer Verfassung der großen Gemeinschaften, in denen die Menschenwürde aller Afrikaner die treibende Kraft und die Hauptbedingung ist; statt sich in kleine Stammesstaaten zu zerstückeln, wie es uns manche Leute absichtlich vorschlagen, die an unserer Stelle unser Glück schmieden wollen. Das ist *die* vitale Frage unserer Zukunft. Es gibt keine andere Möglichkeit zu überleben. Das ist die einzige Herausforderung, das sind die einzigen Bedingungen, die wir stellen müssen. Es gibt keine Alternative, um zu überleben, als Menschen, als geachteter Kontinent, in diesem wilden, internationalen Dschungel, in dem das Recht des Stärkeren immer als das bessere gilt. Das schöne Land Afrika hat schon genug Menschenopfer gebracht, als *rite de passage* zu seiner Umgestaltung.

Bis zu dieser unnennbaren Gegenwart tendiert alles dazu, zu glauben, dass wir den Weg des Todes und der Selbstzerstörung gewählt haben. Es ist Zeit, sogar höchste Zeit für uns, die Straße des Lebens einzuschlagen. Der Tribalismus ebenso wie der Rassismus ist eine Ideologie des Todes. Das kann nicht das Fundament eines modernen Staates, einer Staatsbürgerschaft sein.

Ich habe einen Traum, um diesen schönen Ausdruck von Martin Luther King zu benutzen: einen Traum, der älter ist als ich, einen Traum, der mehrere Jahrtausende alt ist, einen Traum, den ich hinter mir her ziehe, an allen Ufern des Exils: einen Traum, ein Land zu erleben, einen Kontinent, wo jedermann – ganz gleich, woher er kommt – respektiert wird, geschätzt in seiner Würde, geliebt in seiner menschlichen Integrität. Ein Land, ein Kontinent, aus dem das Exil, ja dieses Wort selbst verbannt wurde.

Ich habe einen Traum. Martin Luther King ist tot, schon seit beinahe drei Jahrzehnten und sein Land, irregeführt in der Gewalt, ist noch Millionen Lichtjahre von seinen Träumen entfernt. Wir haben auf die Menschlichkeit gezählt und sind wir in einem Alptraum versunken. Die *Négritude* hat keines ihrer Versprechen gehalten. Ihr Humanismus ist auf dem Papier stehen geblieben, wie andere alte Humanismen in anderen Kontinenten. Wie anderswo, hat dieser Humanismus unser Leben ermordet. Das Beste, der wahre Retter eines Volkes ist dieses Volk selber, wenn es beschließt, ein für allemal die Ketten zu zerbrechen, die seinen Willen in der Sklaverei halten.

Verehrte Schwestern, meine Damen, seien Sie meines Engagements, meiner aufrichtigen und aktiven Solidarität für unseren gemeinsamen Kampf versichert.

Muepu Muamba, Frankfurt am Main, 10. März 1997
Dialog International

Qual

Elisabeth Françoise Mweya Tol'Ande

Du, auf der Seite des Lichts,
denk' ein wenig an meine Nacht.

Lach' nicht zu laut, da dein Lachen
wie ein Glassplitter
mein Herz verletzt.

Du, auf der Seite des Lichts,
denk' ein wenig an meine Nacht.

Sieh,
ich bin verbarrikadiert in dieser Nacht
ohne Gesicht und ohne Hoffnung.

Sing' nicht diese Melodie voller Ironie,
besinge vielmehr meine Angst vor dem
morgigen Tag,
der sich mir nicht enthüllt.

Du, auf der Seite des Lichts,
sieh,
ich suche die Spiegelung in deinem Blick.

Das Manifest von Nsele

Auszug

Die M. P. R.[103] will aus dem Kongo ein wirklich unabhängiges Land machen.
Ihre Doktrin ist der Nationalismus.

Die M. P. R. möchte die Autorität des Staates und sein internationales Ansehen wiederherstellen. Da das 20. Jahrhundert die Vormachtstellung der Ökonomie über die Politik geprägt hat, wird die M. P. R. kraft der Wirksamkeit ihrer Aktion für gesunde Finanzen, stabiles Geld und eine kontrollierte Ökonomie kämpfen.

Vorrangige Ziele sind:
- die Steigerung der landwirtschaftlichen und industriellen Produktion,
- die Errichtung der ökonomischen Infrastruktur und neuer Industrien
- die Politik großer Bauunternehmungen,
- die Verbesserung des persönlichen Wohlstands.

Seit dem 25. November 1965, dem Beginn der zweiten Republik, findet im Kongo eine Revolution statt, die unserer großen Nation würdig ist. Die M. P. R. ist gewillt, dass sich diese

- voller Achtung gegenüber den demokratischen Freiheiten;
- mit einer Steigerung der Werte des Landes im intellektuellen und kulturellen Bereich;

---

[103] Mit der Verkündung des »Manifests von Nsele« wurde am 20. Mai 1967 die Einheitspartei »Mouvement Populaire de la Révolution« (MPR, Volksbewegung der Revolution) gegründet. Das »Manifest von Nsele« definierte sich als eine »neue politische Philosophie«, die sich im Begriff »Authentizität« zusammenfassen lässt. In diesem Sinne wurden am 21. 10. 1971 das Land in Republik Zaïre umbenannt, eine neue Fahne und eine neue Nationalhymne eingeführt und am 15. Februar 1972 die christlichen Vornamen afrikanisiert.

- durch die tatsächliche Befreiung der kongolesischen Frau und der kongolesischen Jugend;
- durch die Vereinigung aller Kongolesen zugunsten der Kraft und Größe der Republik

vollziehen kann.
Die demokratische Organisation M. P. R. wird

- die aktive, direkte oder indirekte Teilnahme von jedem Einzelnen, Männern und Frauen, an der öffentlichen Diskussion der Probleme des gemeinschaftlichen Lebens;
- den andauernden Abgleich der Interessen, Bedürfnisse und ökonomischen oder politischen Notwendigkeiten durch eine konstante Anpassung an die soziale und ökonomische Entwicklung

gewährleisten.

Für die Landwirtschafts- und Landarbeiter

Die M. P. R. ist für:

- die Verbesserung der Arbeitsbedingungen der Landwirtschaftsarbeiter, die persönliche Leistungssteigerung durch technische Beiträge; die Organisation der Produktion, des Absatzes und der Vermarktung von Produkten zu angemessen entlohnenden Preisen.
- die Beendigung des Exodus von Bevölkerungsgruppen in die großen Städte mit Hilfe der Verbesserung der Lebensbedingungen im ländlichen Milieu: Bau von Straßen, Bewässerungsanlagen, Mikro-Stromanlagen, Gründung von Kulturzentren und die Organisation von Zentren für junge Landwirte. Die Ansehenssteigerung des Bauern innerhalb der Nation.

Die M. P. R. legt fest, dass die Landwirte, Bauern und Landarbeiter sich nicht länger von der Nation alleine gelassen fühlen sollen. Sie sollen an der nationalen Revolution teilnehmen. Die Wichtigkeit ihrer ökonomischen Rolle muss ihnen eine angemessene Belohnung ihrer Arbeit sicher stellen.

Für die Industriearbeiter

Die M. P. R. fordert, dass die alle Arbeiter umfassende gewerkschaftliche Organisation an die Planifizierungsbemühungen angeschlossen ist, um die gleichgewichtige Ausbreitung der Produktion und die Befriedigung der kollektiven und individuellen Bedürfnisse zu gewährleisten; dass der Plan eine allgemeine Politik des Aufbaus einer freien Gesellschaft begründet, was soziale, pädagogische, kulturelle, künstlerische und wissenschaftliche Pläne einbezieht, die die Forderungen des materiellen Fortschritts mit jenen der Persönlichkeitsentfaltung der Männer und Frauen des ganzen Landes zusammenbringen.

Vorrangige soziale Ziele

- gerechte Verteilung des nationalen Einkommens;
- Produktionssteigerung und Rationalisierung im kollektiven Interesse;
- Abschaffung von Verschwendung und unproduktiven Anstrengungen;
- Tarifordnungen und Lohngarantie;
- Sozialversicherung.

Die M. P. R. verkündet, dass es ihr Ziel ist, die Kongolesen und Kongolesinnen aus aller Knechtschaft zu befreien und ihren Fortschritt zu gewährleisten, indem sie eine tatsächlich soziale und tatsächlich demokratische Republik aufbaut.

Gebt mir neue Worte

Vumbi Yoka Mudimbe

IX

Reicht mir Verben
Neu und leer
völlig unberührt
Reicht mir reine Verben
einfache Zeichen
Eins für jeden Zahn
Dreihundert für jeden Tag
Mögen meine Stunden singen!

Lasst mich feurige Morgengebete anstimmen
Laudes und Terzen
und Sexten und Nonen
Meine Vespern und meine Kompleten
von Erwartungen durchdrungen
Im Glanz der Essstörungen
und neuer Leidenschaften
Appetitlosigkeit!
Lasst mich um zu heiligen
Die Verstellungskünste eines Gottes entweihen
der von der Zeit erfüllt wurde
Weizen ohne Grannen
Die Zeit
und die Fruchtbarkeit von Symbolen,
die durch Lektüren sterben.

Reicht mir Verben
lebendig
und unvergänglich
Eine befreite Sprache

Damit ich in der Wehmut der Morgengebete
Lobgesänge aus Feuer
aus Eisen zubereite
Mögen Primen und Terzen
sich in Flüsse verwandeln
wendig und ungewöhnlich
Bei der Verkündung brudermörderischen
Blutvergießens
Bei der Verherrlichung menschlichen
Gemetzels
und der Aureole eines Gottesmordes!
Sie sollen kommen. Sie sollen stehlen. Sie sollen zerplatzen
Stanleyville oder Kisangani
und danach?

Haiti und Vietnam
Und dann?
Vietnams Tote
Indiens Hungernde
die Schwarzen der Vereinigten Staaten
die mit einem Schlag
entmannten Schwarzen Südafrikas.

Garben
Ah
Die Verben! Ja
ich weiß
Die Toten köstlicher Trunkenheit
entsprechenden Symbolen zugeordnet
Im Wahn
der Wiedergeburt des Menschen
Und der Erinnerung
An Kuba und an das Meer
Gewalttätig
Hart
Wild
In der Klarheit blutverschmierter None

Vibrierend
Triumphierend, verherrlicht
quer durch die Zuckerrohrfelder
Und den Frieden hungriger Mägen.

Mögen die Vespern der Folter
das Reich der
Brunnenbauer grüßen
Ruhige, einzigartige
spiralförmige Komplets voraussagen
um die Feuer verwundeter Herzen
Mit Liebe zu entflammen.

Miserere!
Reicht mir also Verben
Verben
Auf dass wieder Friede auf einem Blut
verschmierten Platz entstehe.
Sie haben
meine trügerische Hoffnung getötet
Sie haben
Das Versprechen künftiger Komplets befleckt.
Übel nehmen. Und was noch? Schlechte Laune bekommen.

Und was noch?
Sich verdrießen. Und dann?
Grauenhafte Verzweiflung einer Versuchung
Und Angst vor gewundenen
Plötzlich erfassten Linien.
Hurra! Die letzten Götter sterben.
Es lebe der Mensch.

Ein Lied, recht alt
Im Schweigen der Zeit.
Was soll's?
Da ich gerade das Reich
der Liebe neu betreten habe.

Reicht mir das Herz eines Gottes
Die Schwäche eines Kindes
Das ich zu den künftigen Tagen bringe
Zu den Flüssen der Hoffnung
und dem Ende der Katastrophen.
In der Trunkenheit der Tränen
die Erinnerung an Morde,
Folter, Erschießungen.
Die Schwäche einer Frau
Auf dass ich nur ein Verb sei,
eine ewige Stunde.

Offener Brief an den Bürger Mobutu Sese Seko Gründungspräsident der Volksbewegung der Revolution, Präsident der Republik Zaire

Auszüge

Im Oktober 1980 wandten sich 13 Parlamentarier, unter ihnen Etienne Tshisekedi, in einen offenen Brief an Präsident Mobutu. Dieser Brief war wie ein Donnerschlag am Himmel der Mobutu-Diktatur und läutete den Anfang vom Ende des Regimes ein. Die Unterzeichner kamen alle aus dem engsten Kreis der Macht. Sie forderten mit mutigen und offenen Worten die Demokratisierung des Systems, das sich seit November 1965 etabliert hatte. Dabei bezogen sie sich auf die nicht verwirklichten Grundsätze und Versprechungen der MPR (Mouvement Populaire de la Révolution), der jeder Kongolese von Geburt an angehörte und der das Manifest von Nsele, proklamiert am 20.7.67, als Parteiprogramm zugrunde lag. Auf den Protestbrief folgte die Verhaftung und Verbannung der Regime-Kritiker in ihre Heimatregionen. Doch der Widerstand der Opposition war nicht mehr aufzuhalten. Mobutu verkündete am 24. Juni 1990 das Ende der MPR als Staatspartei und das Ende des Einparteiensystems. Im Mai 1997 wurde er entmachtet und floh ins marokkanische Exil, wo er kurz danach verstarb.

Um es mit Mirabeau zu sagen, kann nur der, der seinem Land uneigennützig dient, der der Wahrheit verbunden und nicht auf Ruhm und Ehre aus ist, erwarten, dass die Zeit, die allen gerecht wird, ihn eines Tages unvergesslich macht.

Kinshasa, 1. November 1980

Bürger Gründungspräsident,

In Ihrer Rede vom 1. Juli 1977 an die Partei in Nsele stellten Sie unter anderem fest, dass die Stimme des Volkes oft erstickt werde und daher Gefahr laufe, zu spät Gehör zu finden. Des Weiteren stellten Sie fest:

> Die Revolutionäre Volksbewegung ist eine demokratische, keine diktatorische Partei. Das Volk Zaires soll Gelegenheit haben, konstruktive Kritik zu üben; denn zur Ausübung der Demokratie gehört, meiner Ansicht nach, objektive Kritik. Subversiv wird Kritik nur dann, wenn sie heimlich, heimtückisch und destruktiv geschieht.[104]

Gestatten Sie uns hiermit, erstmals von dieser von Ihnen öffentlich anerkannten demokratischen Freiheit Gebrauch zu machen. Und gestatten Sie uns, diese zu nutzen, um uns direkt an Sie zu wenden. Da die hier angesprochenen Probleme von öffentlichem Interesse sind, hielten wir es für angebracht, diesem Brief die ihm angemessene Öffentlichkeit zu verschaffen.

Bürger Gründungspräsident,

Die folgenden Gedanken sind weder ironisch noch anklagend gemeint. Sie sind schlicht das Ergebnis dessen, was uns tagein, tagaus beschäftigt, Fragen, die sich wie von selbst aus dem Widerspruch zwischen unserer Lebenswirklichkeit und Ihren öffentlichen Verlautbarungen ergeben. Angefangen bei Ihrem Glaubensbekenntnis vom 24. November 1965 und Ihrer programmatischen Rede vom 12. Dezember 1965, über das *Manifest von Nsele*, bis hin zu sämtlichen Verlautbarungen zur Ergänzung der genannten Grundprinzipien.

Aus diesem Zusammenhang heraus haben wir beschlossen, diesen offenen Brief in kämpferischem Ton zu halten, in einer Sprache frei von jeglicher Heuchelei und Lobhudelei.

Bürger Gründungspräsident,

Am 24. November 1965 trafen Sie, per Staatsstreich, die gravierende Entscheidung, persönlich das höchste Amt in unserem Staat zu übernehmen. Dort, wo die damals angeführten Rechtfertigungen nicht dazu angetan waren, dem Volk seine entscheidende Rolle streitig zu

---

[104] Rede des Präsidenten vom 1. Juli 1977, Ed.

machen, überzeugten sie uns von Ihrer patriotischen Gesinnung und von Ihrem Wunsch, unserer jungen und großen Nation Glück und Wohlstand zu bescheren.

Am 12. Dezember 1965, vor der im Stadion des 20. Mai versammelten Nation, erhoben Sie schwere Anklage und unterzogen die politische, wirtschaftliche, finanzielle und soziale Lage im Land einer kritischen Analyse. Ihre Worte konnten empfindsame Gemüter nicht kalt lassen und brachten Ihnen das Vertrauen und die Begeisterung eines Volkes ein, das soeben aus langer kolonialer Unterdrückung befreit worden war. Alle Zeichen standen auf Neuanfang. Es wuchs die Hoffnung auf bessere Zeiten.

Seither sind fünfzehn Jahre vergangen. Während Ihrer gesamten Amtszeit haben Sie uns wieder und wieder eingeschärft, dass »die Probleme Zaires von uns selbst zu lösen seien, wir das Schicksal Zaires in die eigene Hand nehmen müssten, statt es anderen zu überlassen.«

Auch wir sind der Ansicht, dass Zairer die Probleme Zaires lösen müssen. Aus diesem Grunde haben wir ja beschlossen, im Land zu bleiben und haben, wann immer man uns Gelegenheit dazu gab, unseren ernst gemeinten, loyalen Beitrag zum Aufbau des Landes geleistet. Nicht Resignation spricht aus unserer Entscheidung, sondern unsere Liebe für, unsere enge Bindung an unser Land und auch die Tatsache, dass wir das im Manifest von Nsele dargelegte Gesellschaftsmodell befürworten.

Bürger Gründungspräsident,

Auch wenn wir nach Ablauf der fünfzehn Jahre Ihrer Alleinherrschaft (zwischen 1967 und 1970) Zeiten des Wohlstands erlebt haben, zu denen wir Ihnen gratulieren, bleibt dennoch festzustellen, dass die Lage im Land zunehmend Besorgnis erregender geworden ist, in allen Bereichen. Hatten Sie nicht selbst bereits 1977 zu Recht festgestellt:

> Unsere Gesellschaft befindet sich derzeit in einem höchst beunruhigenden Zustand, und es sind alle Bereich des Landes in einer derart kritischen Lage, dass es sinnlos wäre, dies zu ignorieren.[105]

Sie lieferten zugleich eine Diagnose und präzisierten, »die Probleme stecken nicht in der Wirtschaft oder der Verwaltung. Sie sind im We-

---

[105] Rede des Präsidenten vom 25.11.1977, Ed. IMK, S. 11.

sentlichen politischer und moralischer Natur.«[106] Anders ausgedrückt, besteht eine tiefe Vertrauenskrise, sowohl im Innern als auch außerhalb des Landes. Im Innern ist die Bevölkerung zweifellos schlecht auf die Partei zu sprechen, angesichts der Fülle widersprüchlicher Slogans und Parolen, die nie in Alltagswirklichkeit umgesetzt zu werden scheinen. Und glaubt man den Einschätzungen auf internationaler Ebene, so hat Zaire jegliche Glaubwürdigkeit verloren, und seine Regierung gilt als die inkompetenteste überhaupt.

[...]

Als die MPR 1967 an die Macht gelangte, versprach uns auf politischer Ebene das im Manifest von Nsele entworfene Gesellschaftsmodell Folgendes:

- Wiederherstellung der Autorität des Staates sowie seines internationalen Ansehens,
- Achtung der demokratischen Freiheiten,
- aktive direkte oder indirekte Beteiligung Aller an der öffentlichen Diskussion über Probleme des Gemeinwesens,
- kontinuierliche Rücksicht auf wirtschaftliche oder politische Interessen, Erfordernisse und Notwendigkeiten,
- Befreiung der Zairer und Zairerinnen aus jeglicher Knechtschaft, Gewährleistung ihres Fortkommens durch die Schaffung einer wirklich sozialen und wirklich demokratischen Republik,
- Revolution bedeutet nicht die Abschaffung des Individuums,
- die Freiheit des Menschen ist ein zentrales Anliegen der MPR,
- politische Unterdrückung gehört der Vergangenheit an,
- Bekräftigung der großen traditionellen Freiheiten: Meinungs-, Presse-, Glaubensfreiheit,
- Achtung des Bürgers in seiner Freiheit, die ihm die Kraft gibt, sich für den Staat einzusetzen,
- die MPR wird die Grundrechte achten und für ihre Durchsetzung sorgen.

Seitdem sind fünfzehn Jahre ins Land gegangen. Was haben wir bisher erlebt? Was erleben wir heute?

Trotz ihres demokratischen Selbstverständnisses bestand die erste Amtshandlung der Partei darin, dem Volk eines seiner elementarsten

---

[106] A. a. O.

Grundrechte, das der Wahlfreiheit, zu verweigern. Wie einer ihrer Hauptslogans zeigt, rekrutiert die Partei der MPR ihre Mitglieder mit Gewalt: »Ob Sie wollen oder nicht, Sie sind Mitglied der MPR.« (Olinga olinga te, Ozali MPR).

Und leider wurde dieser erste Angriff auf die Freiheit institutionalisiert. Die Freiheit aber ist das höchste, das teuerste Gut des Menschen, ein Naturrecht, das kein vorübergehender Herrscher sich aneignen und das kein Volk veräußern darf.

[…]

Unter Ihrer Regentschaft, Bürger Gründungspräsident, wurde die Presse verstaatlicht. Sämtliche Versuche, sie zu liberalisieren, stießen bisher auf Ablehnung. Die ausländische Presse im Land wird zensiert. Wobei die Zensur alles andere als effizient ist, da die Sicherheitsbeamten die regierungskritischen Zeitungen und Zeitschriften (die genaue, den Machthabern unangenehme Informationen liefern) zwar einziehen, sie alsbald aber Gewinn bringend verkaufen. Die Käufer fotokopieren sie und sorgen so für deren Weiterverbreitung. Und das Volk kommentiert ironisch, dass der von der Macht verhängte Bambusvorhang nicht ganz so schalldicht sei wie der Eiserne Vorhang in der kommunistischen Welt. In der Folge ist das Phänomen *Radio Trottoir* entstanden, dessen großen Einfluss Sie selbst im Vergleich zu *Radio Zaire* eingeräumt haben.

[…]

Bürger Gründungspräsident,

[…] Ihnen liegt daran, als demokratischer, nicht als despotischer Regent zu gelten. Leider aber besteht eine zu große Diskrepanz zwischen Ihren Worten und Ihren Taten!

[…]

Wir wissen um Ihre Allergie gegen Aufrichtigkeit und Wahrheit. Da Sie jedoch aus freien Stücken die Verantwortung für das Amt an der Spitze des Staates übernommen haben, sollten Sie selbstverständlich auf diese Art der Reaktion gefasst sein. Seit nunmehr fünfzehn Jahren gehorchen wir Ihnen. Was haben wir während all der Jahre nicht alles getan, um Ihnen nützlich und genehm zu sein: Wir haben gesungen, getanzt, für gute Stimmung gesorgt … Kurz gesagt, wir haben allerlei Demütigungen über uns ergehen lassen, alle Formen der Entwürdigung, die man uns nicht einmal zu Kolonialzeiten zugemutet hatte. Alles haben wir getan, damit es Ihnen in Ihrem Kampf für die Verwirklichung wenigstens der Hälfte Ihres propagierten Gesellschaftsmodells an nichts fehlen würde. Und haben Sie es umgesetzt? Leider nicht!

Nach fünfzehn Jahren Ihrer Alleinherrschaft stellen wir die Existenz zweier sehr unterschiedlicher Lager im Lande fest. Das eine besteht aus einer Handvoll skandalös reicher Privilegierter. Das andere aus der Masse des Volkes, die im tiefsten Elend verkommt und nur noch auf ausländische Hilfe zählt, um mehr schlecht als recht zu überleben. Sobald diese Hilfe aber Zaire erreicht, richten es die erwähnten Reichen so ein, dass sie sie umleiten und auf Kosten der Ärmsten unter sich aufteilen!

Ja, diese Unverfrorenheit ging sogar so weit, dass man unverblümt für unsere in Shaba kämpfenden Truppen bestimmte Nahrungsmittellieferungen entwendete. Sie selbst hatten das im Rahmen einer Versammlung im Stadion des 20. Mai öffentlich zugegeben.

Wie dem auch sei, wir wollen hiermit erneut unsere Ablehnung jeglicher Gewaltausübung zum Ausdruck bringen und beteuern, dass wir an die Möglichkeit glauben, im Dialog und in gegenseitigem Respekt friedliche Lösungen zu finden, um die nationale Einheit, unser Land als Ganzes und den Frieden zu bewahren, und vor allem Lösungen, die das Gefühl der Zusammengehörigkeit fördern, das unabdingbar ist für den Aufbau einer großen Nation im Herzen Afrikas.

[...]

Es hat sich gezeigt, dass die sozio-ökonomischen Probleme, die Sie zu Recht zu Ihrem Staatsstreich veranlasst hatten, nicht beseitigt wurden, sondern die Lage sich im Gegenteil sogar so weit verschlechtert hat, dass sie heute als aussichtslos gelten kann. Und das, obwohl wieder Frieden eingekehrt war, obwohl das politische Tauziehen aufgehört hatte und trotz interner und externer Mittel, über die Sie zu verfügen hatten.

Auch in Bezug auf die Partei, die MPR, haben wir dargelegt, dass Sie bewusst von deren Doktrin und von den fundamentalen Grundsätzen abgerückt sind, die Sie selbst einst formuliert hatten.

[...] Die Verfassung des Landes [...] besagt auf Seite 10 ausdrücklich: »In dieser Eigenschaft hat es (das Politbüro) im Namen der Nation den Auftrag, über die Einhaltung der Doktrin der MPR zu wachen.«

Gewiss ist in Wirklichkeit »das Volk der wahre Träger und Garant des Mobutismus, und das Politbüro führt seinen Auftrag nur in Vertretung des Volkes aus.«

Da das Politbüro seinen Auftrag verfehlt hat oder sich unter moralischen Bedingungen befand, die es außerstande setzten, seinen Auftrag zu erfüllen, hat das souveräne Volk, das wir vertreten, das Recht, Verantwortung zu übernehmen. Das ist der Beweggrund für diesen Brief.

[…]

Bürger Gründungspräsident,

[…]

Indem Sie, mit allerlei Kunstgriffen, die wahre Demokratisierung des Landes und der Institutionen systematisch verhindert und eine nur vermeintliche Einheit hergestellt haben, die zunehmend einer Friedhofsruhe gleicht, haben Sie unserem Volk die Möglichkeit versagt, Demokratie einzuüben, den freien und friedlichen Austausch unterschiedlicher Ideen im Geiste konstruktiven Wettstreits.

In fünfzehn Jahren Alleinherrschaft, meist umgeben von anderen, durch Sie nominierten Alleingängern, die oft nur sich selbst repräsentierten und unser Land nicht kannten oder aus dem Ausland kamen, haben Sie uns durch einen Tunnel geführt, dessen Ende allein Sie sehen und der in einen Abgrund zu führen scheint.

[…]

Bis heute ziehen viele unserer Mitbürger offenkundige Konsequenzen daraus und sehen im Gang ins Exil oder im Griff zu den Waffen das einzige politische Ausdrucksmittel. Doch die schlimmste Folge Ihres Demokratie erstickenden Regimes ist zum einen die, dass, wie Sie selbst es ausgedrückt haben, das Land in einem politischen und sozialen Chaos zu versinken droht, das noch größer sein dürfte als jenes, dem Sie durch Ihre Machtübernahme angeblich einst ein Ende gesetzt haben; zum andern die, dass das Volk nicht mehr daran gewöhnt ist, kontroverse Debatten zu führen und die Eliten es nicht gelernt haben, ihre Ansichten friedlich zu vertreten und mit ihrem Volk einen Dialog zu führen.

Vielleicht bleibt Ihnen noch die Zeit, den Lauf der Dinge ins Positive zu wenden.

Bürger Gründungspräsident,

Zaire gehört den 25 Millionen Zairern. Millionen Menschen, die wir rechtmäßig zu vertreten glauben, die mit uns sympathisieren, sind der Ansicht, dass sich unsere Gesellschaft sofort und tiefgreifend ändern muss, bevor es zu spät ist.

Diese Veränderung schließt die vollständige Umstrukturierung des Landes ein, die Garantie aller politischen und demokratischen Freiheiten, allen voran die Versammlungs- und die Pressefreiheit.

Um wirksam und nachhaltig zu sein, müssen diese Reformen aus einer nationalen Debatte hervorgehen, die außer den gewählten Volksvertretern die Vertreter aller politischen Meinungen an einen Tisch bringt, und ganz gleich, wo sie sich zur Zeit aufhalten, müssen sie von ihren Auftraggebern frei bestimmt und entsandt werden.

Bereits jetzt sind wir sicher, dass die große Mehrheit unserer Mitbürger, sofern die Machthaber ihr die Möglichkeit geben, sich frei zu äußern, mittels ihrer Delegierten tiefgreifende politische Reformen fordern wird, die folgende Grundsätze beinhalten:

- Die Existenzberechtigung des zairischen Staates erwächst aus seiner Fähigkeit, für die Entfaltung und das Wohlergehen nicht nur einiger weniger sondern aller Zairer zu sorgen;
- Persönlichkeit und Eigentum jedes Zairers sind effektiv vor der Willkür des Staates zu schützen;
- Die Verfassung und die Gesetze des Zaire müssen für alle Menschen gelten, unabhängig von Funktion und sozialem Status;
- Die politische Organisation unseres Landes muss auf einem tatsächlich ins Werk gesetzten (nicht nur verlautbarten) Konsens beruhen, den unser Volk erreicht hat, und sie muss den tiefen Bedürfnissen der großen Masse entsprechen. Dies wird nur möglich, wenn in Zaire eine Demokratie etabliert wird;
- Die Demokratie wird in Zaire nur dann wirkungsvoll sein, wenn in den politischen Staatsorganen vom Volk frei gewählte Repräsentanten vertreten sind;
- Die übermäßige Zentralisierung und die Konzentration der Macht in den Händen einer einzigen Person müssen ein Ende haben;
- Die Macht ist, genau festgelegten Aufgaben und Rollen gemäß, auf

die unterschiedlichen politischen Staatsorgane und im durch die Verfassung festzulegenden Rahmen zu verteilen;
- Die Kontrolle der Staatsorgane ist von der Basis bis hinauf in die oberste Staatsspitze wirkungsvoll zu organisieren;
- Die Exekutive insgesamt muss der Kontrolle durch den vom Volk gewählten Legislativ-Rat unterstehen; [...]
- Die wirkliche Demokratisierung des Regimes und der tatsächliche Schutz der Menschenrechte erfordern die Liberalisierung der Massenmedien. Presse, Radio und Fernsehen des Landes müssen im Dienste aller Zairer stehen. Damit sie nicht weiter einer Oligarchie dienen, ist Pluralismus in den Massenmedien erforderlich, umso mehr, als Lügen nur durch Widerspruch und Gegendarstellung bekämpft werden können.

Die Verfasser

Anaclet Makanda Mpinga Shambuyi, Ost-Kasai
Joseph Ngalula Mpanda Njila, Ost-Kasai
Étienne Tshisekedi wa Mulumba, Ost-Kasai

Die Unterzeichner in alphabetischer Reihenfolge

Gabriel Biringanine Mugaruga, Kivu
Charles Dia Oken-a-Mbel, Bandundu
François Lusanga Ngiele, Katanga
Paul-Gabriel Kapita Shabangi, West-Kasai
Walter Isidore Kanana Tshiongo a Minanga, Ost-Kasai
Célestin Kasala Kalamba ka Buadi, West-Kasai
Oliveira da Silva Antoine Gabriel Kyungu wa ku Mwanza, Katanga
Protais Lumbu Maloba Ndoba, Katanga
Anaclet Makanda Mpinga Shambuyi, Ost-Kasai
Symphorien Mbombo Lona, West-Kasai
Joseph Ngalula Mpanda Njila, Ost-Kasai
Edmond Ngoyi Mukendi Muya Mpandi, Ost-Kasai
Étienne Tshisekedi wa Mulumba, Ost-Kasai

Dichter, dein Schweigen ist ein Verbrechen

Für A. R. Bolamba

Matala Mukadi Tshiakatumba

Das Leben schwindet vor der Sonne,
Coxyde, alles ist Einsamkeit.

Das tosende Meer
zertrümmert die fiebrige Ruhe
Eines halbleeren Menschenstocks.

Die Schaumspitzen der Wellen
verenden an meinen Füßen
O Furor!
Dort, gejagt wie dereinst Elefanten
(Elfenbein ist nichts mehr wert auf dem Markt)
Menschen deren Agonien herbeigeführt wurden
säumen das Land.
Dort heulen Granaten, vernichten
Menschen, die Milben vertilgen.

Unter dem Bananenbaum
Entledigt sich
Ein frühreifer Junge
Seines Mageninhaltes.

Kinder mit gereckten Fäusten
Herzen wie im Schraubstock zusammengepresst
Werden hinweggerafft wie der Mais unserer Felder
Ihre Asche über das Land verstreut
Ihr Schatten im Kosmos vereweigt

Lieben, Träumen, Tanzen,
den Körper einer Frau umarmen,
in den Absinthen des Lebens ertrinken,
 für diese Kinder von dort
und aus anderen Regionen…
werden ewige Mythen daraus

Mein Leben ist so salzig wie das verdreckte Wasser,
das ich mit acht in Moanda trank

Gercht ist auf Erden nur der Ozean.
Auf diesem ungestümen Wasser
Werden weder Mensch noch Ding verschont.
Jedes unreine Stück Holz wird
Mit der gleichen Wucht ans Ufer zurückgeworfen.
Lauter als das tosende Meer
Sagt die Stimme des Gewissens zu mir:

Dichter, dein Schweigen ist ein Verbrechen

Die Demokratische Republik Kongo – Bilanz und Zukunftsperspektiven

Ein Gespräch mit Elikia M'Bokolo

Elikia M'Bokolo ist Historiker und Studiendirektor an der »Ecole Des Hautes Etudes en Sciences Sociales« in Paris sowie Professor an der Universität von Kinshasa. Er unterrichtet außerdem an verschiedenen frankophonen und nichtfrankophonen Universitäten, hauptsächlich in Portugal, Brasilien und Angola.

Er hat mehrere Bücher über Afrika vorgelegt und produziert für »Radio France Internationale« allwöchentlich die Sendung »Die Erinnerung eines Kontinents,« die sich der Geschichte Afrikas und seiner Diaspora widmet.

Welche Zukunftsperspektiven hat die Demokratische Republik Kongo und was kann die Diaspora dem Kongo bringen, obwohl sie nicht wahlberechtigt ist?

Um den heutigen Kongo zu verstehen, darf man sich nicht mit der Betrachtung der letzten Jahren begnügen. Man muss sich die ganze Kolonialgeschichte wieder vornehmen, da der Kongo, so wie er heute besteht, durch die Kolonisation beschnitten wurde, zumal die Kolonisierung durch Leopold II und Belgien graduell leicht unterschiedlich verlief als andere Kolonisierungen.

Wie lässt sich diese Unabhängigkeit charakterisieren, auf die der Kongo nicht gefasst war?

Es ist eine Unabhängigkeit, die gescheitert ist. Doch im Gegensatz zu dem, was man gemeinhin denkt, ist sie für die Kongolesen in besonderer Weise gescheitert. Sie haben bei dieser Unabhängigkeit viel verloren, während Belgien das Wesentliche behielt. Dass die Leute, die im Kongo an der Macht waren, entfernt wurden und sich nach Lumumbas Ermordung nur die hielten, die den Belgiern wohlgesinnt waren. Davon abgesehen, wurden die Gesellschaften nach kongolesischem Recht von heute auf morgen in einem betrügerischen Vorgang großen Stils, selbst wenn es einen legalen Anstrich hatte, zu Firmen mit belgischem Recht, wodurch der Kongo einen sehr bedeutenden Geschäftsbereich verlor.

Hinzu kommen noch die Dramen, das Chaos und die Anarchie, die herrschten, als die Unabhängigkeit absehbar war.

Betrachtet man, was seit 2003 geschieht und über die Konflikte hinausgeht, so haben die Kongolesen gezeigt, dass sie weiterhin zusammenleben wollen. Sie haben sich per Volksentscheid eine Verfassung gegeben, haben sich an Wahlen beteiligt. All das zeigt, dass es eine psychologische, moralische, kulturelle Kraft gibt, auf die man sich in Zukunft stützen kann. Allerdings ist der Kongo nach wie vor ein Staat mit einer äußerst fragilen Gesellschaft, die an Körper und Geist tief verletzt ist. Es ist vor allem die Organisation und Verteilung der Macht, die eine Mobilisierung verhindert, welche es den Kongolesen erlauben würde, tatsächlich für sich Verantwortung zu übernehmen.

Über die Diaspora liegen uns keine Zahlen vor, es sind gewiss ein paar hunderttausend Menschen einschließlich der in der Diaspora geborenen Kinder. Der Kongo kennt das Phänomen *Money Gram*, *Western Union*, etc., jenes Phänomen, das verhindert, dass die Kongolesen ins totale Elend versinken. Die Überweisung von zwanzig bzw. fünfzig Dollar ermöglicht es den Familien, über schwere Zeiten hinwegzukommen. Man sollte den Einfluss der Diaspora jedoch nicht darauf reduzieren. Zunächst, weil die kongolesische Diaspora die Erfahrung macht, im Ausland zu leben, die Erfahrung der Staatsbürgerschaft im Ausland, der Multinationalität und der Multikulturalität. Meines Erachtens verfügt sie über eine reichere Erfahrung als der Durchschnittskongolese; sie hat Rechte, die anerkannt werden müssen und muss ihren Pflichten nachkommen. Ohne die Diaspora läge Kinshasa schon längst in Schutt und Asche. Die Diaspora stellt in gewisser Hinsicht einen Staatsersatz dar. Da dem so ist, hat sie eine Reihe von Rechten, die sie allerdings einfordern muss. Die Diaspora könnte sich ja auch wünschen, eines Tages in den Kongo zurückzukehren. Sie hat Kompetenzen, Know-how, das erworben wurde, ohne dass der Kongo auch nur einen Cent dafür ausgegeben hätte.

Davon kann der Kongo profitieren. Nach 2006 hat sich die Regierung mit dieser Frage beschäftigt und einen Staatssekretär für Diaspora ernannt. Allerdings wurde diese Stelle bereits nach der ersten Regierungsumbildung gestrichen. Der Kongo ist eine riesige Baustelle, wo man alles aufbauen muss: Straßen, Wohnungen, Krankenhäuser.

In Anbetracht all dessem, was sich auf dem Kontinent abspielt, muss man da tatsächlich der fünfzigjährigen Unabhängigkeit des Kongo gedenken?

Zwei Dinge sollte man nicht miteinander verwechseln: Das Gedenken an das, was 1960 geschah und an das, was danach geschah. Was 1960 geschah, repräsentiert eine wichtige Seite der afrikanischen Geschichte und der Geschichte des 20. Jahrhunderts schlechthin.

So gesehen muss man die Unabhängigkeit feiern, wie man in Frankreich den 14. Juli feiert, allerdings sollte man sich darauf ausruhen. Damit sich etwas ändert, müssen wir vermeiden, rückwärtsgewandt zu denken. . Außerdem organisieren kongolesische Verbände seit dem ersten Januar (2010) eine ganze Reihe von Diskussionen, Überlegungen rund um die Fünfzigjahrfeier, damit die Feierlichkeiten sich nicht auf ein paar Stunden Parade oder auf Tanzveranstaltungen beschränken.

Welches afrikanische Land, das seine fünfzigjährige Unabhängigkeit feiert, könnte heute als Beispiel einer gelungenen Unabhängigkeit gelten?

Ghana gilt heute als eins der afrikanischen Länder, in dem die Regeln des Rechtsstaates tatsächlich eingehalten werden: Es gibt einen Staat und eine Reihe von Fehlern, die früher gemacht wurden, können vermieden werden. Die Kapverden haben heute, dank der Überweisungen der Diaspora und dank eines Systems guter Regierungsführung einen höheren Grad an menschlicher Entwicklung als der Kongo oder Senegal.

Es kommt nicht zur Sprache, dass man, nach mehreren Jahrzehnten des demokratischen Prozesses, bestimmten Machthabern das Scheitern des afrikanischen Demokratie zur Last legt. Was halten Sie davon?

Die betreffenden Personen sind allesamt nicht mehr da, bis auf Biya in Kamerun, Mugabe in Zimbabwe, doch andernorts gilt die Regel: zwei Amtszeiten und dann geht man. Dieser Imperativ der zwei Amtszeiten kann sich im Übrigen als problematisch herausstellen, da das Alter der afrikanischen Staaten nicht dasselbe ist, wie das anderer Staaten.

Immerhin haben sich die Vereinigten Staaten dazu beglückwünscht, dass Franklin Roosevelt stillschweigend gegen die Regel der zwei Amtszeiten verstoßen hat und angesichts der besonderen Situation der Vereinigten Staaten in den dreißiger Jahren beschloss, viermal zu kandidieren.

Stimmen Sie denen zu, die behaupten, wir würden einer tendenziösen Entgleisung der Demokratie beiwohnen, wenn Politiker sich wie Monarchen gebärden?

Es gibt Leute, die sich befugt wähnen, Formeln über Afrika zu lancieren. Die biologische Vererbung ist nicht das Problem. Nehmen wir nur einmal Frankreich als Beispiel. Da bezweifelt niemand, dass es eine Demokratie ist, von 1958-1974, also von De Gaulle bis zum Tod Pompidous, haben letztlich die gleichen Männer Frankreich regiert, nicht wahr? Zuerst De Gaulle und dann Pompidou. Darüber hat sich niemand aufgeregt.

Wie sehen Sie die Zukunft des Kongo?

Es gibt sehr viel zu tun im Kongo, und das kongolesische Volk wartet nicht mit ausgestreckter Hand. Außerdem gibt es im Kongo eine innere Kraft, die die Leute antreibt und die es erlaubt, Probleme mit wenigen Mitteln zu lösen. Ich glaube, dass dieses Volk eine große Zukunft hat, wenn die politische Führung des Kongo bereit ist, sich von dem Gedanken zu verabschieden, die Politik sei das A und O aller Dinge und wenn sie zudem bereits ist zu sagen: Politik machen ist gut. Besser ist es, sie so zu machen, dass die Menschen ihren Alltag gestalten, Verantwortung übernehmen und letztlich glücklich und stolz auf den Kongo sein können.

In den Mäandern der rhythmischen Hölle

Matala Mukadi Tshiakatumba

I

Lass mich die Mäander der rhythmischen
Hölle entdecken
Öffne mir deinen Blütenkelch Labsal
Des Bienenschwarms
Um den Jasminduft einzusaugen der
Deinem Körper entströmt
O schöne einfühlsame Freundin, die du
An der Kreuzung zweier Sterne erblühtest
Der rasende Vollblüter bäumt sich auf
Muss warten und gähnt
Der Vollblütler wiehert wenn er Délie zuhört
Délie, Hexe der nach Zuwendung gierenden Herzen
Ewige Melodie Fingerabdruck einer
Jugend die sich in der rhythmischen Corrida verirrte

II

Lass mich die Mäander der rhythmischen
Hölle entdecken
Meine Schwester aus dem Urwald bereit es zu tun
Verfügt nur über die Magie der Lenden
Meine Schwester aus dem Urwald bereit es zu tun
Kam gerade im brennenden Dorf um
Meine Schwester aus der Stadt hat sich in Kinshasa
Bei Tagesanbruch ins Brautkleid gehüllt
Mit trübem Blick erspähe ich in diesem Raum
Nembos Schatten in der künstlichen Hitze
Wie Adlerklauen umfingen seine Hände

Die Wärme meines Wesens
Wie der Glockenschlag der zur Morgenandacht ruft
Quält die Erinnerung an Nembo den Meteor meiner Jugend
Meine Wirbel in jeder fieberhaften Stunde
Des Tanzes
Nur meine Heimat sage ich mir in diesem Raum
Von teuflischen Melodien bedrängt
Wird mich nicht verleugnen können ihre Geduld ist unermesslich
Die Dauer ist für sie nicht von Belang

III

Lass mich die Mäander der rhythmischen Hölle
Entdecken
Bei uns ist die Hölle auf Erden das Feuer
So man den verworrenen Ideen glauben darf
Es hat uns seit der Wiege verbrannt
Und Tatsache ist dass es weiterhin unsere Mitmenschen dezimiert
Meine Gedanken ziehen durch die Mäander der rhythmischen
Hölle
Es ist kein Verrat meine Schwester
In dieser Nacht in der das Kind der Ruzizi
Nach der Runde der Geier vergeblich einen Fels sucht
Um seinen Kopf hinzulegen.

Die Kriege im Kivu

Ihre politische Bedeutung für die kongolesische Gesellschaft und den Aufbau des Staates

Kä Mana

Ich möchte vorausschicken, dass ich diese Überlegungen inmitten der Turbulenzen niederschreibe, die im Kivu mit einer neuen Phase des Kriegs aufkamen. Sie begann mit der Gruppe M23 und der Neuausrichtung einer Bewegung, die bereits 1997 ihren Anfang nahm, als die Truppen der Allianz der Demokratischen Kräfte zur Befreiung des Kongo (AFDL) – Militärs aus Ruanda, Uganda, Burundi und auch des Kongos – Kinshasa erobert und Mobutu Sese Seko aus dem Amt gejagt hatten, um an seiner Stelle Laurent-Désiré Kabila an die Spitze des Staates zu setzen. Damals wurde der Krieg zur Eroberung des Kongo durch die AFDL aus verschiedenen Perspektiven wahrgenommen und beschrieben.

Seitens der Sieger war es ein Befreiungskrieg. Es war sein Ziel und seine grundlegende Absicht, ein diktatorisches, vom Volk gehasstes System zugunsten einer neuen Vorstellung von Demokratie zu zerschlagen. Man wollte die nationale Wirtschaft wieder anzukurbeln und für die Bevölkerung ein Reich des Wohlstandes schaffen. Der neue Präsident, den die Aura des Weisen – *Mzee* – umgab, ein leuchtender Stern strategischer Intelligenz, versprach, das Volk in ein neues Paradies zu führen, und verkündete überall, der Kongo würde von einer Neugeburt und einem Neuanfang profitieren. Man glaubte, einen neuen Messias zu vernehmen.

Seitens der Verlierer – Scharen von Mobutu-Anhängern, in alle Richtungen fliehend – sprach niemand von Niederlage, sondern man sprach von Denunziation und meinte damit eine aus dem Ausland kommende Aggression (begangen von einer zusammengestellten Armee von Soldaten aus Ruanda, Burundi, Uganda und Söldnern) mit kongolesischen Marionetten, die man fälschlicherweise als Befreier apostrophiert hatte. Sie standen an der Spitze einer Kinderarmee, die zum Krieg verdammt war. Das ganze Unternehmen des Feldzuges gegen Mobutu sei darauf ausgerichtet gewesen, die *Abkommen von Lemera* durchzusetzen: dem eigentlichen Motiv des Krieges zur Balkanisierung des Kongo und der Plünderung seiner Reichtümer durch Ruander und Ugander, die bei Mobutus Sturz als einzige Akteure das Spiel beherrschten. Der Herold dieses Diskurses war Honoré Ngbanda, engster Berater von Mobutu in Sicherheitsfragen und Chef der Aufklärung. Daher meinte er, dass man seinen Worten Glauben schenken müsse, er spräche ja aus Erfahrung.

Bei Siegern und Besiegten rumorte der Diskurs der Opposition im Landesinnern unter der Führung von Etienne Tshisekedi, Präsident der *Union für Demokratie und Sozialen Fortschritt* (UDPS), der eine echte Befreiung wollte und den Abzug der ausländischen Militärkräfte forderte, um die Kongolesen gemeinsam über das Schicksal des Kongo diskutieren und entscheiden zu lassen. Er spürte die Schlange unter dem Fels einer neuen Macht, deren Zügel in ausländischen Händen lagen. Er träumte von einem Neubeginn und einer Neugeburt des Landes unter den Vorzeichen einer echten Renaissance: ein neues Leben mit frischem Schwung für das jetzige und das künftige Glück.

Hinter all den Diskursen und den Vorstellungen über den Krieg, wie sie Laurent-Désiré Kabila, Honoré Ngbanda und Etienne Tshisekedi verkörperten, tobte ein Schatten: das Projekt, das man Ruanda zuschrieb, auch Uganda und in geringerem Maß Burundi. Ich rede von Schatten, weil dieses Projekt nie von denen publik gemacht wurde, denen es die Kongolesen zuschreiben.

Weder Ruanda noch Uganda oder Burundi haben jemals unmissverständlich bestätigt, dass sie vorhatten, Laurent-Désiré Kabilas Träume zu verwirklichen, sich den Kongo anzueignen, um ihn zu balkanisieren und zu plündern, wie Ngbanda es behauptete, noch das Machtzentrum der Demokratischen Republik Kongo zu verlassen, um die Forderungen von Etienne Tshisekedi zu befriedigen. Das Schweigen dieser Länder über ihre Absicht auf kongolesischem Staatsgebiet heißt entweder, dass ihr Projekt nicht so durchdacht und kohärent ist, wie die Kongolesen annehmen, sei es, weil es von den Geheimdiensten kommt, die es den Gegebenheiten anpassen, sei es, weil es inkohärent und inkonsistent ist sowie zeitlich befristet ist und nicht die Schlagkraft hat, es gegenüber der Weltöffentlichkeit überzeugend zu vertreten.

Man könnte sogar meinen, dass die Länder, die ein bestimmter kongolesischer Diskurs als Invasoren, Angreifer, Plünderer und Zerstörer behandelt, nur deshalb ihre Ambitionen im Kongo verschweigen, weil sie selbst nicht die Herren dessen sind, was in unserem Land zu machen ist. Demnach wären sie nur die Ausführenden einer Agenda, die die mysteriösen Wirtschaftsbosse der Welt aufgestellt haben. Manche kongolesischen Intellektuellen halten sie für die wahren Kommanditäre des Kriegs, der den Kongo destabilisieren und so schwächen und aufteilen soll, um seine Reichtümer besser ausbeuten zu können. Es ist bekannt, wie dieser Diskurs der globalen Mächte entstand: mit dem Projekt der afrikanischen Renaissance, das der amerikanische Präsident Bill Clinton lanciert hatte. Er war es, der Mobutu Sese Seko ins Zentrum des politischen Zyklons der Großen Seen schob und Paul Kagame als neuen starken Mann der Region aufbaute, bis hin zur Schaffung von Anreizen für große und kleine Raubritter der Wirtschaft und der Finanzen, die das kongolesische Chaos verursachen und am Leben halten. Außerdem kennt man die Komplexität des kongolesischen Problems, seitdem China als Akteur bei der Ausbeutung der Minen in der DR Kongo auftritt und die neuen Macht- und Hegemonialkonflikte, die dadurch mit den früheren Herren des Landes – den westlichen Großmächten – entstehen. Am Schwierigsten ist es heute, die Linie zu entdecken und zurückzuverfolgen, die von den Ambitionen der Großmächte im Kongo zur Einmischung Ruandas und Ugandas bei den Kriegen im Kivu führt und auch zu den Milizen und den internen Bewegungen im Land, deren Rolle sich nicht darauf beschränkt, nur simple Marionetten von Kigali und Kampala zu sein.

Der Diskurs der kongolesischen Milizen und der Bewegungen, die von Kigali und Kampala unterstützt werden, erlauben keine einfache Lesart der Dinge. Die Allianzen und die sich verändernden Allianzen zwischen diesen Milizen, die ständigen Neuausrichtungen der Strategien und die ständigen Richtigstellungen der Ziele und Kampfeinsätze, die Veränderungen der politischen Positionierungen zwischen den kongolesischen und ruandischen Führern hinsichtlich obskurer, an die Interessen des Machterhalts gebundenen Taktiken, erlauben keine schlüssige Lesart, die einem Forscher zur Verfügung stünde, der mit kühlem Kopf zu verstehen versuchte, was tatsächlich im Kivu-Krieg geschieht.

Die Verhältnisse sind noch undurchsichtiger geworden, seitdem Joseph Kabila Kabange das höchste Richteramt der DR Kongo angetreten hat. Eine Zeit lang hielt der kongolesische Diskurs diesen Präsidenten für einen Mann aus Ruanda und unterstellte eine solide und bedingungslose Unterstützung der Ambitionen Kingalis. Ein bequemes trojanisches Pferd, das der ruandischen Macht den Zugriff auf den Kongo erlaubt und die Manipulation der kongolesischen Politik hinsichtlich der Interessen der sog »Tutsis«, um sich die DR Kongo als Kriegsbeute einzuverleiben, seitdem die AFDL in Kinshasa einmarschierte. Ein anderes Mal unterstützt der gleiche kongolesische Diskurs den Präsidenten Kabila Kabange und zwar immer dann, wenn die Spannungen zwischen Kigali und Kinshasa unerträglich werden. Sobald sich eine Rebellenbewegung gegen Kinshasas Macht im Osten des Landes in Bewegung setzt, reitet der kongolesische Präsident das Ross der Beschuldigung von Ruanda, ohne zu erklären, wie dieses Land, von dem er behauptete, es wäre ein militärischer Verbündeter im Kampf zur Befriedung des Kivu, zum Feind wurde. Er sagt nie, was er aus den öffentlich bekannten oder geheimen Abkommen machte, die er mit Kigali unterzeichnet hat.

Er schweigt über das Schicksal der militärischen Bündnisse, die ihn an den Präsidenten Kagame binden, um die »negativen Kräfte« zu bekämpfen, die Ruanda im Kongo verfolgt, und um die kongolesischen Milizen, die das Land destabilisieren, zu neutralisieren. Niemand weiß, warum diese Bündnisse und diese Abmachungen nicht zu den entscheidenden Siegen führten. Sogar die treibenden Kräfte der Zivilgesellschaft und der Kirchen, die das hinterfragen und die Macht von Kinshasa zur Verantwortung ziehen müssten, verstehen es nicht, ihr Gedächtnis und ihren Verstand einzusetzen, um von der Regierung zu erfahren, welches Spiel sie spielt und auf welcher Logik es beruht. Sie besteigen selbst das Kriegsross gegen die Balkanisierung des Landes, ohne sich zu fragen, ob Kinshasa und Kigali nicht gemeinsam das kollektive Unbewusste des Kongo für uneingestandene politische Interessen manipulieren.

Es wird nicht einmal gefragt, warum sich die Internationale Gemeinschaft, deren rechter Arm im Kongo die Monusco ist, sich auf der einen Seite oft bei den kongolesischen Streitkräften engagiert, während sie auf der anderen Seite von den Kongolesen beschuldigt wird, beim

Spiel interner Rebellionen mitzumischen oder externer Angreifer, die vermutlich diese Rebellionen unterstützen. Wenn man sich nur die letzte Welle des von der M23 im Norden des Kivu ausgelösten Krieges vornimmt, ist man erstaunt über die Leichtfertigkeit, mit der die öffentliche Meinung daraus einen Krieg zur Balkanisierung des Kongo machte. Kigalis Unterstützung der Bewegung wurde wahrgenommen als das Bestreben, einen Teil des Kivu, Ruanda zu zuschlagen, dabei zeigten sich noch vor einem Monat die kongolesische und ruandische Armee zusammen und bekämpften gemeinsam die *Forces Démocratiques de Libération du Rwanda* (FDLR) in einer Aktionseinheit, die Kinshasa mit reichlich Rhetorik über Frieden und Eintracht zwischen zwei Nachbarn jubelnd pries. Ohne dass man uns das Warum des Bruchs erklärt hätte, wurden die beiden Länder von einem Augenblick zum anderen Feinde, und die drohende Balkanisierung ist wieder das Wechselgeld des kongolesischen Diskurses, der laut und sichtbar von der internationalen Gemeinschaft unterstützt wird.

Im Kern dieses Kinshasaer Diskurses ist niemandem aufgefallen, dass man dem Publikum eine bereits zerkratzte Platte vorgespielt hatte. Die Vorstellung von einem militärisch mächtigen, gut organisierten Ruanda, das bereit ist, den Kongo zu zerstückeln, wie ein ausgehungerter Vielfraß ein wehrloses Opfer. Alle haben diesen Refrain wieder aufgegriffen, ohne sich so einfache Fragen zu stellen wie die folgenden:

Falls Ruanda in seinen strategischen Kämpfen militärisch so stark und vernünftig wäre, warum ist es Ruanda dann nicht gelungen, in seinem Bündnis mit der kongolesischen Armee, die FDLR auf kongolesischem Gebiet in die Knie zu zwingen und Kabila Kabange einen befriedeten Kongo anzubieten, um ihn in aller Ruhe zu regieren?

Falls Ruanda in seinen strategischen Kämpfen militärisch so stark und vernünftig wäre, warum hat sich dann seine Führungsspitze keine einheitliche Sicht auf das Land bewahrt und Revolten und Abspaltungen durch bestimmte Offiziere hervorgerufen, mit denen die kongolesischen Führer in einem bestimmten Moment Kontakt aufnahmen?

Falls Ruanda in seinen strategischen Kämpfen militärisch so stark und vernünftig wäre, warum hat es dann nicht die weltweite Missbilligung seiner Unterstützung des M23 vorweggenommen und jetzt den Eindruck erweckt, nicht mehr zu wissen, was das wahre Ziel dieser Bewegung in Anbetracht von Kinshasas Macht ist?

Falls Ruanda in seinen strategischen Kämpfen militärisch so stark und vernünftig wäre, warum akzeptiert es dann nicht öffentlich, dass es in den Kivu-Krieg verwickelt ist, statt auf diplomatisches Geplänkel zurückzugreifen und geheime Treffen mit den Repräsentanten der kongolesischen Macht abzuhalten, ohne das kongolesische Volk darüber klar zu informieren?

Wenn man sich solche Fragen stellt und die unterschiedlichen Diskurse über den Kivu-Krieg seit 1997 analysiert, ist das einzige Erklärungsmuster – die Balkanisierung des Kongo – nicht haltbar, auch nicht als das Erklärungsmuster, das sich am ehesten durchsetzt. Vor allem, wenn man Ruanda dabei zum Herzstück und zum Auftraggeber einer solchen Balkanisierung macht. Selbst wenn man hinter Ruanda internationale Trusts und »kleine Handlanger des Kapitalismus« stellt, die an der Desintegration des Kongo interessiert sind, vergisst man leicht, dass eine solche Desintegration in Angriff genommen werden konnte, als die Vereinigten Staaten die Alleinherrscher der Welt waren, was sie nun nicht mehr sind in Anbetracht der neuen Mächte, die heute China und Russland sind, ja sogar Südafrika aufgrund seiner Verstrickung im Kongo.

Welches Interesse hätten diese neuen Mächte an einer Balkanisierung von Kongo-Kinshasa?

Welchen Gegenwert würden die Kräfte, die den Kongo teilen wollen, als Preis für die Balkanisierung unseres Landes anbieten wollen? Und ist sich Ruanda in dieser Schacherei ganz sicher, dass es gewinnen würde, wenn es Völkergruppen aus dem Osten des Kongo bei sich aufnehmen würde, die ihm offensichtlich feindlich gesinnt sind, was seine politischen Führer feststellen könnten, wenn sie den einfachen Leuten in Bukavu oder Goma zuhören? Ist sich die ruandische Macht der uneingeschränkten Unterstützung ihrer westlichen Paten sicher, wenn man weiß, wie diese Paten Savimbi auf jämmerliche Art an seine Feinde auslieferten, Mobutu Sese Seko zugunsten der AFDL fallen ließen und Saddam Hussein erhängten, nachdem sie ihn gegen den Iran benutzt hatten? Das Beispiel von Juvénal Habyarimana, der glaubte, die französische und zairische Abschirmung sei hinreichend, um die Unvergänglichkeit seines Regimes zu gewährleisten, das in Ruanda die Tutsis ausgrenzte und unterdrückte, ist dieses Beispiel nicht überzeugend genug, um den heutigen Herren von Kigali begreiflich zu machen, dass sich keine Macht ewig hält und dass künftige Generationen Sturm ernten werden, wenn man den Wind des Hasses und der Verzweiflung bei seinen Nachbarn sät?

Konkrete Friedensbemühungen schaffen

Wenn ich diese Fragen aufwerfe, dann nicht nur, weil ich eine gewisse Verlegenheit spüre angesichts der Art, wie all die Wölfe des Kongo gegen die M23 geheult haben und gegen ihre gegenwärtige Schlacht, die in meinen Augen nur eine neue Phase eines langen, fürchterlichen und tödlichen Krieges ist, mit seinen sechs Millionen Toten in Kivu, glaubwürdigen Schätzungen zufolge, sondern weil ich das Gefühl habe, dass viele unserer Landsleute nicht bis zum Kern des Problems vordringen und die Bedeutung dieses neuen Krieges in all seinen Dimensionen erfassen wollen.

Anscheinend ergreifen sie alle Partei für den Diskurs der Machthaber von Kinshasa, ohne sich zu fragen, welche Verantwortung den kongolesischen Führern bei diesen Kalamitäten zukommt, die auf den Osten des Landes seit dem Völkermord in Ruanda einstürzen – und vor allem seit dem Marsch der AFDL auf Kinshasa.

Wie kommt es, dass nach über fünfzehn Jahren menschlicher Tragödien und unsäglichem Leid der Kongo immer noch keine Armee hat, die diesen Namen verdiente und beim kleinsten Scharmützel stets von seinen Nachbarn abhängig ist? Warum ist die Lage unserer Militärs an der Front seit Mobutus Regime bis heute stets erbärmlich und entmutigend? Wurden sie nicht einberufen, ihr Leben zu riskieren, um ihr Vaterland zu retten? Die Antwort auf diese Fragen lautet, die Sicherheit der Bevölkerung hat keine Priorität für die kongolesische Führung. Wir müssen den Mut aufbringen, uns das im Kongo einzugestehen und uns nicht das Gesicht zu verschleiern, indem wir mit den Wölfen unseres Selbstmitleids heulen, die uns in die Opferrolle gedrängt haben. Kein fremdes Land ist tatsächlich verantwortlich für unsere schwache Lage und die militärische Bedrängnis. Wenn wir jedes Mal in den Schlachten besiegt werden, bei denen wir vermuten, dass Ruanda der Anstifter ist, müssen wir uns an uns selbst halten und nur mit unseren Augen weinen. Es nützt nichts, sich über die Balkanisierung des Landes lautstark zu beklagen, wenn man sich nicht mit einer Armee ausstattet, die das Territorium wirksam verteidigen kann, so dass es in der heutigen Welt respektiert wird.

Hinzu kommt, dass in dieser Welt, in der das demokratische System die beste Verteidigungswaffe gegenüber Diktaturen ist, es außerdem gestattet ist, sich um die Unterstützung anderer Länder zu bemühen, die an die Werte der Freiheit und der unveräußerlichen Rechte des Menschen und der Völker glauben. Warum stecken wir im Kongo noch in einer Struktur despotischer Wildheit und der Unterdrückung der Bevölkerung durch die Raserei einer Armee im Dienst eines einzigen Chefs, den man bezeichnenderweise »RAIS« nennt? Mit diesem System, das unseren heutigen Führern die erforderliche Legitimität ihrer Glaubwürdigkeit nimmt, kann sich jeder x-beliebiger Politiker von uns erlauben, sich ans Ausland zu wenden, um für Unterstützung für seine eigenen Ambitionen zu werben. Er kann sich sogar kaufen lassen, um ausländischen Ambitionen zu dienen, wenn nur diese Ambitionen ihn an die Spitze der Nation bringen.

Ist die AFDL etwas anderes gewesen? Und sind wir jetzt nicht die Erben dieser Bewegung, die Ruanda und Uganda an die Spitze des Staates gebracht hat? Dies zu vergessen, so wie wir es heute tun, ist nicht nur ein Denkfehler, sondern ein Verrat an der Nation und ihres Dürstens nach Freiheit und Demokratie. Mehr noch: Es ist gut, uns heute zu fragen, warum der Kongo nicht über seriöse Orte geostrategischer Überlegungen verfügt, um Vorschläge zu machen, wie man aus der Krise im Osten unseres Landes herauskommt? Bis heute weiß die öffentliche Meinung nicht, was die Macht in Kinshasa und die Macht in Kigali in ihren verborgenen Diskussionen und ihren geheimen Verhandlungen miteinander besprechen. Alles geschieht, als ob das Land in den Fängen einer Macht wäre, der niemand Rechenschaft schuldig ist.

Man muss sich nur daran erinnern, wie das letzte Bündnis zwischen Kigali und Kinshasa für die Militäroperationen *Umojawetu* und *Amani Leo* geschmiedet wurde, ohne dass das kongolesische Parlament und sein Präsident Vital Kamehre bei den Vereinbarungen dabei gewesen wären. Und wenn man sich daran erinnert, dass dieser Parlamentspräsident deswegen sein Amt verloren hat, ohne dass die Kongolesen protestiert hätten, so wie sie heute gegen die M23 protestieren, kann man sich fragen, ob wir nicht im Begriff sind, den Sinn unserer bürgerlichen Verantwortungen gegenüber der uns regierenden Macht zu verlieren. Vergessen wir schließlich nicht, dass die M23, über die heute alle reden, die Fortsetzung der Dynamik der Rebellenbewegung CNDP ist, der Bewegung, mit der die kongolesische Regierung Friedensverträge für den Kivu unterzeichnet hat. Wenngleich diese Verträge gut oder formal und inhaltlich nicht hinnehmbar waren, hat sie unsere Regierung unterzeichnet und hat ein relativer Frieden unter ihrer Ägide Gestalt angenommen. Warum sie in Frage gestellt wurden und warum sie den Eindruck vermittelt haben, die anderen unterzeichnenden Parteien über's Ohr zu hauen, wenn wir nicht einmal imstande waren, diesen Teil zum Schweigen zu bringen und militärisch zu besiegen? Strategie und politische Weisheit schreiben dies nicht vor. Nur ein Mangel an Luzidität und das Gespür für das nationale Interesse kann die Führer dazu bringen, sich bei der Analyse und bei der Entscheidung derart zu irren. Wenn man List und Lüge sät, erntet man Raserei und Verrat. Das gilt für den Kongo und genauso für Ruanda.

Diese Überlegungen, die ich gerade vorgetragen habe, zeigen, wie dringlich es ist, einen nüchternen, erhellenden Blick auf die verschiedenen Kriegsphasen im Kivu zu werfen, der eine unikausale Tendenz von Erklärungen vermeidet und Intention und tiefere Ursachen des Krieges nicht verwechselt. Man muss sehen, dass es derzeit eigentlich mehrere Logiken gibt, die sich nicht auf einen Hauptnenner reduzieren lassen. Wenn es anfangs vielleicht ein ersichtliches Projekt gab, das klar und deutlich als Projekt der Balkanisierung des Kongo definiert werden konnte, hat sich die Lage nunmehr geändert. Dieser Krieg hat sich auf verschiedene Bedeutungsfelder ausgewirkt, entsprechend der Vielzahl von Akteuren und ihren Ambitionen und Strategien. Der Krieg ist durch das Aufkommen von Milizen fragmentiert worden, deren Forderungen auf beiden Seiten so unleserlich sind, als wäre alles völlig in ein Höchstmaß an Absurdität geglitten.

Weder Ruanda noch die kongolesische Macht, noch die Kriegsführer, noch die Monuc, niemand, wirklich niemand kann heute sagen, welches Ziel der Krieg im Osten verfolgt. Man steht, um es in diesen Worten auszudrücken, vor einem Prozess der »Frankensteinisierung«, dessen Wahnsinn sich verbreitet, ohne dass ein Herr imstande wäre, alles zu kontrollieren. Sogar das Volk scheint von diesem Chaos zu profitieren, im Fieber der illegalen Bereicherungen, das überall zu spüren ist, ist, etwa in den Palästen, die inmitten einer Stadt wie Goma wie Pilze aus dem Boden sprießen, während die Region des Kivu noch blutet und die Leichen der sechs Millionen Toten, deren Blut zum Himmel schreit, gegenwärtig sind. Der Krieg wurde trotz seiner vielen Leichen und der Verzweiflung zum großen »business«, der sich abspielt, ohne dass irgendjemand auch nur versuchen würde, zu wissen, wie man diese unsinnige Maschinerie anhalten könnte. Es geht nicht mehr um einen Krieg im klassischen Sinn des Wortes, sondern um die soziale Situation eines permanenten Krieges: Seine Akteure und deren Interessen sind derart zersplittert, dass sie nirgends hinführen, es sei denn zur Fortdauer ihrer eigenen Absurdität beitragen.

Angesichts dieses Abgleitens des Krieges in die totale Absurdität, ist es heute an der Zeit, die Sinnlosigkeit dieses Krieges zu begreifen, eine neue Deutung für diese Erschütterungen zu geben, die denen entgangen sind, die sie ausgelöst haben. Die Suche nach diesem Sinn und nach dieser Bedeutung ist die Dringlichkeit, dieses Abenteuer zu beenden, deren unbeschreibliche Stupidität man gesehen hat, um sich in der einzigen Logik zu engagieren, die Sinn hat: der Logik des Friedens im Hinblick auf eine nachhaltige Entwicklung und auf ein gemeinsames Glück.

Unter diesem Aspekt dient jede Rechtfertigung von Kriegshandlungen, wo immer sie herrühren oder was immer ihr offensichtliches Bestreben ist, nur dazu, Wasser auf die Mühle der Absurdität zu gießen. Es geht heute nicht darum, in Erfahrung zu bringen, wer recht hat oder nicht. Es geht nicht darum, die Geister und die Gewissen zusammenzutrommeln, um das endlose Gemetzel zu rechtfertigen, an deren Fortsetzung nur die herrschende Macht und finanzielle Hasardeure interessiert sind. Man muss vielmehr konkrete Friedensbedingungen schaffen und alle Initiativen fördern, die einen dauerhaften Frieden anstreben.

In Ruanda wie im Kongo brauchen wir diese Friedenskräfte und ihr Engagement für eine neue Politik der Begegnung und der Allianz zwischen unseren Völkern und Ländern. Im Innern der kongolesischen Nation, die heute von den Milizen zerrissen und von den neuen Herrn der Teilung und Sezession psychisch in Brand gesetzt wird, ist es gut, die Nation diesen Friedenskräften für eine Politik anzuvertrauen, die in der Lage ist, uns für den einzigen Krieg, der heute sinnvoll ist, zu engagieren: den Krieg gegen die »andauernde Unterentwicklung«, um die Worte von Professor Théophile Obenga aufzugreifen; in unserem Land und in der gesamten Region der Großen Seen. Ich bin überzeugt, es gibt diese Friedenskräfte, und sie arbeiten in unserer Gesellschaft und in den Nachbarländern, selbst wenn sie in bestimmten Momenten untergetaucht sind und erstickt wurden von den kriegerischen Energien, dem Geist des Hasses und der Mordlust, die manchmal unsere Gewissen überfluten.

Ich weiß, dass diese Friedenskräfte versuchen, in der Region der Großen Seen eine andere Politik zu betreiben, selbst wenn die Mächte, die derzeit unsere Länder regieren, in politischen Listen verstrickt und mit der Suche nach falschen Hegemonien beschäftigt sind, deren Resultat langfristig gesehen nur ein neuer Völkermord oder ein neuer Krieg mit erheblicher Zerstörung sein könnte. Ich weiß, dass diese Kräfte arbeiten, um den Geist der mörderischen Identitäten zu zerstören, um eine Kultur der Gewaltlosigkeit und des tiefen Einverständnisses zwischen den Völkern, Einwohnern und Menschen zu fördern.

Trotz der Gewitter, Turbulenzen, Stürme und historischer Umwälzungen in unserem Land und unserer Region sind diese Kräfte unsere wahre Hoffnung. Man muss in sie investieren und somit in die Erziehung, in die brennende Suche der neuen Generationen. Das ist unser Weg in die Zukunft. Allerdings erzielt man diese Ergebnisse nicht, wenn die Zivilgesellschaft, die Verbände, die politischen Akteure und die religiösen Energien sich zu Spaltungen, Uneinigkeit, Hegemonialkonflikten, Manipulationen der Macht, der Suche nach persönlichen Interessen und Ambitionen verleiten lassen, die nichts mit der Errichtung eines dauerhaften Friedens für eine langfristige Entwicklung des Kongo in der Region der Großen Seen zu tun haben. Es ist nicht die Zeit der Spaltungen und der zerstörerischen Zwietracht. Es ist die Zeit der Synergien, um eine Zivilisation des Friedens zu schaffen im Sinne eines erfolgreichen, fruchtbaren Miteinanders.

In den Köpfen und in den Reden, in den sozialen Praktiken und in den Initiativen zur Veränderung der Gesellschaft sollte man das verstehen. Man muss heute laut und deutlich bekräftigen, dass der Friede die vordringlichste Aufgabe ist. Ihn gilt es zu schaffen, wertzuschätzen und zu verbreiten. Davon ausgehend müssen nunmehr die verschiedenen Phasen eines Krieges evaluiert werden, die unserem Volk nur das

Nichts und das Absurde eingebracht haben. Wenn das jede Kongolesin, wenn das jeder Kongolese versteht, werden wir nicht in die Falle tappen und glauben, der Krieg im Kivu sei militärisch zu lösen. Eine solche Lösung gibt es nicht, sie wird nie militärisch sein. Die Lösung wurzelt zutiefst im Glauben an die Wirkung menschlicher Werte und in unserer Entschlossenheit, im Kongo, in Ruanda und in der ganzen Region der Großen Seen, eine menschliche Gesellschaft zu errichten: eine glückliche Gesellschaft.

Manzambi – für Aimé Césaire

Matala Mukadi Tshiakatumba

Manzambi,
Der Abendgeist wühlt in der Asche.
Donner und Feuer
Verkohlen deinen schwachen Körper.
In deinem hageren Gesicht steht das Elend geschrieben
Deine Augen sagen der rußigen Hütte Lebwohl.
Dein feuriger Blick schickt mir die Furie
Die dich insgeheim verbrannte
Und den Kongo meiner Freude und meines Leid verzehrte.
Auf dem Bildschirm der Welt reflektiert
Dein Blick den Hunger deine treue Gefährtin.
An deinem Hautpanzer
Prallen die Kugeln ab.
Wisse Bruder, der du den Tod bekämpfst,
Sogar in einem hypothetischen Jenseits
Reichen Blitz und Feuer
Weiter als menschliche Schwüre.
Bestürzt wohne ich der Dezimierung
Wilder Stämme bei,
Ich, der Wilde mit den Kannibalenzähnen.
Wer kann sich schon mit dem Namen eines Wilden schmücken?
Du? oder die, die dein Leben zerstören?
Auf meiner vom Unglück verhärteten Stirn
Verdickt sich ein Wutklumpen.
Ich winke die Nacht herbei, ich frage die Menschen:
Was hat Mazambi getan, der Staubtrinker,
Der Heuschrecken und Grillenfresser.
Was hat Mazambi getan, dessen Dornen
Die Zehen zerkratzten.
Was hat Mazambi getan, der vor knapp fünf Jahren
Die Lanze ergriff und »Uhuru« schrie

Wie 1766 der Mann auf der anderen Seite des Atlantiks,
Wie 1789 die Sansculottes,
Wie 1917 die Muschiks,
Wie 1949 der Mann des langen Marschs,
Wie 1953 der »guajiro« der Sierra Maestra,
Wie 1958 der Bauer des Fouta-Djallon.

Was hat Manzambi getan, der
Trotz der Wirbelwinde und des Leids
Den Selbstmord verwarf.
Was hat Manzambi getan, der Landarbeiter aus Bukavu,
Der auf dem abschüssigen Feld seines Lebens ermordet wurde?

Manzambi,
Hör zu, du Röchelnder:
Ich weigere mich, die Asche zu sein,
Ich will die unter der Asche glimmende Glut sein.
Ich weigere mich, der Maikäfer zu sein.
Ich will die Wespe mit dem Giftstachel sein.
Ich bin wie du, die Erosion, die auf die Dauer
Den Berg spaltet.
Wenn ich dieses Land verrate,
Kongolesisches Land, afrikanisches Land,
Sollen Donner und Feuer meine Knochen zu Staub machen.

Pflicht zur Einmischung

für Mavuba

Muepu Muamba

Eines Tages
vielleicht morgen
wird Leben sich befruchten
auf der ganzen Erde
aus der Liebesumarmung
Es wird keine
      inneren Angelegenheiten mehr geben
      Zärtlichkeit wird
      Mensch und Staat
      Totenvögel
      von ihrem Sockel stoßen
      das Recht auf Einmischung
      wird zur universellen Pflicht erhoben
      Leiden diese Trübsal die sich
      frisch-fröhlich um uns auftürmt
      endlich entfernt
dann erst wird unsere Welt
      menschen – würdig erstehen
Eines Tages
vielleicht morgen
wird Brüderlichkeit die Zahlung
aller auf den Garten den Herzens
ausgestellten Wechsel einfordern
die Grausamkeit muß notgedrungen
ihre schreckliche Blutschuld begleichen
Es wird keine
      äußeren Angelegenheiten mehr geben
      die Feuerwolke der Liebkosungen
      wird Gleichgültigkeit diesen

Grabgesang der Seele
von ihrem Sockel stoßen
zugunsten der Hilfsbereitschaft
Den Völkern in Gefahr
nicht gewährter Beistand
wird als unsühnbares Verbrechen gelten
dann erst hört Leben auf
den widerlichen bitteren
den Aschengeschmack zu haben.

Paris, den 24. Januar 1986

Wie die Propheten

Marc-Antoine Vumilia Muhindo

Wir verdienen besseres als flüchtige Schatten von Versprechungen
Wir verdienen besseres als Schlagzeilen und katholisches Mitleid
Besseres als Glücksersatz der unsere Sinne trübt
Besseres als Großzügigkeit, wir verdienen Gerechtigkeit
Besseres als Geld, gebt uns die Würde zurück,
Besseres als eine glorreiche Vergangenheit, lässt uns die Zukunft.

Nimm deine Steintafeln
Und wie die alten Propheten der frühen Zeit, meißele
Eine Geschichte der Zukunft in flammenden Buchstaben hinein
Hänge sie an die düsteren Mauern deines Kerkers.

More, more, more... future
A future beyond the statistics
A future beyond the politics
A future farther than the Milky Way
A future in our own way
Yes, more, more, more...future

Nimm deine Zither, deine Lyra,
Und wie alle diese alten Sänger der frühen Zeiten
Biete den Hagelstürmen und ihrem Donner die Stirn
Singe, ja, schreie trotz aller Hindernisse, dass nach
der Sintflut eine andere Zukunft möglich ist.

Trage deine verrücktesten Träume
Und wie alle diese verrückten Propheten unlängst
Von Memphis, Kalkutta, Soweto und Kongo,
Behüte in deinem Herzen das entfachte Feuer der Sehnsucht
Du wirst sehen, eines Tages wird sie in deinen Händen Gestalt
                                                               annehmen.

Bring' mit, was Du in deinen Händen trägst und mit
Den Propheten und den Erbauern von Heute
Zerreißen wir die Spinnenfäden der Gegenwart
Um einer Zukunft Willen in den Farben des Regenbogens,
die uns gehört, die uns endlich gleicht.

Denn du verdienst besseres, als flüchtige Schatten von
                                            Versprechungen,
Besseres als Schlagzeilen und katholisches Mitleid
Besseres als Ersatz, besseres als Geld
Du hast ein Recht auf Zukunft.

More, more, more… future
A future beyond the statistics
A future beyond the politics
A future farther than the Milky Way
A future in our own way
Yes, more, more, more… future.

Glossar

Abkommen von Lemera wurde am 25.10.1996 nach der Gründung der Alliance des Forces Démocratiques pour la Liberation du Congo-Zaire (AFDL) geschlossen. Ziel des Bündnisses war der Sturz der Diktatur Mobutus, mit Unterstützung von Ruanda und Uganda (teilweise von Angola), mit Billigung der USA. (Quelle: kongo-kinshasa.de)

Amanileo: bedeutet in swahili »Frieden heute!« und war eine gemeinsame dreimonatige Militäroperation der FARDC und MONUC gegen die Hutu-Rebellen der FDLR in Nord-und Süd-Kivu, die am 1.1.2010 begann.

Accord Global et Inclusif: Am 9.12.2002 begann die dritte Runde des innerkongolesischen Dialogs in Pretoria. Sie schloss am 17.12.2002 ihre Tore mit der Unterzeichnung eines globalen und inklusiven Abkommens über die Übergangszeit in der DR Kongo. Das Friedensabkommen gab dem Kongo eine 1+4 Präsidentschaft: mit Kabila als Staatschef und vier Vizepräsidenten, auch als Allparteien-Regierung oder Transition bezeichnet. Präsident Kabila setzte am 4.4.2003 die Verfassung der Übergangszeit in Kraft. Damit begann die Periode des Übergangs in der DR Kongo, die mit freien, demokratischen und transparenten Wahlen in spätestens drei Jahren enden sollte. (Quelle: kongo-kinshasa.de)

AFDL: Alliance des Forces Démocratiques pour la Libération du Congo-Zaire (Die Allianz Demokratischer Kräfte zur Befreiung Kongos) wurde am 18.10.1996 unter der Schirmherrschaft von Ruanda und Uganda als Zweckbündnis zwischen verschiedenen Gegnern Mobutus gegründet. Zu deren Mitgliedern zählten: Parti de la Révolution Populaire (PRP)/Laurent-Désiré Kabila; Conseil National de Résistance pour la Démocratie (CNRD)/André Kisase Ngandu; Alliance Démocratique des Peuples (ADP)/Déogratias Bugera; Mouvement Révolutionnaire du Zaire (MRZ)/Masasu Nindaga. Ziel war, die Diktatur Mobutus zu beenden. (Quelle: www.kongo-kinshasa.de)

Bakajika-Gesetz: Das Gesetz wurde am 20.7.1973 verabschiedet. Das nach seinem Initiator benannte Gesetz, Bakajika, hatte das traditionelle Bodenrecht außer Kraft gesetzt und nicht nur Grund und Boden, sondern auch die Bodenschätze an den Staat übertragen, der auch ermächtigt war, diesen an Privatpersonen zu verkaufen. Laut dem alten Bodenrecht durften Familien und Einzelpersonen im Allgemeinen kein Eigentum an Grund und Boden besitzen.

Die legitimen Eigentümer von Grund und Boden waren die Ahnen und alle Verstorbenen der Volksgruppe. (Quelle: kongo-kinshasa.de)

Bas-Congo: Die westlichste Provinz in der DR Kongo hat als einzige Provinz Zugang zum Atlantik. Über die Häfen Boma und Matadi wird der Im- und Export des Landes abgewickelt.

Jean Pierre Bemba: Führer der Rebellenbewegung Mouvement de Libération du Congo (MLC) im Norden des DR Kongos, Vizepräsident der Übergangsregierung (Allparteienregierung, 1+4 zwischen 2003-2006).

Binza-Gruppe: Die Gruppe bestand aus Personen, die in Opposition zu Premierminister Patrice Lumumba standen. Es waren Joseph Ileo, Victor Nendaka, Joseph Kasavubu, Albert Ndele, Damien Kandolo, Cyrille Adoula. Die Bezeichnung »Binza-Gruppe« geht auf die Tatsache zurück, dass der ursprüngliche Kern dieser Gruppe (Nendaka, Mobutu, Ndele und Bomboko) im Bezirk »Binza« wohnte. (Quelle: www.kongo-kinshasa.de)

CIAT: Comité International d'Accompagnement de la Transition. Internationale Kontaktgruppe zur Überwachung der Übergangsregierung der DR Kongo von 2003-2006.

CNDP: Congrès national pour la défense du peuple (Nationalkongress zur Verteidigung des Volkes) war von 2006 bis 2009 eine Rebellengruppe von Laurent Nkunda, angeblich zum Schutz der Tutsi in der Demokratischen Republik Kongo. Die Gruppe war eine der zentralen Konfliktparteien im dritten Kongokrieg und wird für die Unterstützung von Vertreibungen, Tötungen, Vergewaltigungen und Verbrechen gegen die Menschlichkeit beschuldigt. Im Rahmen eines Friedensvertrages vom 23. März 2009 wurde die Gruppe als politische Partei anerkannt und ihre bewaffneten Kräfte in die kongolesischen Streitkräfte integriert. Aus einigen dieser bewaffneten Kräfte, die sich 2012 wieder von der Regierungsarmee lossagten, bildete sich die Bewegung 23. März (M23). Das Hauptziel der CNDP war zunächst der Schutz der kongolesischen Tutsi vor den aus Ruanda stammenden Hutu-Milizen der FDLR, deren Funktionäre für den Genozid in Ruanda 1994 verantwortlich waren. Später versuchte CNDP-Chef Laurent Nkunda die CNDP zu einer multiethnischen, gesamtkongolesischen politischen Partei umzugestalten. Ruanda wurde vorgeworfen, den CNDP als Stellvertreter zu verwenden, um in die Angelegenheiten des Nachbarlandes einzugreifen. Nkunda wurde am 22.1.2009 in Ruanda verhaftet und steht unter Hausarrest.

EUFOR: (European Union Force) werden zeitlich befristete multinationale Militärverbände der Europäischen Union bezeichnet, die im Rahmen der Gemeinsamen Sicherheits- und Verteidigungspolitik (GSVP) eingesetzt werden. EU-Eingreiftruppen operierten im Kongo 2003 im Ost-Kongo (Operation Artemis) und 2006 zur Unterstützung der bereits dort befindlichen UN-Mission MONUC – vor und während der dortigen Wahlen 2006.

FARDC: Forces Armées Congolaises, Streitkräfte der Demokratischen Republik Kongo

Paul Panda Farnana: (geboren 1888 in Nzemba, Bas-Congo, starb 1930 in seinem Heimatort) kongolesischer Intellektuelle, Nationalist und Panafrikanist. Kam in seiner Jugend nach Belgien, wo er von einer belgischen Familie adoptiert worden war. Er studierte in Belgien und Frankreich, wurde Agrarspezialist für tropische Landwirtschaft. Arbeitete im Kongo, kehrte dann nach Belgien zurück. Während des Ersten Weltkrieges geriet er in deutsche Gefangenschaft. Nach seiner Rückkehr nach Belgien gründete dort die Vereinigung Union Congolaise und wurde zum Wortführer der dortigen Kongolesen. Er nahm 1919 in Paris am ersten Panafrikanischen Kongress teil und am zweiten 1921 in London und Brüssel. Er erhob sein Wort gegen die Brutalität und Ausbeutung des Kolonialismus im Kongo, deshalb wurde er bald zur Zielscheibe von Kolonialisten und rassistischen Anfeindungen. Er kehrte 1929 nach Kongo zurück, wo er bald darauf starb.

FDLR: die ruandische Miliz, Forces Démocratiques de Libération du Rwanda (Demokratische Kräfte zur Befreiung Ruandas), ist eine der brutalsten Kriegsparteien im Afrika der Großen Seen. Hervorgegangen aus der ehemaligen ruandischen Armee und den Hutu-Milizen, die 1994 in Ruanda den Völkermord an 800.000 Tutsi verübten, hat sie sich in der benachbarten Demokratischen Republik Kongo niedergelassen, mit einer eigenen Armee und Regierung, die im Osten des Landes weite Landstriche unsicher macht und von der Rückkehr an die Macht in Ruanda träumt. Ihre Mitglieder gehören vorwiegend der Volksgruppe der Hutu an. Die FDLR ist eine Kriegspartei im zweiten und dritten Kongokrieg, ihre Kriegsgegner sind sowohl die Rebellentruppen des Congrès national pour la défense du peuple (CNDP), die Bewegung 23. März (M23) und die Forces de défense congolaise (FDC) – von allen dreien wird vermutet, dass sie vom ruandischen Staat unterstützt wurden – als auch die kongolesische Armee (FARDC). Die FDLR Miliz steht wegen Verbrechen gegen die Menschlichkeit und Kriegsverbrechen in der Kritik und wurde vom Sicherheitsrat der Vereinten Nationen 2004 zur Entwaffnung und zum sofortigen Verlassen des DR Kongo aufgefordert. FDLR-Präsident, Ignace Murwanashyaka, lebte jahrelang unbehelligt in Mannheim und leitete die FDLR, bis er zusammen mit seinem Stellvertreter, Straton Musoni 2009 in Deutschland verhaftet und vor Gericht gestellt wurde.

Force Publique: koloniale Armee Belgisch Kongos

Antoine Gizenga: Führer der von Pro-Lumumba-Rebellen gegründeten Gegenregierung im Kongo 1963-64, Gründer der lumumbistischen Partei PALU, Premierminister von 2006-08.

Juvénal Habyarimana: 1973 bis zu seinem Tod im April 1994 Präsident Ruandas. Nach seinem Tod infolge eines Flugzeugabsturzes begannen radikale Hutus einen systematischen Mord an den Tutsi und gemäßigten Hutu, in dessen Verlauf mindestens 800.000 Menschen getötet wurden.

Interahamwe (in Kinyarwanda heißt das »diejenigen, die zusammen kämpfen«) war ursprünglich eine Kampforganisation der MRND-Staatspartei Ruandas, die etwa 1990, in der Regierungszeit des Staatschefs Juvénal Habyarimana, gegründet wurde. Bald jedoch wurde sie zu einer der wichtigsten Kräfte der Hutu-Power, die die Ermordung aller Tutsi propagierte. 1994 führte diese rund 30.000 Mann starke Hutu-Miliz in Ruanda zusammen mit der kleineren Impuzamugambi zu einem erheblichen Teil den Völkermord an den Tutsi in Ruanda durch. Sie wurde von der Armee Ruandas unterstützt. Die Interahamwe hat während des Völkermords an den Tutsi in Ruanda hunderttausende Menschen vor allem mit Macheten und Knüppeln ermordet. Nach dem Völkermord 1994 flüchtete die Interahamwe mit erheblichen Teilen der Hutu-Bevölkerung, im Zuge der französischen Mission Operation Türkis, in den Osten der DR Kongo, wo sie Basen in den Flüchtlingslagern errichtete. Von dort aus ging sie gegen Tutsi und Banyamulenge vor und war für etliche Massaker an Tutsi/Banyamulenge verantwortlich.

Ishango-Knochen ist ein zehn Zentimeter langes steinzeitliches Artefakt, das vom belgischen Geologen Jean de Heinzelin de Braucourt 1950 im damaligen Belgisch-Kongo, im heutigen DR Kongo, nahe zur ugandischen Grenze entdeckt wurde. An seinem schmaleren Ende ist ein Stück Quarz angebracht, sodass er vermutlich als eine Art Griffel gedient hat. Er weist mehrere Gruppen von Kerben auf, die absichtlich in drei Spalten angeordnet sind, deren Verhältnis zueinander auf fortgeschrittene mathematische Kenntnisse hinweisen. Der »Rechenstab« von Ishango – nach anderen Deutungen ein Mondkalender – ist somit das bisher älteste Zeugnis für die mathematischen Fähigkeiten, für rationales und philosophisches Denken der Menschheit. Der Knochen von Ishango ist ungefähr 25.000 Jahre alt, weltweit Gegenstand zahlreicher wissenschaftlicher Untersuchungen. Es wird im belgischen Museum für Naturwissenschaften in Brüssel aufbewahrt. Eine den Ishango-Knochen darstellende Skulptur, vom belgischen Künstler Luc Cauwenberghs geschaffen, wurde zum 50. Jahrestag der Unabhängigkeit der DR Kongo in Brüssel auf der Place de la Monnaie aufgestellt. (Quelle: Eugenio Nkogo Ondó, Le Géni des Ishangos, Synthèse systématique de la Philosophie Africaine, S.82-85, Ed. Saggitaire, Wimereux 2010).

Joseph Kabila: Er nahm an dem Feldzug der AFDL 1996-97 teil. Die Eroberung der Stadt Kisangani wird ihm zugeschrieben. Nach der Machtergreifung durch die AFDL, die zum Sturz Mobutus führte, wurde er zum Oberkommandierenden des Heeres ernannt. Nach der Ermordung von Laurent-Désiré Kabila wurde er zum Präsidenten der DR Kongo. Am 26. Januar 2001 wurde er als Präsident der DR Kongo vereidigt. Er reaktivierte den Innerkongolesischen Dialog, den Laurent-Désiré Kabila blockiert hatte. Nach dem Abschluss der dritten Runde der innerkongolesischen Gespräche (Sun-City, Südafrika) wurde er durch das globale und inklusive Abkommen (*Accord Global et Inclusif*) und durch die Verfassung der Übergangszeit in seiner Funktion als Staatspräsident bestätigt. (Quelle: www.kongo-kinshasa.de)

Laurent-Désiré Kabila: geboren am 27.11.1939 im Norden der Provinz Süd-Katanga. Kurz nach der Entlassung Kongos in die Unabhängigkeit erklärte sich die Provinz Katanga unter Moïse Tshombé unabhängig – unterstützt vom Westen, der darin ein Bollwerk gegen den irrtümlicherweise als Kommunisten geltenden und bald darauf ermordeten Premierminister Lumumba sah. Es erfolgte ein Aufstand der Balubakat gegen Tshombe, ein Aufstand, an dem L.-D. Kabila als »Militärführer« teilnahm. 1996 übernimmt er die Führung der Rebellenallianz AFDL, die dem diktatorischen Regime Mobutus 16.5.1997 ein Ende setzt. Das Land bekam den Namen *Demokratische Republik Kongo* (DR Kongo) zurück, und am 17.5.1997 autoproklamierte sich L.-D. Kabila zum Präsidenten. Ein Jahr nach der Machtübernahme verbot er die politischen Parteien und jegliche politische Betätigung mit der Folge der Blockierung des durch die Souveräne Nationalkonferenz eingeleiteten Demokratisierungsprozesses. Am 2.8.1998 brach, nachdem Präsident Kabila die Vereinbarungen mit seinen ehemaligen Alliierten, Ruanda und Uganda, aufgekündigt hatte, im Osten des Landes eine bewaffnete Rebellion aus, die sich bis in den Norden ausbreitete. Laurent-Désiré Kabila wurde am 16.1.2001, beinahe auf den Tag genau vierzig Jahre nach der Ermordung Lumumbas, durch einen seiner Leibwächter ermordet. Die Hintergründe dieses Attentats sind bis heute nicht geklärt. (Quelle: www.kongo-kinshasa.de)

Vital Kamerhe: Politiker aus Süd-Kivu, 2007-2009 Parlamentspräsident in DR Kongo

Joseph Kasavubu: erster Präsident des DR Kongo nach der Unabhängigkeit, von 1960 bis 1965. Widersacher Patrice Lumumbas.

Simon Kimbangu: geboren 1889 im Kongo-Freistaat. Kimbangu konvertierte 1915 unter dem Einfluss baptistischer Missionare zum Christentum und wirkte als Religionslehrer für Konvertiten. 1921, als es zu schweren Krisen im Kongo kam, wurde er mit seinen Predigten und Wunderheilungen, die er auf Grund einer Vision begonnen hatte, zu einem Anziehungspunkt für viele Menschen. Von seinen Anhängern wurde er *Ngunza* genannt, das Wort für *Prophet* in der Sprache Kikongo.

Kimpa Vita: mit dem Taufnamen Ndona Beatrice, deshalb auch bekannt als Beatrice vom Kongo, geboren 1684 in Evululu im östlichen Königreich Kongo, war eine Prophetin und gründete eine eigene christliche Bewegung, die *Antonier*. 1704/06 wurden ihre Anhänger zu einem wichtigen Machtfaktor. Die Bewegung lässt sich als religiös akzentuiertes Aufbegehren gegen die portugiesische Herrschaft und die fremden Missionare – portugiesische und italienische Kapuziner – verstehen, die christliche und Elemente der afrikanischen Religion verschmolz. Kimpa Vita wurde 1706 gefangen gesetzt und auf Betreiben der Kapuziner als Häretikerin und Hexe mit ihrem Sohn zusammen verbrannt.

Kinyarwanda ist eine in Burundi, Ruanda sowie in angrenzenden Gebieten der DR Kongo und Ugandas verbreitete Sprache mit ca. neun Millionen Sprechern.

Kongo-Freistaat: (1885-1908) wurde durch die *Berliner Afrika-Konferenz* anerkannt und unter die persönliche Herrschaft Léopold II. von Belgien gestellt. Kennzeichnend war vor allem eine systematische Ausbeutung, die mit brutaler Härte durchgeführt wurde. Nach internationalen Protesten musste Leopold II. seinen »Privatbesitz« an den belgischen Staat abgeben. Das Gebiet bekam den Namen Belgisch-Kongo.

Patrice Emery Lumumba: 1925 geboren, war Mitbegründer der politischen Bewegung MNC (Movement National Congolais, Oktober 1958). Er nahm in dieser Eigenschaft an der Konferenz der afrikanischen Völker in Accra (Ghana) im Dezember 1958 teil. Nach seiner Verhaftung durch die koloniale Macht im November 1959 musste er, auf Druck aller kongolesischen Teilnehmer an dem Treffen zur Entlassung Kongos in die Unabhängigkeit, aus dem Gefängnis (Jan. 1960) entlassen werden, um an der Konferenz des »Runden Tisches« in Brüssel zu partizipieren. Als Vertreter seiner Partei im Parlament wurde er am 23. Juni 1960 zu Premierminister gewählt. Er wurde am 5. September 1960 von Kasavubu (Staatspräsident) abgesetzt, aber durch das Votum des Parlaments in seinem Amt bestätigt. Nach dem ersten Putsch Mobutus (Sept. 1960) wurde er unter Hausarrest gestellt. Bei dem Versuch, Léopoldville heimlich zu verlassen (27. Nov. 1960) und sich nach Stanleyville zu begeben, wo seine Anhänger eine Regierung unter Gizenga gebildet hatten, wurde er verhaftet und bis zum 17. Januar 1961 in Thysville eingesperrt. An diesem Tag wurde er nach Elisabethville gebracht, wo er am selben Tag exekutiert wurde. (Quelle: www.kongo-kinshasa.de)

Lingala: eine der vier Nationalsprachen im Kongo (siehe Sprachen im Kongo)

Mai-Mai: Name lokaler Milizen im Ostkongo in den neunziger Jahren.

MLC: Mouvement pour la libération du Congo, 1999 von Jean-Pierre Bemba gegründete Rebellenarmee. Kontrollierte größere Teile des Nordens Kongos zweitgrößte Rebellenbewegung gegen Kabila 1998-2003, von Uganda aufgebaut und unterstützt, Teil der Allparteienregierung 2003-06, heute größte parlamentarische Oppositionspartei.

Joseph Désiré Mobutu: Er wurde am 14. Oktober 1930 in Lisala (Provinz Equateur) geboren. Im Alter von 19 Jahren trat er in die belgische Kolonialarmee ein. Anschließend war er als Journalist tätig. 1960, nach der Unabhängigkeit Belgisch-Kongos, wurde er Generalstabschef der Force Publique. Im selben Jahr (September 1960) kam er durch einen Putsch, bei dem er Kasavubu und Lumumba neutralisiert hatte, an die Macht. Nach Wiedereinsetzung Joseph Kasavubus behielt er den Oberbefehl über die Armee. Im November 1965 inszenierte er einen zweiten Staatsstreich und ernannte sich selbst anstelle von Joseph Kasavubu zum Präsidenten. Auf die Partei Mouvement Populaire de la Révolution (MPR) gestützt, errichtete er ein Einparteiensystem. Während seiner autoritären, von einem Kult um seine Person geprägten Herrschaft, wurde der Kongo 1971 in Zaïre umbenannt. Mobutu plünderte die wirtschaftlichen Ressourcen des einst reichen Landes zu seiner persönlichen Bereicherung aus. Man bezeichnete ihn wiederholt als viertreichsten Mann der Welt, während seit Ende der achtziger Jahre neunzig Prozent der Bevölkerung in Armut leben. Die westlichen Staaten, allen voran Frankreich, stützten die Politik des Diktators bis in die neunziger Jahre. In seinem Kampf gegen verschiedene Rebellengruppen gewährten sie ihm Militärhilfe, da sie in ihm den Stabilitätsfaktor im zentralen Afrika sahen, der als Einziger das riesige Land mit seinen mehr als 400 verschiedenen Ethnien zusammenhalten konnte. 1981 hatte Mobutu per Gesetz bestimmt, dass den Banyamulenge, einer aus Ruanda nach Kongo eingewanderten Bevölkerungsgruppe, die zairische Staatsbürgerschaft aberkannt wurde, die er ihnen 1972 gewährt hatte. Der Widerstand der Banyamulenge gegen ihre geplante Vertreibung durch die zairische Armee im Oktober 1996 führte zur Bildung eines breiten militärischen Bündnisses aus allen oppositionellen Rebellengruppen zum Sturz Mobutus. Der schwer kranke Mobutu lebte bis zu seinem Tod am 07. September 1997 im marokkanischen Exil. (Quelle: www.kongo-kinshasa.de)

MONUC: Mission de l'Organisation des Nations Unies République Démocratique du Congo. Diese Abkürzung bezeichnet offiziell die Mission der Vereinten Nationen in der Demokratischen Republik Kongo. Sie änderte am 1. Juli 2010 offiziell ihren Namen zu MONUSCO (United Nations Stabilization Mission in the DR Congo).

MPR: Mouvement Populaire de la Révolution (Volksbewegung der Revolution), am 20. Mai 1967 von Joseph-Desiré Mobutu gegründete Staatspartei in der DR Kongo, damals Zaire

M23: Bewegung des 23. März – geführt von aus der kongolesischen Armee desertierten Tutsi-Generälen – ist die stärkste Rebellenbewegung des unruhigen Kongo. Sie wird nach UN-Berichten von Ruanda sowie Uganda unterstützt. Seit Juli 2012 beherrscht die M23 wichtige Teile der ostkongolesischen Provinz Nord-Kivu an den Grenzen zu Ruanda und Uganda um die Distrikt-Hauptstadt Rutshuru und knüpft Allianzen mit anderen bewaffneten Gruppen der Region.

PPRD: Parti du Peuple pour la Reconstruction et la Démocratie (Volkspartei für Wiederaufbau und Demokratie), Nachfolgepartei der ADFL, Regierungspartei Kabilas

RCD: Rassemblement Congolais pour la Démocratie (Kongolesische Zusammenschluss für Demokratie) war eine Rebellengruppe während des Zweiten Kongokrieges. Im August 1998 gegründet und begann mit dem zweiten Kongokrieg im Jahre 1998 aktiv zu sein, unterstützt durch die Regierung von Ruanda. Nach dem Krieg wandelte sich die Rebellenorganisation in eine politische Partei um. Die RCD setzt sich heute für den Föderalismus und den Liberalismus ein. Der Parteivorsitzende ist Azarias Ruberwa. Die Hauptzentrale der Partei ist im ostkongolesischen Goma.

Scheutisten: Belgische Katholische Kongregation. Der Orden wurde im 19. Jahrhundert zur Missionierung in China gegründet, spielte eine wichtige Rolle im Kongo-Freistaat.

Shaba: früherer Name der Provinz Katanga (von 1971-1997) in der DR Kongo mit der Hauptstadt Lubumbashi.

Sprachen: Es herrscht große Sprachenvielfalt. Insgesamt wird die Anzahl der Sprachen und Dialekte des Kongo mit 214 angegeben. Es gibt vier offizielle Nationalsprachen: Lingala, Kikongo, Tshiluba und Swahili. Aufgrund der kolonialen Vergangenheit ist das Französische Amtssprache.

Sun City: Im Rahmen des innerkongolesischen Dialogs unter Joseph Kabila einigten sich die Akteure auf ein »partielles Rahmenabkommen«, auch »partielles Rahmenabkommen von Sun City« genannt, für die Übergangszeit in der DR Kongo. Anfang Juni 2002 fanden in Bas-Congo Gespräche zwischen Regierung, MLC und anderen Unterzeichnern des Abkommens von Sun-City über die Charta der Übergangszeit statt: Gespräche, die ohne nennenswerte Ergebnisse abgebrochen wurden. Das Scheitern des Treffens von Matadi ging auf die gegensätzlichen Ziele der beiden Hauptunterzeichner des »Abkommens von Sun City« (Regierung und MLC) zurück. Die Nichtumsetzung des »Abkommens von Sun City« war nicht das Ende des innerkongolesischen Dialogs. Seitens der UNO, der Afrikanischen Union, Südafrikas und der Nichtunterzeichner des »Abkommens von Sun City« wurde ununterbrochen versucht, den innerkongolesischen Dialog zu reaktivieren.

UDPS: Union pour la Democratie et le Progrés Social (Union für Demokratie und den Sozialen Fortschritt), ist eine der größten Oppositionspartei im Kongo. Sie wurde bereits während der Mobutu-Diktatur am 15.2.1982 von Étienne Tshisekedi und Marcel Lihau gegründet, nach einem Offenen Briefes von 13 Parlamentariern am 1. November 1980 an Mobutu, der anstatt Demokratisierung zu Repressarien führte.

Umojawetu: gemeinsame Militäroperation der kongolesischen und der ruandischen Armee 2009 gegen der FDLR (siehe dort) um sie zu entwaffnen und zur Rückkehr nach Ruanda zu bewegen.

Zaïre: Im Rahmen der Authentizitätspolitik Mobutus wurden das Land, der Kongo-Fluss und die Währung 1966 in Zaïre umbenannt. Der Name Zaïre ist eine Deformation des Begriffes Nzadi (Fluss), die auf den Portugiesen Diego Cão zurückgeht, der als erster Europäer 1482 die Kongo-Mündung erreichte. (Quelle: www.kongo-kinshasa.de)

Autoren und Autorinnen

Gérald-**Félix Tchicaya-u Tam'Si**, kongolesischer Schriftsteller und Poet. Geboren 1931 in Mpili, in der Republik Kongo. Aufgewachsen in Pointe-Noire, 1946 ging er nach Paris, wo sein Vater als Diplomat tätig war. Zunächst übernimmt er Gelegenheitsarbeiten, später ist er als Journalist tätig, veröffentlicht einige Gedichtbände. 1960 kehrt er nach Brazzaville zurück und arbeitet im benachbarten Kinshasa als Chefredakteur bei der Zeitschrift *Congo*. Ab 1961 war er bei der Unesco in Paris beschäftigt. Tchikaya starb 1988 in Paris und hinterließ ein literarisches Werk von mehreren Romanen und Gedichtbänden. Er thematisiert in seiner Lyrik im bildhaften surrealistischen Sprachstil die Erwartungen, Hoffnungen und Enttäuschung der Menschen in einer sich im Wandel befindenden afrikanischen Gesellschaft. Mehrere Bände von ihm liegen in deutscher Übersetzung vor. (*Böses Blut. Gedichte* 1955, Rimbaud, Aachen 1993; *Buschfeuer. Gedichte* 1957; *Falsches Herz*. 1960; ebd. 1997; *Musikbogen. Gedichte* ebd. 1999).

Muepu Muamba, Schriftsteller, Poet und Journalist, 1946 in der DR Kongo geboren. Er studierte Soziologie und Journalistik in Belgien. 1968 wurde er aus politischen Gründen aus Belgien ausgewiesen. Zurückgekehrt nach Kongo war er als Journalist und Schriftsteller tätig. Mitte der 70er Jahre gründete er mit einem Freund in Kinshasa den Verlag »Les Presses Africaines«. Seine kritische Haltung gegenüber dem Mobutu-Regime zwang ihn 1979, das Land zu verlassen. Fünf Jahre lang versuchte er vergeblich auf dem afrikanischen Kontinent Asyl zu finden, schließlich ging er am Ende 1984 ins Pariser Exil. Seit 2000 lebt und arbeitet er in Frankfurt am Main. In seiner Lyrik, seinen Essays und Erzählungen fordert er unnachgiebig die Achtung die Menschenwürde und sich einzumischen. (*Devoir d'ingérence*, Brazzaville-Heidelberg, Éd. Bantoues, P. Kivouvou Verlag, 1988; *Et si...und wenn...*, Lyrik, éd. Workshop Kultur, Gladbeck 1999; *Sisyphos im Lärm der Stille, Eine Anthologie*, Draupadi Verlag 2012).

Mukala Kadima-Nzuji ist ein kongolesischer Dichter, Schriftsteller, Literaturkritiker und Professor, geboren in 1947 in Mobaye in der RD Kongo. Er hat ein Diplom für Philosophie an der Universität Lovanium in Kinshasa erworben. Anfang der 70er Jahre begann er seine Karriere als Dichter. Von 1969 bis 1971 wirkt er bei der kulturellen Zeitschrift *Présence Universitaire* in Paris mit. 1979 promoviert er in Philosophie an der Universität von Liege. Als Literaturkritiker erinnert man sich vor allem an sein Werk *Littérature zaïroise de langue française* (1945-1965). Nachdem er an vielen europäischen und afrikanischen Universitäten unterrichtet hat, lässt er sich letztendlich 1983 in Brazzaville nieder, wo er an der Universität Marien-Ngouabi unterrichtet und die Edition Hemar leitet. Er leitet ebenfalls das Zentrum für Studien und Promotion der kongolesischen Literatur (CEDILIC) in Kinshasa. Als Romanautor hat er 2003 sein Roman *La Chorale des mouches* veröffentlicht.

Matala Mukadi Tshiakatumba, geboren 1941 in Luisha, in der Provinz Shaba in der DR Kongo. Zunächst geht er nach Boma in Bas-Congo zum Studium, später mit einem Stipendium nach Belgien. Er studiert dort Journalismus und Kommunikation in Brüssel. 1973 wird er aus politischen Gründen aus Belgien ausgewiesen. Er geht in mehrere afrikanische Hauptstädte, schließlich kehrt nach Kongo Kinshasa zurück, wo er verhaftet wird. Zwei Jahren verbringt er im Gefängnis in Kinshasa, später wird er für sieben Jahre in den Provinz verbannt. Er lebte in den 80er Jahren in Lubumbashi, arbeitete dort als Bibliothekar bei Centre culturel Francais. Er schreibt seine Autobiographie *Dans la tourmente de la dictature, Autobiographie d'un poète*, Paris, L'Harmattan 2000, kurz danach verstarb er. Für ihn bedeutete Poesie immer Engagement. (*Réveil dans un nid de Flammes, Seghers* 1969).

Iseewanga Indongo-Imbanda kommt aus der Demokratischen Republik Kongo, lebt in Berlin. Er hat an der Universität Louvanium (heute Universität von Kinshasa), der Kairo-Universität (Ägypten) und der Freien Universität Berlin Soziologie, Psychologie, Politologie und Romanistik studiert, ist Vorsitzender des »Vereins der Kongolesen in Deutschland e. V.« (»Fédération des Congolaisd' Allemagne asbl«), Initiator und Mitherausgeber der Internetseiten http://www.kongo-kinshasa.de.

Antoine Tshitungu Kongolo ist ein Dichter, Essayist und Romanautor, geboren in 1957 in Lubumbashi, in der DR Kongo. Seine Schulbildung und sein Studium hat er in seiner Heimatstadt absolviert. Von 1989 bis 1991 war er Leiter der *Cellule Littéraire de Lubumbashi*. Seit 1991 lebt und arbeitet er in Belgien. Er erhielt internationale Preise für seine Recherchen, die sich mit Fragen der Geschichte und Erinnerung beschäftigen. Er wurde für seine vielseitige Arbeit und seine Publikationen, die sich um Paul Panda Farnana handeln, ausgezeichnet. (Zu seinen Werken gehören u. a. *Tanganyika blues; Teperdre et te retrouver* sowie eine Anthologie, die als Standardwerk gilt: *Panorama de la poésie congolaise de la langue francaise. Poète ton silence est crime*, L'Harmattan 2002).

José Tshisungu wa Tshisungu ist 1954 im DR Kongo geboren. Er hat Literatur, Philosophie und Linguistik in Kanada studiert, wo er auch seit mehreren Jahren lebt. Er ist der Verfasser von ungefähr 20 Büchern, unter anderem Aufsätze, Gedichte, Theaterstücke und Romane, die beim französischsprachigen Publikum und Kritikern auf große Resonanz gestoßen sind. Er schreibt in seiner Muttersprache, tshiluba, ebenso gut wie auf Französisch und Englisch. Einige seiner Gedichte wurden ins Spanische und Niederländische übersetzt. Sein letztes Buch, ein Essay über die Sprache, ist 2012 in Deutschland erschienen.

Marie-Louise Bibish Mumbu ist eine Schriftstellerin und Dramaturgin. Sie ist eine der seltenen weiblichen Stimmen im Kongo. Geboren und aufgewachsen im Zaire, studierte und arbeitete sie in der DR Kongo. Ihre Schreibweise ist genährt vom Leben in Kinshasa, von seinen Straßen und seinen Einwohnern – eine Bindung zur Stadt, die in ihrem Roman *Samantha à Kinshasa*, der 2008 bei Editions le Cri erschienen ist, gut zum Ausdruck kommt. Sie verlässt jedoch den Kongo, um sich in Montreal niederzulassen und setzt dort bis heute ihre Arbeit als Schriftstellerin fort. Sie ist Co-Autorin des *Moziki littéraires*, das regelmäßig im blog *Africultures.com* veröffentlicht wird.

André Lye Mudaba Yoka ist ein Schriftsteller und Dramaturg, in der DR Kongo geboren. Er ist Doktor der Philosophie. Diesen Titel derlang er an der Universität in Paris III (Sorbonne). Von 1979 bis 1989 war er Berater beim Ausbildungs- und Kulturministerium. Derzeit ist er Berater für das Ministerium für Kultur und Kunst der DR Kongo, gleichfalls für die Unesco-Vertretung im Kongo. Außerdem ist er Professor am nationalen Kunstinstitut. Er schrieb zahlreiche Novellen und Theaterstücke und Essays. (*Congo River*, 2006; *Kinshasa, signes de vie*, 1999, ZEDAF/L'Harmattan, Paris; *Kinshasa: carnet de guerre*, 2005, Éd. de l'œil, Paris).

Jules Elongo Lomomba ist ein kongolesischer Schriftsteller und Professor, der 1960 in Katako-Kombe, in der Provinz Kasai-Oriental, im DR Kongo geboren ist. Er hat Philosophie und Afrikanische Religionen an der Universität in Kinshasa studiert. Er setzte seine Studien in Europa fort, zunächst an der Universität Heidelberg und anschließend an der Universität Libre in Brüssel. Elongo Lomomba lebt zurzeit in Kanada, wo er Humanwissenschaften an der Universität in Quebec und afrikanische und kreolische Spiritualität an der Universität in Montreal unterrichtet.

Charles Djungu-Simba ist 1953 in Kamituga, in der Provinz des Sud-Kivu geboren. Er ist Professor für Literatur, Journalist und Schriftsteller. Sein Diplom erlangte er in Lubumbashi. Er arbeitete bei mehreren verschiedenen Radiosendern als Journalist, beim *Radio-Télévision Nationale Congolaise* (RTNC), *Radio catholique Elikya* und beim *Radio commerciale Raga*. Seit 1998 lebt und arbeitet er in Belgien, wo er als Literaturforscher an der Universität Anvers in Belgien und an der Paul Verlaine-Universität Metz in Frankreich tätig ist. Er schreibt Poesie und Erzählungen.

Pius Ngandu Nkashama ist ein kongolesischer Professor, Schriftsteller, Dramaturg, Dichter und Literaturkritiker, der 1946 im Mbuji-Mayi, in der DR Kongo geboren ist. Nachdem er 1970, sein Diplom in Philosophie an der Universität Louvanium erhalten hat, wurde er Assistent an der nationalen Universität von Lubumbashi. Später wird er ebenfalls das Zentrum der Afrikanischen Studien leiten. Gegen Ende der 70er Jahre ging er nach Frankreich, wo er 1981 an der Straßburger Universität in Philosophie und Humanwissenschaften promoviert. In den folgenden Jahren reiste er quer durch die Welt, um an mehreren Universitäten zu unterrichten: an der Universität von Annaba et Constantine in Algerien, in Limoges und an der Sorbonne in Paris. Seit 2000 lebt er in den Vereinigten Staaten und ist er dort Literaturprofessor für französische Sprache und frankophone Literatur an der Universität des Staates Louisiana. Er schrieb zahlreiche Romane, Novellen und Poems.

Marc-Antoine Vumilia Muhindo ist 1972 im Osten der DR Kongo geboren. Er ist bekannt als Dichter, Schauspieler und Theaterschriftsteller und sagt, dass sein Schreiben von Wut getrieben ist. Von einer friedlichen Jugend im Priesterseminar bis zu seinem Exil in Schweden, von seinem politischen Engagement und seinen zehn Jahren im Gefängnis – dieser ungewöhnliche Lebenslauf prägte seinen literarischen Werdegang: »politisch-poetisch und poetisch-politisch«. Seit 2007 sind seine Texte in Europa, in Afrika sowie in Amerika im Umlauf, wie z. B. *The Dialogue series III: Dinozord* et *More, more, more… future!* – in Zusammenarbeit mit dem kongolesischen Choreografen und Theaterregisseur Faustin Linyekula entstanden.

Toma Muteba Luntumbue ist 1962 in Kinshasa, in der DR Kongo geboren. Er ist Künstler, Historiker und Kurator von Ausstellungen. Seine Arbeiten pendeln zwischen mehreren Medien: Skulptur und Installation und basieren auf Dokumenten oder Texten. Sie reflektieren die Vielfalt des sozialen und politischen Umfeldes. In seinen Arbeiten beschäftigt er sich häufig mit dem Phänomen des Kolonialismus, der Dekolonisation und Migration. Toma Muteba Luntumbue versteht seine künstlerische Aktivität als praktische Kritik der Gesellschaft.

Elikia M'Bokolo ist 1944 in Kinshasa, in der DR Kongo geboren. Er ist Historiker, Professor und Direktor an der Ecole des Hautes Etudes en Sciences Sociales (EHESS) in Paris und Ehrendoktor der Universität in Kinshasa. Seit 2004 moderiert er eine Sendung, *Mémoire d'un Kontinent*, gewidmet der Geschichte des afrikanischen Kontinents, die auf »Radio France Internationale« gesendet wird. Die Ermordung von Lumumba im Januar 1961 zwingt Elikia M'Bokolos Familie kurz nach der Unabhängigkeit zu flüchten. Sie entscheiden sich für Frankreich als neues Zuhause. Zahlreiche Publikationen zu historischen und aktuell politischen Themen. (*Afrique noire. Histoire et civilisations. Du xxe siècle à nos jours*, coéd. Hatier/AUF, Paris, 2004; *Médiations africaines. Omar Bongo et les défis diplomatiques d'un continent*, éd. L'Archipel, Paris, 2009; *Élections démocratiques en RDC. Dynamiques et perspectives*, éd. AGB-PNUD, Kinshasa, 2010).

Balufu Bakupa Kanyinda ist Filmemacher, Schriftsteller, Essayist und Poet, geboren 1957 in Kinshasa. Studierte Soziologie, Philosophie und Geschichte. Er lehrt Filmemachen in England und Frankreich und USA. Gründungsmitglied der *Guilde Africaine des Realisateurs et Producteurs*. Er gehört zu den bekanntesten Repräsentanten nicht nur der kongolesischen, sondern des afrikanischen Films insgesamt. Er dreht Dokumentarfilme (z. B. *Dix mille ans de cinema, Thomas Sankara*), sowie Kurz- und Spielfilme (u. a. *Le Damier – Papa National Oyé; Juju Factory, Nous aussi nous avons marché sur la lune*) und engangiert sich für den Aufbau einer Filmindustrie im Kongo.

In Koli Jean Bofane ist ein Schriftsteller, 1954 in Mbandaka, in der DR Kongo geboren. Nach einem Anfang in der Werbebranche und der Gründung des Verlags Exozet in Kinshasa, engagiert er sich heute in verschiedenen kulturellen Projekten in Belgien, wo er zurzeit lebt und widmet sich nun vor allem dem Schreiben. (*Pourquoi le lion' est plus le roi des animeaux?; Mathematiques congolaises*, ein Roman, der den Preis Jean Muno – Grand prix litteraire d'Afrique noire erhielt).

Vumbi Yoka Mudimbe (Valentin-Yves) ist ein Philosoph, Schriftsteller, Dichter, Literaturkritiker und Universitätsprofessor. Er lehrt an der Universität von Duke in den Vereinigten Staaten. Mudimbe ist 1941 in Likasi, in der Provinz Katanga der DR Kongo geboren. Er hat grundlegende, wegweisende Aufsätze über Phänomenologie und Strukturalismus verfasst, aber auch mythische Erzählungen oder auch über Praxis und Anwendung der Sprache (*Les corps glorieux, The Invention of Afrika*) geschrieben und zeitgleich an der Neuerfindung der Sozialwissenschaften in Afrika gearbeitet. Er publiziert Romane, die autobiographisch inspiriert sind (*Entre les eaux, L'Ecart, Shabadeux*) und schreibt auch Gedichte.

Cikuru Batumike, Schweizer Journalist aus Bukavu in der DR Kongo stammend. Er ist Autor von Gedichten und Erzählungen sowie Artikeln zu verschiedenen Themen. Cikuru Batumike veröffentlicht regelmäßig bei Pariser

Verlagen. *Lueurs enrhumées,* erschienen bei Éd. Société des Poètes français in Paris ist sein letzter Gedichtband. Er wirkte bei mehreren französischen und Schweizer Publikationen mit. Cikuru ist auch Mitglied der Internationalen Union der frankophonen Presse und des Vereins der französischen Dichter in Paris.

Clémentine Madiya Faïk-Nzuji ist 1944 in Tshofa in der DR Kongo geboren. Sie promovierte in Philosophie und Humanwissenschaften, studierte an der Universität von Paris III, Sorbonne. Sie lehrte von 1972 bis 1978 Oralliteratur und afrikanische Stilistik, zuerst an der nationalen Universität im Zaïre und von 1978 bis 1980 an der Universität von Niamey (Niger). Seit 1981 lehrt sie Linguistik, Oralliteratur und Afrikanische Kulturen an der katholischen Universität in Louvain (Belgien). Von 1986 bis 2006 leitete sie das Internationale Zentrum für Sprache, Literatur und afrikanische Traditionen, das sie auch gegründet hat und in dem sie ihre Forschungen über Afrika im Gebiet der Bantu-Linguistik, der Oralliteratur, der Symbolik der Kunst weiterführt. Die genannten Gebiete sind bevorzugte Themen ihrer Publikationen. Seine Arbeiten als Schriftstellerin, Romane und Erzählungen und Gedichte wurden in Afrika und Europa mehrfach ausgezeichnet.

Bapuwa Mwamba, Journalist und politischer Aktivist. Geboren wurde er 1942 in der Provinz Bandundu in der DR Kongo. Bapuwa studierte Sozialwissenschaften an der Universität von Lubumbashi. In Kinshasa war er als Journalist bei der kongolesischen Presseagentur (ACP) tätig. Anfang der 80er Jahre wurde er verstärkt gegen die Mobutu-Diktatur politisch aktiv. Er war bald gezwungen ins Exil zu gehen, erst nach Brazzaville, anschließend nach Paris. Im Jahre 1991 während des Umschwungs im Kongo entscheidet er sich, in Kinshasa an der *Conference Nationale Souveraine* teilzunehmen. 1996 schrieb er an seiner Dissertation zum Thema *Histoire des cultures politiques au Zaïre 1955-1995* in Paris. 2005 beschloss er in den Kongo zurückzukehren und seinen Status als anerkannter politischen Flüchtling aufzugeben, um über die Wahlen zu berichten. Nach dem Erscheinen eines kritischen Artikels über die politische Lage in der Journal *Le Phare* wurde er am 8. Juli 2006 umgebracht.

Py-Nene Mayuma, ein Poet, geboren 1970 in Kinshasa, in der DR Kongo. Er studierte Betriebswirtschaft, war Journalist bei der Gruppe *Le Potentiel* in Kinshasa, arbeitete beim Fernsehen für Literatursendungen, organisiert Lesungen. 1998 gewann er den ersten Preis bei einem durch den kongolesischen Schriftstellerverband organisierten Literaturwettbewerb. Er wird 2007 für die beste Lesung im Centre culturel de Kinshasa ausgezeichnet. Py-Nene Mayuma schreibt Romane, Novellen und Gedichte (*Déferlement éclectique; Quel Moi?*, Éd. L'Harmattan, 2008).

Boniface Mabanza Bambu, in der Demokratischen Republik Kongo unter der Militärdiktatur Mobutus geboren, Studium der Philosophie, der Literaturwissenschaften und der Theologie in Kinshasa, Promotion an der Universität Münster. Ausbildung in Konfliktmanagement bei der Akademie für Konflikttransformation in Bonn. Koordinator der Kirchlichen Arbeitsstelle Südliches Afrika in der Werkstatt Ökonomie/Heidelberg. Schwerpunktthemen: Handelsbeziehungen EU/Südliches Afrika und Alternativen angesichts neoliberaler Globalisierung. Publikation: u. a.: Gerechtigkeit kann es nur für alle geben. Globalisierungskritik aus afrikanischer Perspektive.

Fiston Nasser Mwanza Mujia, geboren 1981 in Lubumbashi, DR Kongo. Studierte Literatur und Humanwissenschaften. Lebte 2009/2010 als Stadtschreiber in Graz. Schreibt in französischer Sprache, vor allem Theater, Gedichte und Kurzgeschichten. 2012 wurde sein Theaterstück *Gott ist ein Deutscher* bei Dramagraz im Rahmen von La Strada als deutschsprachige Uraufführung gespielt. e (Auswahl: *Poèmes et rêvasseries*. Gedichte, 2008; *Lingkua Ediciones*, Spanien. 2010; *Nach dem Sturm*, Fiston Mwanza und Autoren aus den Justizanstalten Graz-Karlau und Garsten, Leykam Verlag, Österreich, 2011; *Craquelures*. Gedichte; Revue: *L'Arbre à paroles*, Belgien.)

Elisabeth Françoise Mweya Tol'Ande, geboren 1948 in Kinshasa, DR Kongo. Sie begann ein Studium der Romanistik an der Universität Louvanium in ihrer Geburtsstadt. Später arbeitete sie als Journalistin bei der katholischen Wochenzeitung *Afrique Chrétienne*, mit *Le Progrès* und *Salongo*. Mweya Tol'Ande ist Ausbilder bei INADES, und gab das Journal für AGRAPROMO im Kongo heraus. In ihrer Poesie und ihren Erzählungen beschreibt sie mit großer Sensibilität den Alltag in Kinshasa (*Remues de feuilles*, Èditions *du Mont Noir*, 1973).

Désiré Bolya Baenga ist Schriftsteller, Romanautor und Essayist. Geboren in Kinshasa, in der DR Kongo. Er starb am 10. August 2010 in Paris. Sein Lebenswerk ist Afrika gewidmet: er prangerte die Korruption an, den Waffenhandel und die Vergewaltigung der Frauen als Kriegswaffe. Sich selbst bezeichnete er als »einen kosmopolitischen Nomaden, aber in Ethik sesshaft«. Unter diesem Titel erschien Anfang 2012 ein Buch in einem Verlag, Mémoire d'encrier, in Québec, das ihm, dem engagierten Schriftsteller und Aktivist, gewidmet ist (*Bolya – nomade cosmopolite maissé dentaire de l'éthique*). Das Buch zeigt die vielfältigen Beziehungen Bolyas zur Literatur und zu seiner Kenntnis Afrikas, wirft aber auch ein bezeichnendes Licht auf die Realität der französischen Kaste der Intellektuellen. (Einige seiner Publikationen im Verlag Le serpent à Plumes sind: *Les cocus posthumes*, 2001, *Afrique, le maillon faible*, 2002, *La profanation des vagins*, 2005).

Georges Ngal Mbwil A Mpaang ist Philosoph, Schriftsteller und Literaturkritiker. Geboren 1933 in Mayanda, in der Provinz Bandundu, DR Kongo. Zunächst besuchte ein Priesterseminar der Jesuiten in Mayidi, wo er eine Ausbildung in Theologie und Philosophie erhielt. 1968 promovierte er in der Universität Fribourg in der Schweiz. Er kehrte 1969 nach Kongo zurück und lehrte bis 1971 an der Universität in Kinshasa, danach, bis 1981, an der Universität in Lubumbashi. Er reiste zu selben Zeit durch die Welt, um an verschiedenen Universitäten als Gastprofessor zu lehren: nach Deutschland, Belgien, in die Vereinigten Staaten sowie nach Kanada und Frankreich, wo er auch heute lebt (*L'errance*, Yaoundé, CLE, 1979; *Une saison de symphonie*, L'Harmattan, Paris, 1994; *Aimé Césaire, un homme à la recherche d'une patrie*, Dakar, NEA, 1975, rééd. Paris, Présence Africaine, 1994; *La condition démocratique. Séquestré du Palais du peuple*, Saint-Denis, Éditions Tanawa, 2002).

Kä Mana ist Theologe, Philosoph, Essayist und Poet. Geboren 1953 in DR Kongo. Er studierte Theologie an der Universität in Kinshasa und an der Université Libre von Brüssel, wo er seine Promotion in Philosophie erlangte. Anschließend studierte er protestantische Theologie an der Universität von Straßburg. Danach ging er nach Bangui, um in der zentralafrikanischen Republik als Pastor zu arbeiten. Dort wurde er wegen seinem Engagement für Menschenrechte verhaftet und ausgewiesen. Er setzte seine pastorale Tätigkeit im Senegal und in Kamerun fort. Zurzeit ist er Präsident des Pole-Institutes in Goma, in der DR Kongo. Kä Mana gehört zu den Intellektuellen, die die gegenwärtige politische Situation im Kongo und in Zentralafrika kontinuierlich analysieren und hinterfragen. (*Theologie africaine pour temps de crise. Christianisme et reconstruction de l'Afrique*. Paris, Khartala 1993; *L'Afrique va-t-elle mourir? Essai d'éthique politique*. Paris, Khartala, 1993).

Quellenverzeichnis

Gérald-Félix Tchicaya-Utam'Si: Die Conga der Meuterer. Entnommen aus: *Nouvelle Anthologie de la Poésie négre et malgache*, S.110-112, Hrsg. Charles Carrére und Amadou Lamine Sall, Éd.Simoncini, Louxembourg 1990. Mit freundlicher Genehmigung. Übersetzt von Maria Kohlert-Németh

Muepu Muamba: Vorwort des Herausgebers – Ein Land der Paradoxe. *Übersetzt von Fedja* Müller

Letzter Brief Patrice Lumumbas an seine Frau Pauline. Entnommen aus: *Ludo de Witte, Regierungsauftrag Mord, Der Tod Lumumbas und die Kongo-Krise*, Forum Verlag Leipzig 2001, S. 256-258 Mit freundlicher Genehmigung

Mukala Kadima-Nzuji: Morgen. Entnommen aus: *Le Zaire écrit. Anthologie de la poésie zairoise en langue francaise*, Hrsg. Masegabio Nzanzu Mabelemadiko, Horst Erdmann Verlag Tübingen 1976, S. 196. Mit freundlicher Genehmigung. Übersetzt von Maria Kohlert-Németh

Matala Mukadi Tshiakatumba: Der Dichter und der Passatwind. Entnommen aus: *Réveil dans un nid de flammes*, Éd. Seghers, Paris 1969, S.13. Mit freundlicher Genehmigung. Übersetzt von Margrit Klingler-Clavijo

Elikia M'Bokolo: Kongolesische Fahne, sprich doch! Entnommen aus: Ausstellungskatalog *Ligablo*, S.66, Éd. Cooperation par l'Éducation et la Culture (CEC) Bruxelles 2010. Mit freundlicher Genehmigung. Übersetzt von Margrit Klingler-Clavijo

Antoine Tshitungu Kongolo: *Sie nannten ihn Lumumba*, Originaltext, unveröffentlicht. Übersetzt von Jutta Himmelreich

Charles Djungu-Simba: *Ah, Nachbar!*, Originaltext, unveröffentlicht. Übersetzt von Margrit Klingler-Clavijo

Charles Djungu-Simba: *Gebt mir meine Würde zurück!*, Originaltext, unveröffentlicht. Übersetzt von Margrit Klingler-Clavijo

Jules Elongo Lomomba: *Zielscheibe K.* Originaltext, unveröffentlicht. Übersetzt von Margrit Klingler-Clavijo

Py-Nene Mayuma: *Goma im Feuer und Blut*. Entnommen aus: *Déferlement éclectique*, S.36-40 Éd. L'Harmattan, Paris 2008. Mit freundlicher Genehmigung. Übersetzt von Margrit Klingler-Clavijo

José Tshisungu wa Tshisungu: *Berechtigte Wut*. Originaltext, unveröffentlicht. Übersetzt von Jutta Himmelreich

Marie-Louise Bibish Mumbu: *Ich sehe mit Angst, wie sich die Herrschaft einer einzigen Geschichte durchsetzt!* Originaltext, unveröffentlicht. Entnommen aus dem Blog der Autorin. Mit freundlicher Genehmigung. Übersetzt von Margrit Klingler-Clavijo

Bapua Mwamba: Warum ist der Übergang im Kongo blockiert? Entnommen aus: *Kulturissimo*, Nr.50, 17.7.2006, S.30-32. Louxembourg, www.kulturissimo.lu. Mit freundlicher Genehmigung. Übersetzt von Margrit Klingler-Clavijo

Georges Ngal Mbwil a Mpaang: Der Zustand der Demokratie. Entnommen aus: *La condition démocratique – Séquestre du Palais du peuple,* S. 34-43, Éd. L' Harmattan, Paris 2010. Mit freundlicher Genehmigung. Übersetzt von Jutta Himmelreich

Balufu Bakupa-Kanyinda: Mobutus Stock. Entnommen aus: Ausstellungskatalog *Ligablo,* S.48. Éd. Cooperation par l'Éducation et la Culture (CEC) Bruxelles 2010. Mit freundlicher Genehmigung. Übersetzt von Jutta Himmelreich

In Koli Jean Bofane: Kongolesische Mathematik. Entnommen aus: *Mathématiques Congolaises*, S.157-164, Éd. Actes Sud, Paris 2008. Mit freundlicher Genehmigung. Übersetzt von Margrit Klingler-Clavijo

André Lye Mudaba Yoka: *Der Professor, Cousin des Ministers.* Originaltext, unveröffentlicht. Übersetzt von Margrit Klingler-Clavijo

André Lye Mudaba Yoka: *Mein Chef, der Minister, Vertrauliche Mitteilung eines Chauffeurs.* Originaltext, unveröffentlicht. Übersetzt von Margrit Klingler-Clavijo

Cikuru Batumike: *Der Schuster unter dem Baum.* Originaltext, unveröffentlicht. Übersetzt von Christiane Rudolph

Cikuru Batumike: *Philanthrop einer anderen Art.* Originaltext, unveröffentlicht. Übersetzt von Christiane Rudolph

Clémentine Madiya Faïk-Nzuji: Anya. Entnommen aus: *Anya, Roman initiatique,* S.15-31, Éd. Thomas Mols, Bierges 2007. Mit freundlicher Genehmigung. Übersetzt von Jutta Himmelreich

Antoine Tshitungu Kongolo: Der geraubte königliche Säbel. Entnommen aus: *Ausstellungskatalog Ligablo,* S.40, Éd. Cooperation par l'Éducation et la Culture (CEC) Bruxelles 2010. Mit freundlicher Genehmigung. Übersetzt von Jutta Himmelreich

Muepu Muamba: Colton oder Coltan. Entnommen aus: *Ausstellungskatalog Ligablo,* S.58, Éd. Cooperation par l'Éducation et la Culture (CEC) Bruxelles 2010. Mit freundlicher Genehmigung. Übersetzt von Jutta Himmelreich

Muepu Muamba: Der Aufstand. Entnommen aus: *et si...und wenn...*, S.40f, Hrsg. Hans-Jürgen Badziong, Edition Workshop Kultur, Gladbeck 1990. Übersetzt von Maria Kohlert-Németh

Antoine Tshitungu Kongolo: *Macht und Ohnmacht der wunderbaren Poesie*. Originaltext, unveröffentlicht. Übersetzt von Margrit Klingler-Clavijo

Charles Djungu-Simba: *»Diese Literatur ist unverkäuflich«. Die kongolesische Literatur auf dem französischsprachigen Buchmarkt*. Originaltext, unveröffentlicht. Übersetzt von Jutta Himmelreich

Toma Muteba Luntumbue: *Der Kongo und seine Kulturen oder Dissonanzen und Heckenschützen*. Originaltext, unveröffentlicht. Übersetzt von Jutta Himmelreich

Balufu Bakupa-Kanyinda: *Fantasie, Bild und Vorstellungswelt. Zur Problematik einer kongolesischen Kinematographie*. Originaltext, unveröffentlicht. Übersetzt von Jutta Himmelreich

André Lye Mudaba Yoka: *Das kongolesische Theater – noch immer am Scheideweg*. Originaltext, unveröffentlicht. Übersetzt von Jutta Himmelreich

Iseewanga Indongo-Imbanda: *Ganz Afrika tanzt nach den Rhythmen kongolesischer Musik*. Originaltext, unveröffentlicht

Cikuru Batumike: *Das Leben der Shégués ist hart – Über die Straßenkinder in Kinshasa*. Originaltext, unveröffentlicht. Übersetzt von Jutta Himmelreich

Pius Ngandu Nkashama: *Der Feuerstern*. Entnommen aus: Crépuscule équinoxial, S.29-31, Éd. L'Harmattan 1997. Mit freundlicher Genehmigung. Übersetzt von Margrit Klingler-Clavijo

Boniface Mabanza Bambu: *Licht und Schatten. Kirchen und Politik in der Demokratischen Republik Kongo seit der »Unabhängigkeit«*. Originaltext, unveröffentlicht.

Désiré Bolya Baenga: Die Schändung der Vagina. Vergewaltigung als Massenvernichtungswaffe. Entnommen aus *La profanation des vagins*. Éd. le serpent à Plumes, Paris 2005. Mit freundlicher Genehmigung. Übersetzt von Jutta Himmelreich

Fiston Nasser Mwanza Mujia: Fünftes Gebet. Entnommen aus: *Traversées*, Nr. 50, 2008, S.13, Virton, Belgique. Mit freundlicher Genehmigung. Übersetzt von Maria Kohlert-Németh

Offener Brief der zairischen Frauen: Wir wollen Frieden! Entnommen aus: *Der Pazifist*, Jg. X, Nr.1, 1997. Übersetzt von Maria Kohlert-Németh

Muepu Muamba: Antwort auf den Offenen Brief der zairischen Frauen. Entnommen aus: *Der Pazifist*, Jg. X, Nr.2, 1997. Übersetzt von Maria Kohlert-Németh

Elisabteh Francoise Mweya Tol'Ande: Qual. Entnommen aus: *Le Zaire écrit. Anthologie de la poésie zairoise en langue francaise*, S. 218, Hrsg. Masegabio Nzanzu Mabelemadiko, Horst Erdmann Verlag Tübingen 1976. Mit freundlicher Genehmigung. Übersetzt von Maria Kohlert-Németh

Manifest von Nsele (1965) Dokument. Imprimerie de Gouvernement de Congo, Kinshasa 1965. Übersetzt von Esther Baron

Vumbi Yoka Mudimbe: Gebt mir neue Worte. Entnommen aus: *Dechirures*, S. 29-33, Éd. Du mont noir, Collection Objectif 80. Mit freundlicher Genehmigung. Übersetzt von Margrit Klingler-Clavijo

Offener Brief an den Bürger Mobutu Sese Seko, Gründungspräsident der Volksbewegung der Revolution, Präsident der Republik Zaire (1980). Aus: Dokument der UDPS. http://www.udps.net/congo.php?articled=95. Übersetzt von Jutta Himmelreich

Matala Mukadi Tshiakatumba: Dichter, dein Schweigen ist Verbrechen. Entnommen aus: *Réveil dans un nid de flammes*, S.35-36, Éd. Seghers, Paris 1969. Mit freundlicher Genehmigung. Übersetzt von Margrit Klingler-Clavijo

Die Demokratische Republik Kongo – Bilanz und Zukunftsperspektiven. Ein Gespräch mit Elikia M'Bokolo. Entnommen aus: *Kulturissimo*, Nr.90, 8.8.2010, S.21f. www.kulturissimo.lu Mit freundlicher Genehmigung. Übersetzt von Margrit Klingler-Clavijo

Matala Mukadi Tshiakatumba: In den Mäandern der rhythmischen Hölle. Entnommen aus: *Réveil dans un nid de flammes*, S.32-33, Éd. Seghers, Paris 1969 Mit freundlicher Genehmigung. Übersetzt von Margrit Klingler-Clavijo

Kä Mana: *Die Kriege im Kivu. Ihre politische Bedeutung für die kongolesische Gesellschaft und den Aufbau des Staats* (aus dem Blog 2012). Mit freundlicher Genehmigung. Übersetzt von Margrit Klingler-Clavijo

Matala Mukadi Tshiakatumba: Manzambi – für Aimé Césaire. Entnommen aus: *Réveil dans un nid de flammes*, S.25-26, Éd. Seghers, Paris 1969. Mit freundlicher Genehmigung. Übersetzt von Margrit Klingler-Clavijo

Muepu Muamba: Pflicht zur Einmischung. Entnommen aus: Muepu Muamba, *Sisyphos im Lärm der Stille*, S.39-40, Hrsg. Barbara Höhfeld, Draupadi Verlag, Heidelberg 2012. Mit freundlicher Genehmigung. Übersetzt von Maria Kohlert-Németh

Marc-Antoine Vumila Muhindo: *Wie die Propheten*. Originaltext, unveröffentlicht. Übersetzt von Maria Kohlert-Németh

Brandes & Apsel

Dominic Johnson

KONGO: Kriege, Korruption und die Kunst des Überlebens

228 S., Pb., € 19,90
ISBN 978-3-86099-743-7

TAZ-Redakteur Dominic Johnson »erklärt mustergültig, wie es zur Dauerkrise im Kongo kam (...) Er erreicht sein in der Einleitung formuliertes Ziel mit Bravour: Er erklärt den Kongo, anstatt ihn zu mystifizieren. Es braucht hierzulande mehr Afrika-Bücher wie dieses.« (Andreas Eckert, Literaturen)

»(...) seine gewonnenen Kenntnisse sind innerhalb des deutschsprachigen Afrika-Journalismus unübertroffen.« (Hartmut Buchholz, Badische Zeitung)

Bitte fordern Sie auch unser kostenloses Gesamtverzeichnis an: Brandes & Apsel Verlag
Scheidswaldstr. 22 • 60385 Frankfurt/M. • info@brandes-apsel.de • www.brandes-apsel-verlag.de

Brandes & Apsel

Der kongolesische Gynäkologe Denis Mukwege kämpft für die Wiederherstellung der Würde der vergewaltigten Frauen im Kongo. Ihre authentischen Berichte sind schmerzliche Zeugnisse brutaler Gewalt, sprechen aber auch von Lebenswillen und Lebensmut.

Tausende Frauen sind systematischer sexueller Gewalt ausgesetzt, die ein Teil des Krieges im Ost-Kongo ist. Viele werden von ihren Familien verstoßen, weil sie als von den Feinden verunreinigt betrachtet werden. Um diesen traumatisierten Frauen medizinisch und psychisch zu helfen, hat der Gynäkologe Denis Mukwege in Bukavu das Panzi-Krankenhaus gegründet. In dem angeschlossenen Frauenzentrum Dorkas finden viele Frauen einen Ort der Heilung.

Der schwedische Journalist Birger Thureson hat Denis Mukwege, Leiter des Panzi-Krankenhaus in Bukavu, und seine Patientinnen getroffen und ihre Geschichten aufgezeichnet. Informationen zu den Hintergründen des Bürgerkrieges im Ost-Kongo ergänzen das Buch.

Birger Thureson

Die Hoffnung kehrt zurück

Der Arzt Denis Mukwege und sein Kampf gegen sexuelle Gewalt im Kongo

ca. 160 S., Pb., ca. € 14,90
ISBN 978-3-95558-001-8